ALFRED PAYRLEITNER (HG.)

ÖSTERREICH NEU

Herausforderungen nach der Wende

MOLDEN
VERLAG

Alfred Payrleitner (Hg.)

ÖSTERREICH NEU

Herausforderungen nach der Wende

MOLDEN VERLAG WIEN

Die deutsche Bibliothek – CIP-Einheitsaufnahme

Payrleitner, Alfred (Hg.):
Österreich neu: Herausforderungen nach der Wende / Alfred Payrleitner (Hg.). Erhard Busek u.a. – Wien:
Molden, 2000
ISBN 3-85485-048-4

http://www.molden.at/
Umschlagentwurf: Veronika Molden
Lektorat: Christopher Dietz
Herstellung: Druckdenker, Wien
Druck: Ueberreuter, Wien

ISBN 3-85485-048-4

Inhalt

Österreich Neu: die verspätete Zukunft

Alfred Payrleitner

Vorausschauendes Denken war gewiß kein besonderes Merkmal der österreichischen Politik in den letzten Jahren. Andernfalls hätte es angesichts des zunehmenden Verfalls der früheren SP/VP-Koalition ernsthafte Anstrengungen geben müssen, an den tradierten Zuständen Wesentliches zu verändern. Wesentlich wäre etwa eine Änderung des gewohnten Verhältniswahlrechts gewesen.

Ein durchaus brauchbares Modell hat 1998 der junge Grazer Politologe Klaus Poier vorgelegt: ein „minderheitenfreundliches Mehrheitswahlrecht", über das man im Detail gewiß noch diskutieren hätte können, das aber auf jeden Fall zu klaren Machtverhältnissen und eindeutigen Vorgaben bei der Regierungsbildung geführt hätte. In einem Vorgänger zu diesem Buch („Aufbruch aus der Erstarrung", Molden 1999) hat Poier seine Überlegungen weiter ausgeführt. Damit machte er freilich nur bescheidenen Eindruck auf die politische Klasse des Landes. Zu groß war die Angst vor einem Bruch mit den eingefahrenen Zuständen, zu bequem das Verharren im Faulbett des gewohnten Systems.

Inzwischen ist die politische Wende dennoch eingetreten – auch ohne neues Wahlrecht. Sie ist einschneidender und bedeutsamer, als es die meisten Beobachter erwartet hätten, selbst wenn sie darauf hofften.

Eben deshalb ist es aber reizvoll, das „Was-wäre-wenn-Spiel" zu betreiben, also nachzuprüfen, wie die Wahl vom 3. Oktober 1999 ausgegangen wäre, hätte in Österreich bereits dieses mehrheitsverstärkende Wahlrecht gegolten: Die SPÖ würde 92 statt wie derzeit 65 Mandate besitzen, FPÖ und ÖVP je 40 (statt jeweils 52, wie heute) und die Grünen wären immer noch mit 11 statt mit derzeit 14 Mandaten vertreten. Keine Frage, wer in diesem Fall mit wem regiert und damit auch die Verantwortung übernommen hätte.

Österreich hätte sich wohl vieles erspart. Es wären weder „Sondierungsphasen", noch monatelange, ergebnislose Regierungsverhandlungen, noch die Quälereien mit einem etwaigen Minderheitskabinett nötig gewesen. Die „Sanktionen“ wären ausgeblieben.

Ob die Gegner eines mehrheitsverstärkenden Wahlrechts noch immer so felsenfest von den Vorteilen des strengen Verhältniswahlrechts überzeugt sind? Rechtzeitiges, langfristiges Überlegen und orientiertes Handeln danach hätten sich wohl ausgezahlt. Ob eine derart erschöpfte Sozialdemokratie mit der anstehenden Überfülle an Reformaufgaben fertig geworden wäre, ist allerdings eine andere Frage. Inhaltlich und personell ausgezehrt, befand sie sich in einem Zustand derart einzementierter Routine, daß ihr selbst manche der treuesten Anhänger den Verlust der Macht und eine Erneuerung durch zeitweiliges Ausüben der Oppositionsrolle wünschten.

Tatsache ist, daß man bei der Wahl des richtigen Systems immer vor einem Zielkonflikt steht: Einerseits soll der Wählerwille – was immer das sein mag – möglichst gerecht widergespiegelt werden. Andererseits soll die Regierungsfähigkeit gewährleistet sein.

Im Österreich der letzten Jahrzehnte gab es zwar eindrucksvolle, „gerecht“ zustandegekommene Mehrheiten der rot-schwarzen Koalition, aber die Regierungsfähigkeit schrumpfte zusehends. Gefangen im Klientelwesen kämpften beide Partner um dieselbe ominöse „Mitte“, indes die ideologischen Grundlagen ihrer Positionen immer zweifelhafter wurden. Das historisch begründete und auch sehr verständliche österreichische Harmoniebedürfnis tat sein übriges dazu. So wurde mehr verwaltet als regiert, mehr repariert als neu gestaltet. Im Nachhinein stellte selbst ein so prominenter Zeuge wie Nationalratspräsident Heinz Fischer fest, daß das Streben nach Konsens „die Innovationskraft mancher Lösungen gehemmt“ habe („Salzburger Nachrichten“ vom 15. Juni 2000).

Inzwischen überrollten die Innovationen aus Wissenschaft und internationaler Wirtschaft die heimische Politik. Sie befand sich in einem Zustand der Anomalie, in einer Art von demokratischer Darmverschlingung. Alternative Koalitionsbildungen waren zwar rechnerisch möglich, aber durch selbstauferlegte Gebote nicht durchsetzbar. Die radikal-populistische Ausnahmefigur Jörg Haider blockierte jeglichen Wandel. Teils von ihm selbst verschuldet, teils von seinen Gegnern maßlos überbewertet und dämonisiert, verhinderte sein Kurs, daß die seit 1949 herangewachsene und in ihrer

Geschichte vielfach gebrochene dritte Kraft eine bundespolitische Rolle spielen konnte – obwohl sie diese unter einem SP-Kanzler der achtziger Jahre schon einmal ausgeübt hatte. Die Freiheitlichen waren zwar schon seit langen Jahren im Parlament, aber seit Haider und Vranitzky von der Regierungsteilnahme ausgegrenzt.

So befand sich die Österreichische Volkspartei nach dem 3. Oktober 1999 in einer äußerst schwierigen Ausgangsposition. Wie Meinungsumfragen zeigten, war sie dreifach gespalten: Jeweils ein Drittel ihrer Wähler neigte entweder zu einer neuerlichen Koalition mit der SPÖ, zu einem Zusammengehen mit der FPÖ oder war für den Weg in die Opposition, wie es Wolfgang Schüssel vor der Wahl für den Fall eines Absturzes der ÖVP auf den dritten Rang angekündigt hatte.

Darauf begann ein Umstimmungs- und Zermürbungsprozeß, über den wohl noch zahlreiche politologische und medienwissenschaftliche Abhandlungen geschrieben werden dürften. Wahrscheinlich vermag nur der heutige Kanzler selber zu sagen, ob er das schwarz-blaue Endergebnis von Anbeginn an in pectore hatte, oder ob sich die neue Koalition erst aus dem schwierigen Lauf der Regierungsverhandlungen ergab. Vermutlich dürfte es, wie meist in der Politik, eine Mischung verschiedenster Faktoren gewesen sein. Oft ist ja das, was später wie großartige Strategie aussieht, nur das Resultat der besseren Taktik: eine Mischung aus besseren Nerven, Fehlern des Gegners und Zufall. Der allgemeine Problemdruck sorgte für die entsprechende Dynamik.

So bekam die Republik Österreich nach langer Selbsthypnotisierung eine neue Koalitionsform. Doch für viele Traditionswähler bedeutete das ein Problem: Der Bruch mit Rot-Schwarz und das Bündnis mit Blau waren in dieser Klarheit nicht angesagt, auch wenn sich Wolfgang Schüssel im Wahlkampf formell alle Möglichkeiten offengelassen hatte. Wer angesichts des gewaltigen Reformstaus kein deutliches Krisenbewußtsein verspürte oder Haider stark ablehnte, war schockiert. Die neue Konstellation schien manchen demokratisch „schlecht getauft“ zu sein. Auf eine tatsächliche Inanspruchnahme des westlichen Repräsentativsystems und seiner Variationsbreite waren offenkundig nicht alle vorbereitet – obwohl Kommentatoren wie Politiker für das übernächste Mal das sichere

Ende der rot-schwarzen Dauerehe prophezeit hatten. (Allerdings wäre die Volkspartei, angesichts des starken Wachstums der Freiheitlichen, zu dieser nächsten Entscheidung wohl nur noch mit den Chancen einer politischen Zuwaage, eines preiswerten Mehrheitsbeschaffers, angetreten.)

Allerdings war es in der Wahlwerbung vor dem 3. Oktober eher um neue Ausgaben als um radikale Einsparungen, eher um Personen als um klar umrissene, alternative Reformkonzepte gegangen. An der zunehmenden Erstarrung der Verhältnisse trug schließlich auch die Volkspartei ihre Mitschuld. Viele raunzten zwar über den Immobilismus, doch nur wenige dachten an reale, schmerzhafte Konsequenzen. Diese Haltung ist in Österreich häufig anzutreffen, auch bei Intellektuellen. Fakten werden gerne emotionalisiert, anstatt sie mit Gegenfakten zu beantworten, und moderne Aufgabenstellungen mit einem Hinweis auf die Vergangenheit verdrängt. Dies ist zwar, angesichts der Schwere mancher Altlasten, begreiflich – eine taugliche Haltung für das Jahr 2000 ist es nicht.

Das wußten oder ahnten zwar auch manche Spitzenpolitiker. Aber sie hatten sich längst der Mentalität ihrer Wähler und dem Kürzel-Stil der Massenmedien angepasst. *Spin Doctors* halfen ihnen bei dieser modernen Form des Selbstbetrugs.

So erscheint der Regierungswechsel vom Februar 2000 als ein mehrfacher Umbruch: Als überfälliger Abschied von der verbrauchten alten Koalition in Verbindung mit einer politischen Resozialisierungschance für das „dritte Lager“; als Distanzierung vom Verbändestaat (Wolfgang Schüssel: „Es kann keine Nebenregierung geben“, ORF-Mittagsjournal vom 8. Juli 2000); und als radikale Reformanstrengung auf allen Ebenen, um Österreichs Strukturen westeuropäischen Standards anzugleichen. Unbeabsichtigt kam noch die Auseinandersetzung „Österreich gegen die Meinung der Welt“ hinzu, was zu einer gesellschaftlichen Rückbesinnung auf den Kern und die Bedeutung nationaler Eigeninteressen führte.

Alles zusammen bewirkte eine erfreuliche Wiederbelebung des Politischen: Zeitweise glichen die Meinungsseiten der Printmedien staatswissenschaflichen Seminararbeiten, in denen die Unterschiede von „Legitimität“ und „legitim“ abgehandelt wurden. Massendemonstrationen brachten in Wien Hunderttausende auf die

Beine. Inzwischen ist zwar der erste Furor dieses „antifaschistischen Karnevals" (so der Philosoph Rudolf Burger) abgeklungen. Geblieben ist aber die Erkenntnis einer tief einschneidenden Zäsur, einer Öffnung des Landes zu nunmehr offen diskutierten Problemstellungen, zur Auseinandersetzung mit Optionen und grundsätzlichen Alternativen. Vorausschauendes Denken ist wieder in Mode gekommen.

Damit es dabei auch bleibt, bevor Konjunktur und erste Sparerfolge zu neuer Routine verführen, soll in diesem Buch ein Überblick über die wichtigsten Reformaufgaben präsentiert werden. Die Zusammenstellung erfolgte nicht taxativ, sondern demonstrativ, wobei deutliche Meinungsäußerungen erbeten waren. Wie schon das letzte Mal habe ich nicht nur den AutorInnen zu danken, sondern auch Frau Landeshauptmann Waltraud Klasnic für ihre Unterstützung. Sie setzt auf diese Weise das steirische Engagement fort, das schon so viele nützliche Dispute ausgelöst hat.

Wiederbelebung der Politik bedeutet zunächst einmal eine erhebliche Mehrbelastung für das Parlament. Ob es darauf vorbereitet ist, untersucht zu Beginn kritisch der ehemalige VP-Klubobmann, Nationalratspräsident und Verwaltungswissenschafter Dr. Heinrich Neisser. Mit den Fragen von Parlaments- und Demokratiereform befaßt er sich schon seit mehr als dreißig Jahren. Längerfristig, so meint auch er, werde es darauf ankommen, die Auswahlkriterien für Abgeordnete so zu verändern, daß sich eine selbstbewußte, dem Wahlkreis direkter verantwortliche Kernschicht von Volksvertretern heranbildet. Für viele von ihnen würde das eine Art von Kulturrevolution bedeuten. Allerdings scheint die neue politische Lage seit Jänner 2000 das Bedürfnis nach einer Wahlrechtsänderung abermals in den Hintergrund gedrängt zu haben.

Anders steht es bei den finanz- und sozialpolitischen Strukturproblemen, die allen nachdenklichen Österreichern unruhige Nächte bereiten sollten. Trotz vielfacher Dramatisierung fehlte es in der Vergangenheit meist an konkreten Konzepten – die Propaganda der Parteien war zwar stark (und teuer), doch ihre Schubladen blieben leer. Noch ist die Einrichtung qualifizierter *Think Tanks* der Parteien unterentwickelt.

Nun beginnt die Zukunft ja doch, wenn auch mit einiger Verspätung, und in Rekordtempo wird nach umsetzbaren Lösungen gesucht. In drei Jahren soll es nur noch ein „Nulldefizit" geben – ein Vorhaben, das eigentlich gar nicht Wahlkampfthema gewesen ist. Im Zusammenspiel mit den Organen der EU wird es jetzt zum wichtigsten Reformhebel. Das Förderungswesen soll tiefgreifend umgebaut, der Verwaltungsaufwand wesentlich reduziert werden. Interessant ist vor allem, daß dabei Vorschläge quer zu den einstigen ideologischen Frontstellungen diskutiert werden – von der Reduktion der Wohnbauförderung bis zum Ziel einer Grundsicherung, die ursprünglich von Grünen und Liberalen gefordert, nun aber vom freiheitlichen Finanzminister ins Spiel gebracht wurde (auch wenn er diese Idee gleich danach wieder zurückstellte). Letzteres ist ein typisches Beispiel für die erfreuliche – und überfällige – Ablösung von den klassischen Lagermodellen, die bisher die Rituale der Politik bestimmten und die Realisierung intelligenter neuer Ansätze so sehr erschwerten.

So brauchte man in Österreich mehr als zwanzig Jahre, um den weltweiten ökonomischen Paradigmenwechsel von John Maynard Keynes zu Milton Friedman nicht nur wahr-, sondern auch ernstzunehmen. Erst ab 1996 begann man mit der finanzpolitischen Gegensteuerung. Zwei Sparpakete wirkten wie kalte Duschen, reichten aber nicht aus. Nach wie vor herrscht, vor allem bei den Gewerkschaften, tiefes – und durchaus verständliches – Unbehagen über den Zwang der Umstände und deren Verstrickungen. Warum nicht weitermachen wie bisher, wenn die Konjunkturdaten ohnedies gut sind und die Arbeitsmarktlage vergleichsweise erfreulich ist?

Wie sehr aktuelle Zahlen täuschen können, belegt im folgenden die Studie eines Teams des Wiener Instituts für Höhere Studien in Zusammenarbeit mit der Universität Saarbrücken. Sie erfaßt nicht nur die offizielle öffentliche Finanzschuld, sondern auch die intergenerative, also alle gesetzlichen Verpflichtungen, die in der Zukunft wirksam werden – eigentlich eine Selbstverständlichkeit. Reinhard Koman und seine Kollegen kommen dabei auf das Sechsfache der bisher geläufigen Summen, was als Wachrüttler für erstarrte Bewußtseinzustände genügen sollte.

Als unabhängiger, analytischer Mahner in allen Fragen der Sozialpolitik ist Professor Bernd Marin schon lange bekannt. In diesem Buch befaßt er sich mit den unerbittlichen Optionen, denen sich Österreich bei der Altersvorsorge gegenübersieht. Er hat die frühere Koalition ebenso beraten, wie er nun als Experte für die neue Regierung tätig ist. Mit seinen Befunden ist er schon oftmals angeeckt, was eimal mehr deutlich macht, daß der erforderliche soziale Umbau nicht ohne harte Konflikte verlaufen wird. Man sollte auf diese Entwicklung gefaßt sein und sie als normal empfinden.

Auch Herwig Hösele und Gottfried Schellmann wissen, wo es weh tut. Der erste ist Referatsleiter für Politik und Öffentlichkeitsarbeit im Büro des Landeshauptmanns der Steiermark. Hösele setzt sich mit den heiklen Fragen der Verwaltungsvereinfachung angesichts der dringenden Neugestaltung des Föderalismus auseinander und steht dabei mitten im Spannungsfeld der Sichtweisen von Land und Bund. Gottfried Schellmann ist Steuerberater und internationaler Wirtschaftsfachmann, weiß aber gleichzeitig aus eigener Erfahrung, welche Sparmöglichkeiten sich auf Gemeindebene aufdrängen und was dort realistisch, was unrealistisch ist.

Rechtsanwalt Karlheinz Kux ist Kammeramtsdirektor der Österreichischen Ärztekammer und schon seit Jahrzehnten mit den Problemen der heimischen Gesundheitspolitik vertraut. Ebenso lange kämpft er um eine Weiterentwicklung der erstarrten heimischen Systeme. Sein „Plädoyer für eine neue Sachlichkeit“ ist das Musterbeispiel einer analytischen Betrachtung, die sich auf konkrete Daten und Phänomene stützt und daraus ihre Schlüsse zieht.

Universitätsprofessor Wolfgang Mazal ist der Senkrechtstarter der österreichischen Expertenszene. Im Auftrag der Bundesregierung befaßte sich der Wiener Arbeits- und Sozialrechtler gemeinsam mit anderen Fachleuten mit der „Treffsicherheit“ des österreichischen Sozialsystems und den Möglichkeiten seiner Verbesserung. In seinem Beitrag berichtet er erstmals über Philosophie und Methode dieser sensiblen Arbeit. Er zeigt, daß hier ein qualitativ neuer Ansatz versucht wurde, der sich von der bisher gewohnten Form des „Aushandelns“ und Abtauschens von Forderungspaketen deutlich unterscheidet. Mazal setzt sich offen mit den Einwänden auseinander, die gegen die neue Vorgangsweise geäußert wurden, erhofft sich aber durch maximale Transparenz auch ein breiteres Problemverständnis in der Öffentlichkeit.

Harald Steindl, Jurist, Wirtschaftsgeschichtler und Multitalent, bewegt sich im Spannungsfeld zwischen seiner Tätigkeit in der rechtspolitischen Abteilung der Wirtschaftskammer Österreich und seiner Expertise als Fachmann für das *New Public Management.* Über die revolutionären Änderungen, die dabei anstehen, hat er schon zahlreiche Publikationen verfaßt. In unserem Zusammenhang ist interessant, was er angesichts der neuen Führung der Wirtschaftskammer über den „Abschied vom Verbändestaat" zu sagen hat.

Doch die Innenansicht unseres Landes allein wäre zu wenig. Deshalb erläutert Erhard Busek, ehemals Vizekanzler und Wissenschaftsminister, welche Bedeutung die mitteleuropäischen Nachbarstaaten für die politische, wirtschaftliche und gesellschaftliche Entwicklung Österreichs haben. Mit dem allmählichen Auslaufen der „Sanktionen" drängt sich hier die Forderung nach Wiederbesinnung auf die alten, geopolitischen Funktionen unseres Landes auf. Davon ist vor allem die Jugend betroffen. Doch wie fühlt sich diese, und welche Probleme sind für sie von Wichtigkeit?

Jeder Versuch einer Pauschalantwort wäre vermessen. Dennoch werden in diesem Buch demonstrativ zwei neue Stimmen vorgestellt. Sie unterscheiden sich vom Mainstream jugendlicher Zeitgeist-Klischees durch die wohltuende Sorgfalt bei der Annäherung an ihr jeweiliges Thema. Maria Duftner, Jahrgang 1977, befaßt sich in ihrer Arbeit mit der politischen Zukunftsaufgabe schlechthin: mit der künftigen Gestaltung der Europäischen Gemeinschaft. Präzise beschreibt sie, wie die Institutionen der EU funktionieren, wie die eigentlichen Machtzentren verteilt sind und welche Interessenskonflikte dabei herrschen. Klar arbeitet sie heraus, daß jede Demokratisierung der Gemeinschaft auch einen weiteren Verlust an nationaler Souveränität bedeuten muß.

Lucas Schneider-Manns-Au, Jahrgang 1969, gehört zur Gilde der qualifizierten Kommunikationsspezialisten, die von den Möglichkeiten der Informationsgesellschaft erfolgreich Gebrauch machen. Er erlebt aber auch am eigenen Beispiel die enorme Belastung durch die „Beschleunigung der Zeit", die alle gewohnten Strukturen und Denkweisen in Frage stellt. Er schreibt einen Essay über die Notwendigkeit, die Rasanz der Entscheidungsabläufe durch Dezentralisierung besser in den Griff zu bekommen.

Hans Igler, langjähriger Präsident der Vereinigung Österreichischer Industrieller, ist ein Kenner und Altmeister der heimischen Wirtschaftspolitik. Schon als Marshallplan-Referent konnte er die Zwänge und die teilweise Fehlentwicklung der heimischen Strukturen miterleben. Stets war der Großbürger und Kreisky-Freund ein kritischer Beobachter des Geschehens, was er zuletzt auch in seiner Broschüre „Von Krähwinkel nach Europa“ zum Ausdruck brachte. Igler verweist nicht nur auf viele gewachsene Schwächen, sondern zeigt zusammenfassend auch die Lösungsmöglichkeiten auf, für deren Umsetzung nach seiner Meinung aber zwei bis drei Legislaturperioden nötig sein werden.

Zum Abschluß dieser Zusammenstellung findet sich ein Beitrag des Verlegers und Publizisten Fritz Molden. Der ehemalige Widerstandskämpfer braucht weder als Patriot – im besten Sinne dieses Wortes – noch als engagierter Zeitgenosse näher vorgestellt zu werden. Sein leidenschaftliches Plädoyer entstand unter dem Eindruck der bilateralen Maßnahmen gegen Österreich, die nicht nur das Meinungsklima in diesem Land verändert, sondern auch sein Image in der Welt so tiefgreifend beeinträchtigt haben.

Ohne Zweifel hätte es noch zahlreiche andere Problemfelder gegeben, die eine längerfristige, distanzierte Betrachtung verdienen würden. Dazu müßte eine Untersuchung des österreichischen Steuerwesens und seiner mangelnden Systematik ebenso gehören wie die Behandlung der wichtigsten Bildungsfragen oder eine Analyse der Voraussetzungen einer Reduktion der Staatsaufgaben. Der knappe Umfang eines Sachbuchs zieht dem leider Grenzen. Doch die jeweiligen Probleme werden sich auf jeden Fall weiterhin stellen, gleich welche Parteienkonstellation mit ihnen zu tun hat. Hier hat sich seit dem 3. Oktober 1999 eine wesentliche Veränderung ergeben:

Aus einer Sozialdemokratie, die in Erbpacht den dauernden Kanzleranspruch erheben konnte, ist einer von drei möglichen Partnern geworden. Mit dem Verlust der Regierungsmacht und der fortschreitenden Privatisierung geht ihre Attraktivität als Jobvermittler mehr und mehr verloren. Längst haben die jungen Aufsteiger gelernt, persönliche Netzwerke aufzubauen; in weiteren vier oder acht Jahren werden sie noch weniger auf die alten sozialdemokratischen Milieus angewiesen sein. Somit können die Chancen zur Rückeroberung der Führungsmacht ideologisch gesehen nur in der Nähe einer neu zu definierenden Mitte liegen, nicht in einer Wiederbelebung von Begriffen aus dem 19. Jahrhundert. Taktisch müßte sich die SPÖ ein Bündnis mit der FPÖ ebenso offenhalten wie eines mit der ÖVP, da sich mit den Grünen auf absehbare Zeit keine tragfähigen Mehrheiten abzeichnen.

Die Volkspartei hingegen hat ihre klassische Rolle als Regierungspartei wiedergefunden. Von der Koalition mit der FPÖ kann sie in doppelter Weise profitieren: Als Kanzlerpartei vermag sie ihre Kompetenz unter Beweis zu stellen; gleichzeitig bezieht sie von Blau Reformkraft. Das wird für die Freiheitlichen bereits derart gefährlich, daß es bei ihnen während des Sommers zu konfus wirkenden Einzelaussagen kam, die auf einen Richtungsstreit zwischen neoliberalen, linken und rechtspopulistischen Positionen schließen lassen. Im Grunde befindet sich die FPÖ nach der Überwindung der Ausgrenzung in einer Phase der Neugründung – sie muß von einer personenbezogenen Protestbewegung zu einer Normalpartei werden. Sprengt sie mutwillig die derzeitige Koalition mit der Volkspartei, so hätte diese gute Chancen, als Nummer eins oder Nummer zwei wiederzukommen, nicht aber die FPÖ. Das garantiert eine gewisse Stabilität der derzeitigen Machtverhältnisse.

Rechnerisch stellt sich die österreichische Parteienlandschaft als eine ungefähr gleichwertige Dreierbeziehung dar. Auf Dauer kann sich nur der behaupten, der mit den beiden anderen koalieren kann, also die Möglichkeit zur flexiblen Partnerwahl besitzt. Das ist die fortwirkende Konsequenz der letzten Regierungsbildung. Entwickeln sich die Freiheitlichen nach links, so gäbe es sogar eine Konkurrenz zwischen drei verschiedenen Spielarten von „Sozialdemokraten" (SPÖ, FPÖ und Grüne) – was einen amüsanten Kontrapunkt zu Bruno Kreiskys Bemühungen um Aufspaltung des alten bürgerlichen Lagers liefern würde. Von weiteren, derzeit noch nicht abzusehenden Parteigründungen und Absprengungen einmal abgesehen.

Hingegen wäre es eine Illusion, anzunehmen, daß die tiefen Zerwürfnisse unter den Österreichern aus der Wendezeit 2000 rasch vergessen sein könnten. Mehr als je zuvor wird es auf die kulturelle

Auseinandersetzung ankommen, auf die Glaubwürdigkeit und Überzeugungskraft in geistigen und geschmacklichen Fragen, auf den Dialog der Intellektuellen mit ihrer eigenen Nation. Ob man einander nun mag oder nicht.

Die Zukunft des Parlamentarismus

Heinrich Neisser

Einrichtungen der parlamentarischen Demokratie stehen in einem permanenten Spannungsfeld zwischen der ihnen von der Verfassung zugeordneten Rolle und ihrer tatsächlichen Bedeutung. In den Diskussionen wird diese Situation als Kluft zwischen „Formal- und Realverfassung“ beschrieben. Der österreichische Parlamentarismus liefert für das Auseinanderklaffen zwischen Norm und Wirklichkeit viele anschauliche Beispiele:

- Das Parlament ist Volksvertretung; das bedeutet Repräsentation des Wählerwillens und eine besondere Nähe zum Bürger. Die Realität ist eine andere: Der Durchschnittstypus des Parlamentariers ist eher ein Vollstrecker des Willens jener Partei, der er seinen Parlamentssitz verdankt; er zeichnet sich häufig durch eine floskelhafte Sprache und durch den Vollzug parlamentarischer Rituale aus, die der Bürger nicht versteht.
- Das Parlament besitzt die „Budgethoheit“: Das klingt bedeutend. Mittlerweile ist jedoch auch einer breiteren Öffentlichkeit klar, daß die Budgets zwar „das in Zahlen gegossene Regierungsprogramm“ sind, das Parlament jedoch daran de facto nichts mehr ändern kann – es hat zu ratifizieren.
- Dritte Mär: Das Parlament ist Gesetzgeber. Selbst der Normalkonsument politischen Geschehens weiß, daß diese Aussage bestenfalls so zu verstehen ist, daß die Volksvertretung mit ihren Gesetzesbeschlüssen etwas absegnet, was bereits anderswo entschieden wurde.

Diese drei Lebenslügen im parlamentarischen System zeigen deutlich, daß das Parlament in der politischen Wirklichkeit nicht dem gerecht wird, was man idealtypischerweise mit ihm verbindet. Aus der historischen Perspektive gesehen ist diese Feststellung allerdings nicht neu. Parlamente haben in den meisten modernen Demokratien nie dem Idealbild entsprochen, das vor allem die Gewaltenteilungslehre gezeichnet hat. Ihre Stellung im politischen System ist von einer sich ständig ändernden Machtkonstellation abhängig, in welcher Regierung, politische Parteien, Verbände und andere gesellschaftliche Kräfte mit politischer Relevanz Machtträger sind.

Zukunftsgedanken über den Parlamentarismus können sich daher sinnvollerweise nicht mit der Entwicklung des Idealbildes einer gesetzgebenden Körperschaft befassen, sondern es geht vielmehr darum, die Position des Parlamentes im realen Machtgefüge eines politischen Systems zu behandeln. In diesem Zusammenhang ist kritisch zu hinterfragen, ob das „Leitbild" des Parlaments, wonach zumindest die grundsätzlichen politischen Weichenstellungen in der Volksvertretung erfolgen, noch Berechtigung besitzt, oder ob die „Entparlamentarisierung der Politik" schon längst Wirklichkeit geworden ist – eine „Entparlamentarisierung", die die Gestaltungsfunktion des Parlaments zur Restgröße werden läßt und es damit an die Peripherie des politischen Entscheidungssystems drängt.

Eine Antwort auf diese Frage muß mehrere Faktoren berücksichtigen. Einerseits befindet sich das Parlament in einer ständigen Konkurrenzsituation vor allem zur Regierung, andererseits zwingen äußere Faktoren – wie die Beurteilung durch die Medien, neue Anforderungen durch die Europapolitik, neue Kommunikationstechniken in der politischen Präsentation – das Parlament, sich in seinen inneren Strukturen anzupassen und zu modernisieren. Ein Parlament, das ernst genommen werden will und vor allem sich selbst ernst nimmt, muß sich diesen Herausforderungen stellen.

Gemessen an den Änderungsnotwendigkeiten unserer Zeit erscheint der österreichische Parlamentarismus eher schwerfällig zu sein. Dieser Vorwurf ist an den Bund und die Länder in gleicher Weise zu richten. Das österreichische Bundesparlament unterliegt einer zweifachen Hypothek: Einem allgemeinen Funktionsverlust der ersten Kammer (Nationalrat) steht ein institutionelles Defizit der zweiten Kammer (Bundesrat) gegenüber, das dieser gesetzgebenden Körperschaft im politischen Entscheidungsprozeß eine schwache Rolle zuordnet. Die Länderparlamente stehen traditionellerweise im Schatten der Länderexekutive, die im österreichischen Föderalismus dominiert; ihre Bedeutung ist vor allem durch den EU-Beitritt noch weiter zurückgegangen.

Die bestehende Kluft zwischen Ideal und Wirklichkeit verleitet dazu, die Entwicklung des Parlaments als permanenten Bedeutungsverlust darzustellen. Gegenstrategien werden als Wege zu einer „Aufwertung des Parlaments" entwickelt, um den Verlust parlamentarischer Qualität auszugleichen. Dieser Ansatz einer Reformdiskussion erscheint jedoch wenig sinnvoll oder erfolgversprechend. Zukunftsüberlegungen zum Parlamentarismus müssen versuchen, die parlamentarischen Machtchancen in einem komplexen politischen System zu nützen. Die Chancenoptimierung hat bei jenen Defiziten anzusetzen, die realistischerweise beseitigt werden können. Diesbezügliche Überlegungen sind in den weiteren Ausführungen enthalten.

Überforderung als Herausforderung

Mehr denn je steht das Parlament vor der Herausforderung, die ihm gestellten Aufgaben in einer sinnvollen Weise zu erfüllen. Die Komplexität und Unübersichtlichkeit staatlichen und politischen Geschehens machen es in vielen Bereichen geradezu unmöglich, dem Auftrag einer Volksvertretung und einer gesetzgebenden Körperschaft gerecht zu werden. Im besonderen stellt sich die Frage, ob das Parlament überhaupt noch in der Lage ist, seine beiden Kernfunktionen – nämlich die Gesetzgebung und die Kontrolle von Regierung und Verwaltung – einigermaßen effizient wahrzunehmen. Besonders deutlich wird dieses Dilemma an der Legislativfunktion. Das Parlament wird zunehmend zur verlängerten Werkbank der Regierung, es fungiert in vielen Fällen nur mehr als Abstimmungsmaschine. Änderungen von Gesetzesvorlagen, die stets als Indikator einer gewissen Eigenständigkeit des Parlaments in der Gesetzgebung angesehen wurden, dienen nur mehr dazu, fehlerhafte Initiativen zu korrigieren. In Ausschußsitzungen besteht kaum die Möglichkeit, eine substantielle Diskussion zu führen. In den zweiten Lesungen werden Gesetzesvorlagen im letzten Augenblick mit umfangreichen Änderungen beschlossen; eine Tatsache, die nicht nur die Opposition erregt, sondern auch vielen Mitgliedern der Regierungsfraktionen Unbehagen bereitet.

Als sich der Nationalrat im April 1996 innerhalb weniger Tage mit zwei Budgets, einem Strukturanpassungsgesetz, das 97 Gesetze änderte, und damit mit insgesamt 22,5 Kilogramm Papier befaßte, erschien in den „Salzburger Nachrichten“ ein Leitartikel mit der Überschrift: „Wer kann diesen Parlamentarismus noch ernst nehmen?“ An der Aktualität dieser Frage hat sich bis heute nichts geändert. Die seit Februar 2000 im Amt befindliche Koalitionsregierung zwischen ÖVP und FPÖ führt dieses Treiben munter fort. Mit einem gewissen Zynismus verkündet sie ihr Motto: *„Speed kills“*. Unentwegt neue Gesetzesvorlagen, die einander geradezu überholen – eine Horrorvision zukünftiger parlamentarischer Legislative. Die Geschwindigkeit wird zum Killer der letzten Reste autonomer parlamentarischer Verantwortlichkeit. *„Speed kills“* spiegelt ein Parlamentsverständnis wieder, dem jegliche Sensibilität für die gegenwärtigen Herausforderungen fehlt. Das einzige nämlich, was man heute von einem parlamentarischen Gesetzgebungsprozeß verlangen kann, ist die Fähigkeit und die Möglichkeit, eine kritische Prüfung und einen kritischen Nachvollzug des Gesetzesinhaltes durchzuführen. Dazu reicht es aber nicht mehr.

Die Gelassenheit – oder besser gesagt Indolenz –, mit der das Parlament (also die Summe aller Mandatare) diesen Zustand hinnimmt, ist verwunderlich. Obwohl die wissenschaftliche Literatur zum Thema Bibliotheken füllt, hat das Parlament selbst bisher keine Initiative ergriffen, sich mit diesen Entwicklungen auseinanderzusetzen und über eine Rationalisierung und Effizienz der Gesetzgebung nachzudenken. Nicht einmal auf die Einsetzung einer parlamentarischen Enquetekommission, die einen solchen Diskussionsprozeß einleiten und einen Dialog zwischen Parlamentariern und Experten zu diesem Thema begründen könnte, hat man sich geeinigt. Die mangelnde Bereitschaft, sich über die Alltagspolitik hinausgehend mit Grundsatzfragen unserer Gesellschaft zu beschäftigen, stellt dem Parlament kein gutes Zeugnis aus.

Sinn und Unsinn des Leistungsdenkens

Immer wenn der Fleiß des Parlaments gelobt wird, ist Vorsicht geboten. Das Lob für eine fleißige Volksvertretung kann unter Umständen zur gefährlichen Drohung werden. Am Ende jeder Session pflegt der Präsident des österreichischen Nationalrates nicht ohne

Stolz seine Leistungsbilanz zu verkünden: Dutzende Gesetze wurden beschlossen, viele Stunden im Plenum mit Diskussion und Beschlußfassung verbracht, hunderte Anfragen wurden gestellt und vieles mehr. Die präsidiale Zufriedenheit über eine solche Bilanz kann jedoch über ein Grundproblem nicht hinwegtäuschen: Die Leistungsbeurteilung des Parlaments orientiert sich ausschließlich an quantitativen Kriterien, die Qualität parlamentarischer Arbeit hingegen wird kaum diskutiert. Dieses Leistungsdenken wird nach außen vermittelt, prägt aber auch das parlamentarische Selbstverständnis.

Dies wird auch an einem anderen Beispiel sichtbar. Seit Jahren veröffentlichen gewisse Printmedien Redestatistiken der Mandatare. Daß solche Statistiken nichts mit der rhetorischen Qualität der Abgeordneten zu tun haben, ist evident. Diese „oratorische“ Leistungsbilanz erzeugt jedoch eine eigenartige Wettbewerbssituation in den Parlamentarischen Klubs. Das „Ranking“ führt dazu, daß viele der sogenannten „Hinterbänkler“ aus statistischen Gründen von den Klubs als Redner gemeldet werden – ein geradezu grotesk anmutendes Leistungsdenken, das von den Klubführungen unterstützt wird. SPÖ-Klubobmann Kostelka meinte einmal, damit eine „Homogenisierung nach oben und nach unten zu erreichen“. Was immer dieser Satz meint – in diesem Fall wäre eine sichtbare Heterogenität besser als eine banale Homogenität. An die statistikfreudigen Medien wäre in diesem Zusammenhang eine andere Bitte zu richten: Sie mögen den Unfug der Rednerstatistiken einstellen. Viel entsprechender wäre es, einen Wettbewerb und eine Statistik über die besten Reden im Parlament zu erstellen. Das Parlament selbst müßte dafür dankbar sein.

Das Parlament – Bühne oder Tribüne?

Mit dem Begriff „Tribüne“ wird eine elementare Rolle des Parlaments beschrieben. Tribüne bedeutet Öffentlichkeit und Transparenz parlamentarischen Handelns. Das Parlament vermittelt Transparenz: Transparenz von Handlungsabläufen, von Positionen und Standpunkten und – *last but not least* – Transparenz von politisch handelnden Personen. Die Rolle des Parlaments als Tribüne ist daher vielschichtig und hat verschiedene Bezüge. Tribünen sind nicht nur der Plenarsaal und die Galerie, die Presselogen und Fernsehkameras: Parlamentarisches Geschehen wird immer mehr durch die medialen Aktivitäten der einzelnen Abgeordneten der Öffentlichkeit zugänglich gemacht. Pressekonferenzen, die gleichsam als „Parallelaktion" zu öffentlichen Parlamentsdebatten organisiert werden, prägen das Bild einer Publizität, die durch die Medien allerdings nur selektiv weitergegeben wird.

Je größer die Aufmerksamkeit ist, die einem Parlament zuteil wird, umso stärker tritt die Tribünenfunktion in Erscheinung, umso größer wird allerdings auch die Verantwortung, die das Parlament für den Stil politischer Auseinandersetzungen trägt. Sie verpflichtet das Parlament zu einem Dialog, der Vorbildwirkungen für demokratische Streitgespräche hat. Diese Verpflichtung ist für die Dialogkultur eines demokratischen Systems an sich von grundsätzlicher Bedeutung. Hier wäre allerdings Selbstkritik des Parlaments vonnöten. Was nicht zuletzt auch in den letzten Wochen und Monaten geboten wurde, ist als Vorbild kaum geeignet. Debatten werden nach den Kampfritualen früherer Jahrhunderte inszeniert. Anstelle einer Auseinandersetzung in der Sache wird auf den parlamentarischen Gegner eingedroschen, Schreiduelle der Fraktionen werden fälschlicherweise als lebhafter Parlamentarismus angesehen. Der Bürger schätzt keineswegs ein Parlament, das brüllt, sondern vielmehr eine Volksvertretung, die sachpolitisch denkt und argumentiert.

Dazu kommt eine steigende Tendenz, den anderen lächerlich zu machen. Die neue Regierungsbildung hat im Parlament die Blockbildung verstärkt – hier Regierungsblock, dort Oppositionsblock. Daß die Ordnungsgewalt des Präsidiums – im besonderen die Erteilung von Ordnungsrufen – kaum mehr die Auseinandersetzung in kultivierte Bahnen lenken kann, ist evident. Es bleibt die Hoffnung, daß sich die Akteure der neuen Konkurrenzdemokratie allmählich ihrer Verantwortung – und zwar als Regierungsfraktion wie auch als Oppositionsfraktion – bewußt werden.

Die Funktion des Parlaments als Tribüne politischer Auseinandersetzung ist bei der Kontrolle von Regierung und Verwaltung effektiver als in Bezug auf die Gesetzgebung. Parlamentarische Kontrolle ist ein Kernbereich des parlamentarischen Systems. Allerdings zeigen sich auch hier die Grenzen dessen, was man verkraften kann. Das Interpellationsrecht als klassisches Instrument der parlamentarischen Kontrolle „explodierte“; tausende schriftliche Anfragen in einer Legislaturperiode, die an Regierungsmitglieder gerichtet werden, stellen die Verwaltung bei der Beantwortung oft vor unlösbare Situationen, wobei auch das Parlament selbst kaum mehr in der Lage ist, die dadurch gewonnenen Informationen zu verwerten.

Kontrolle durch das Parlament besitzt ein hohes Maß an Öffentlichkeit. Fragestunden, aktuelle Stunden werden im Fernsehen zur Gänze übertragen; Debatten über die Beantwortung von schriftlichen Anfragen durch die Mitglieder der Bundesregierung sind zu einem beliebten Mittel oppositioneller Kritik geworden.

Die Versuchung, das Parlament von einer Tribüne in eine Schaubühne zu verwandeln, ist groß und verhindert manchmal auch sinnvolle Reformen. Ein Beispiel dafür sind die parlamentarischen Untersuchungsausschüsse, die ein bedeutendes Instrument der parlamentarischen Kontrolle zur Aufdeckung von Mißständen in Regierung und Verwaltung sind. Im österreichischen Nationalrat bestimmt nach wie vor die Mehrheit, ob es zur Einsetzung eines solchen Ausschusses kommt, für den Bundesrat ist diese Einrichtung gar nicht vorgesehen. Das Ergebnis ist bezeichnend: Seit mehr als zehn Jahren wurde im Nationalrat kein Untersuchungsausschuß mehr eingesetzt.

Das Verlangen, Untersuchungsausschüsse als Minderheitenrecht zu ermöglichen, ist daher legitim, wenn auch bisher erfolglos. Bemerkenswerterweise haben in den vergangenen drei Jahren die Landtage in der Steiermark, Salzburg und Tirol das Recht zur Einsetzung eines Untersuchungsausschusses zu einem Recht einer qualifizierten Minderheit gemacht.

Es ist allerdings zuzugeben, daß die Praxis der Untersuchungsausschüsse des Nationalrates bisher zu Erscheinungen führte, die ebenfalls kritisch zu sehen sind. Untersuchungsausschüsse wurden in der Vergangenheit zu einem Tribunal umfunktioniert, nicht nur gegenüber der Regierung, sondern gegenüber einzelnen Staatsbürgern. Solche Ausschüsse machen die Abgeordneten zu Richtern,

Staatsanwälten und Verteidigern in einer Person. Politische Vorverurteilungen, persönliche Beschuldigungen und Verdächtigungen sind regelmäßig die Begleitmusik parlamentarischer Inquisition gewesen. Diese Feststellung ist kein Argument gegen die Einsetzung von Untersuchungsausschüssen. Sie zeigt aber letztlich auch die Gefahr, daß die Tribünenfunktion des Parlaments nicht dazu führen darf, daß der Boden des Parlaments Ort von Schauprozessen wird. Untersuchungsausschüsse sind in der Praxis ein Testfall für die Selbstbeschränkung und Disziplin der Abgeordneten im Interesse des Ansehens des gesamten Parlaments.

Wende ohne Wandel?

Die seit Februar dieses Jahres im Amt befindliche Regierungspartnerschaft zwischen ÖVP und FPÖ hat zweifellos die politische Landschaft verändert. Die Regierung hat ein ambitioniertes Arbeitsprogramm vorgelegt, das auch ein „Vollbeschäftigungsprogramm" des Parlamentes enthält. Die neue Konstellation bietet Chancen für eine neue Dynamik des Parlaments. Ob der Wechsel in der Zusammensetzung der Regierung auch zu einem Wandel der parlamentarischen Entscheidungsformen führen wird, kann im Augenblick noch nicht beurteilt werden. Anzeichen dafür sind allerdings festzustellen. So wird die Tatsache, daß die Regierung im Parlament keine Verfassungsmehrheit besitzt, sichtbare Auswirkungen auf den parlamentarischen Entscheidungsprozeß haben. Die SPÖ als große Oppositionspartei hat bereits ein „Arbeitsbeschaffungsprogramm" für den Hüter der Verfassung, den Verfassungsgerichtshof, angekündigt. Im Rahmen ihres geschäftsordnungsmäßig verankerten Rechtes, wonach ein Drittel der Abgeordneten Gesetze wegen Verfassungswidrigkeit beim Verfassungsgerichtshof anfechten kann, hat sie die Möglichkeit, eine Reihe von großen Reformvorhaben – wie etwa die Pensionsreform, das Zivildienstgesetz oder das Regionalradiogesetz – vor dem Höchstgericht zu bekämpfen. Welche Auswirkungen diese massive Einbeziehung des Verfassungsgerichtshofes in politische Grundsatzfragen auf die Rolle der österreichischen Verfassungsgerichtsbarkeit haben wird, soll und kann hier nicht näher behandelt werden.

Ungewiß ist aber auch die zukünftige Verfassungspolitik im allgemeinen. Die SPÖ hat es in der Hand, mit ihrer Zustimmung oder Ablehnung von Verfassungsänderungen die Entwicklung in diesem Bereich entscheidend mitzubestimmen. Sie bestimmt den „Preis" für ihre Zustimmung. Die Verfassungslegislative wird damit zur Schlüsselfrage einer politischen Junktimierung zwischen Regierung und Opposition (die Verwendung des Begriffes der „Erpressung" ist hier wohl fehl am Platz). Die Praxis früherer Koalitionsregierungen, ohne sachliche Notwendigkeit Verfassungsbestimmungen zu schaffen, erweist sich nunmehr als Fessel des Gestaltungsspielraumes der Regierungsmehrheit.

Zukunftsperspektiven

Ich komme zum Anfang meines Beitrages und auf die dort getroffene Feststellung zurück, daß Überlegungen über die Zukunft des Parlamentarismus nicht den Zweck verfolgen, ein idealtypisches Bild zu verwirklichen, sondern vielmehr in realistischer Weise die mögliche Stellung des Parlaments im demokratischen Machtgefüge auszuloten. In diesem Sinne geht es weniger um eine Aufwertung oder um die oft zitierte Herstellung einer Waffengleichheit zwischen Regierung und Parlament. Vielmehr gilt es, der Gefahr entgegenzutreten, daß das Parlament in der Alltagspolitik als Anachronismus angesehen und an den Rand des politischen Systems gedrängt wird. Wenn es zu einem Übergang von der traditionellen österreichischen Konkordanzdemokratie zu mehr Konkurrenzdemokratie kommt, hat auch das Parlament die Chance, eine sichtbare Rolle im politischen Wettbewerb wahrzunehmen.

Anton Pelinka hat vor kurzem mit Recht darauf verwiesen, daß das Parlament in Zukunft weniger eine Einrichtung, die selbst Macht ausübt (*transformative legislature*), als vielmehr „Arena" eines demokratischen Wettbewerbs sein wird. Doch verlangt auch diese Entwicklungsperspektive erhebliche Änderungen und Neuerungen in der parlamentarischen Struktur. „Österreich ist eine Demokratie. Alle Macht geht von der Gewohnheit aus." Diese Feststellung, die Robert Menasse getroffen hat, verlangt danach, Gewohnheiten zu ändern.

Für das Parlament stellt sich die Frage, ob und wie es seine Gewohnheiten ändern will. Es ist dies eine Frage, die sich an die Parlamentarier selbst richtet. Werden sie mehr Willen zur Macht haben oder sich mit der Rolle eines Begleiters in der Politik begnügen?

Im Mittelpunkt der Überlegungen stehen daher für mich nicht so sehr institutionelle Reformen, sondern steht die Frage nach den Personen, die das Bild des Parlaments in Zukunft prägen sollen. Mit anderen Worten: Wie sieht der Parlamentarier der Zukunft aus? Auch hier geht es nicht um den Ruf nach einem unerreichbaren Ideal. Parlamente sind im Regelfall ein Spiegelbild des Alltags, verbunden mit gewissen elitären Erwartungen. Abgeordnete sollen nicht den Eindruck einer politischen Elite erwecken, sondern eher Vertrauenspersonen in der Politik sein.

Hier und da wurden auch in der politischen Praxis Überlegungen darüber angestellt, ein Anforderungsprofil für Mandatare zu entwickeln. Solche Bemühungen um die Anliegen des Parlaments zeigen zwar eine gewisse Ernsthaftigkeit, muten im allgemeinen aber eher naiv an. Wünschenswert wäre eine Individualität der Abgeordneten, die jenes Maß an Anpassungsbereitschaft aufbringt, die für das Tätigkeitsfeld im Parlament notwendig ist, gleichzeitig aber auch den Willen zur persönlichen Auseinandersetzung mit den Problemen erkennen lässt. Gleichgültig, ob das Parlament mehr oder weniger Arena ist, auf den sachkundigen Mandatar wird man nie verzichten können.

Da heute niemand mehr in der Lage ist, alle Aufgabenbereiche im parlamentarischen Entscheidungsprozeß auch nur annähernd zu überblicken, ist Spezialisierung eine Notwendigkeit. Ein Abgeordneter, der in allen Belangen nur ein verlängerter Arm der Experten und der sachverständigen Bürokratie sein kann, wird nie zu jenem kritischen Nachvollzug im Rahmen der Gesetzgebung in der Lage sein, den ich früher gleichsam als Mindeststandard für den Legislativprozeß beschrieben habe. Man muß unterstreichen, daß die Verwirklichung dieser Vorstellungen von den politischen Parteien völlig geänderte Rekrutierungsmechanismen bei der Auswahl der Kandidaten verlangte. Erwägungen der eben geschilderten Art spielen jedenfalls bei der Kandidatenaufstellung in fast keiner Partei eine Rolle.

Es wäre allerdings zu wenig, Zukunftsüberlegungen zum Parlament lediglich auf das Persönlichkeitsbild der Parlamentarier zu beschränken. Von zunehmender Bedeutung wird auch das Spannungsfeld sein, das sich aus einer immer stärkeren Individualisierung einerseits und der schon erwähnten Blockbildung im parlamentarischen Raum andererseits, die vermehrt zur Einengung persönlicher Entscheidungs- und Handlungsspielräume führen wird, ergibt. Dabei wird es nicht unerheblich sein, ob auch gewisse Strukturen des parlamentarischen Systems geändert werden können.

Selbst auf die Gefahr hin, eine unerfüllbare Wunschliste zu formulieren, soll folgendes erwähnt werden:

- *Ceterum censeo*: Eine Reform des österreichischen Wahlrechtes muß auf der politischen Tagesordnung bleiben. Hinter dem Begriff des Persönlichkeitswahlrechtes verbirgt sich ein ernstzunehmendes Reformanliegen, das nicht nur das Verhältnis zwischen Abgeordneten und Wählern betrifft, sondern vor allem dem Abgeordneten ein neues Selbstwertgefühl für seine Aufgaben geben soll.
- Reform des Zweikammersystems: Das institutionelle Defizit des Bundesrates besteht seit dem Jahr 1920. Es ist mit eine Ursache der geringen politischen Bedeutung dieser Kammer, vor allem auch bei der Vertretung der Länderinteressen. Eine Reform des Bundesrates ist erforderlich. Sollte sie nicht möglich sein, gibt es gute Gründe, die zweite Kammer abzuschaffen.
- Durch die fortschreitende Europäisierung wird den nationalen Parlamenten eine gesteigerte Bedeutung im Prozeß der europäischen Integration zukommen. Sie werden *Player* in der institutionellen Entwicklung der Europäischen Union werden. Das verlangt eine neue Europa-Orientierung der Mitglieder der staatlichen Parlamente.

In der repräsentativen Demokratie ist das Parlament unverzichtbar. Diese Feststellung kann allerdings kein Ruhekissen für die Verantwortungsträger in der Politik sein. Die Zukunft des Parlamentarismus wird entscheidend von den Parlamentariern selbst bestimmt. Der machtpolitische Stellenwert der Volksvertretung hängt von vielen Faktoren ab, die das Parlament nur wenig beeinflussen kann. Ihr

Ansehen in der Öffentlichkeit und das Prestige beim Bürger wird jedoch von den Parlamentariern selbst gestaltet und beeinflußt. Den Parlamentariern unserer Tage sei ein intensiver Nachdenkprozeß empfohlen. Die zentrale Frage besteht darin, welche Rolle sie selbst wahrnehmen wollen. Die Antwort müssen sie in eigener Verantwortung finden. Da hilft kein Verhaltenstraining und kein Medienkurs.

Intergeneratives Ungleichgewicht und Staatsverschuldung in Österreich

Reinhard Koman, Christian Keuschnigg, Mirela Keuschnigg, Erik Lüth, Bernd Raffelhüschen

Einleitung

Im Jahr 1970 betrug die österreichische Staatsverschuldung etwa 19 % des Bruttoinlandsprodukts. Über einen Zeitraum von mehr als zwei Jahrzehnten jedoch ließ die Fiskalpolitik eine säkulare Zunahme der Verschuldung zu; seit 1975 wurden permanent Budgetdefizite verzeichnet. Dementsprechend wuchs die Staatsverschuldung, gemessen am Bruttoinlandprodukt, mit zunehmender Geschwindigkeit von 37 % im Jahr 1980 bis zu einem Wert von 69,2 % im Jahr 1995. Zusätzlich zu zyklischen Effekten wurde das Wachstum der Staatsausgaben hauptsächlich durch den Ausbau des Wohlfahrtstaates sowie durch zunehmende Zinszahlungen auf die Staatsschuld angetrieben. Der Pensionsaufwand und die Nachfrage nach kostenintensiven Gesundheitsleistungen stiegen aufgrund der demographischen Entwicklung; die Sozialausgaben stiegen mit der Einführung zahlreicher neuer Sozialleistungen und der ansteigender Arbeitslosigkeit (die im europäischen Vergleich allerdings immer noch niedrig ist).

Mit einem Nettodefizit über 5 % des Bruttoinlandsprodukts drohte die Situation im Jahr 1995 instabil zu werden. Ohne drastische Gegensteuerung schien die Teilnahme an der Europäischen Währungsunion bedroht. Die Bundesregierung vermochte schließlich durch ein einschneidendes Konsolidierungspaket im Jahr 1996, gefolgt von einer Pensionsreform im Jahr 1997, das Steuer herumzureißen und einen wichtigen Schritt in Richtung fiskalische Nachhaltigkeit zu setzen. Die Staatsschuld, gemessen am Bruttoinlandsprodukt, begann sich zu stabilisieren.

Die „offizielle" Staatsschuld laut Finanzstatistik ist nun aber kein wirklich befriedigendes Konzept, wenn es darum geht, die längerfristigen Konsequenzen der Fiskalpolitik und das tatsächliche Ausmaß der Belastung künftiger Generationen darzustellen.[1] Im folgenden wird über die Ergebnisse eines erstmals für Österreich durchgeführten *Generational Accounting* berichtet. Dabei handelt es sich um eine relativ neue ökonomische Methode, die längerfristigen Auswirkungen der Fiskal- und Sozialpolitik darzustellen und, unter anderem, zu einem sinnvollen Maß für die tatsächliche ökonomische Staatsverschuldung zu gelangen. In dieses gehen auch erst künftig anfallende – und damit von der offiziellen Finanzschuld nicht erfaßte – Finanzierungserfordernisse ein, die aber aufgrund der gegebenen Rechtslage bereits jetzt absehbar und quantifizierbar sind. Von besonderem Interesse sind in diesem Zusammenhang naturgemäß die durch das staatliche Pensionsversicherungssystem bedingten Finanzierungserfordernisse. Es zeigt sich, insbesondere auch im internationalen Vergleich, daß im österreichischen System in einem durchaus alarmierenden Ausmaß Sanierungsbedarf gegeben ist.

Im folgenden Abschnitt wird kurz die Methode des *Generational Accounting* vorgestellt. Im Anschluß daran stellen wir die Ergebnisse eines *Generational Accounting* für Österreich vor. Wir beginnen mit einer Darstellung der Situation im Jahr 1995 und präsentieren für dieses Jahr einen internationalen Vergleich. Schließlich wenden wir uns den Konsequenzen des Sparpakets 1996, der Pensionsreform 1997 und der Steuerreform 2000 zu.

Generational Accounting – zur Methode

Die als *Generational Accounting* bezeichnete Methode wurde Anfang der neunziger Jahre vor allem durch die Pionierarbeit der Ökonomen Alan Auerbach, Jagadeesh Gokhale und Laurence Kotlikoff entwickelt. Seitdem ist es für eine Reihe von Ländern, zu denen nunmehr auch Österreich zählt, zu einschlägigen Untersuchungen gekommen. Hauptsächlich geht es dabei um die Antwort auf folgende eng miteinander verwobene Fragestellungen:

Wie hoch ist die aus einer gegebenen Rechtslage und Politik folgende ökonomische Belastung für unterschiedliche Generationen – jetzt lebende und künftige?

Zu diesem Zweck werden Generationenkonten für sämtliche Altersgruppen der Bevölkerung berechnet. Ein Generationenkonto ist, ausgehend von der gegenwärtigen Rechtslage, definiert als der Barwert der künftig zu erwartenden Netto-Abgabenleistung dieser Generation, also ihrer geleisteten Steuern und Sozialversicherungsbeiträge, reduziert um die jeweils empfangenen staatlichen Transferleistungen.

Wie hoch ist die aus der gegenwärtigen Rechtslage und Politik folgende tatsächliche ökonomische Staatsverschuldung?

Diese geht über die „offizielle", bereits angehäufte und um bestimmte Vermögenswerte reduzierte Netto-Verschuldung hinaus und trägt auch der in der Zukunft aufgrund der gegebenen Rechtslage zu erwartenden „impliziten Schuld" Rechnung, die nichts anderes ist als der Barwert der künftig zu erwartenden Überschüsse der Staatsausgaben über die Staatseinnahmen. Hier spielen insbesondere, aber nicht nur, Pensionsverpflichtungen eine wichtige Rolle.

Ist die gegebene Rechtslage und Politik nachhaltig – also auf Dauer – überhaupt aufrechtzuerhalten, oder, anders formuliert, verletzt sie die intertemporale Budgetbeschränkung?

Dafür, wie nachhaltig bzw. wie wenig nachhaltig die gegenwärtige Rechtslage ist, ist die Höhe der tatsächlichen ökonomischen Staatsverschuldung der angebrachte Maßstab; unter dem Gesichtspunkt der Nachhaltigkeit sollte sie null betragen: Letztlich müssen ja sowohl die bereits angehäufte „offizielle" Verschuldung als auch die in die implizite Schuld eingehenden künftigen Staatsausgaben von irgendeiner Generation finanziert werden.

Welche Maßnahmen müßten auf der Ausgabenseite oder auf der Einnahmenseite gesetzt werden, um die tatsächliche ökonomische Staatsschuld vollständig abzubauen, also die intertemporale Budgetbeschränkung zu erfüllen?

Diese Maßnahmen stellen die durch das intertemporale Ungleichgewicht des gegenwärtigen Systems gebotenen Sanierungsschritte dar.

Ergebnisse eines *Generational Accounting* für Österreich

Die Situation im Jahr 1995

Die Budgetkrise 1995 hatte verschiedene Ursachen. Die Steuerreform 1994 hatte signifikante Steuersenkungen mit sich gebracht; hinzu kamen die sich durch eine stetig zunehmende Inanspruchnahme der vorzeitigen Alterspension ergebenden Finanzierungserfordernisse sowie erstmals zu leistende Beitragszahlungen an die Europäische Union. Das Nettodefizit erreichte 1995 schließlich, gemessen am Bruttoinlandsprodukt, einen Wert von 5,1 %; ohne energisches Gegensteuern schien die Erfüllung der Konvergenzkriterien des Maastricht-Vertrages und damit die Teilnahme an der Europäischen Währungsunion gefährdet.

Ein Blick auf die Dynamik der Staatsausgaben bis 1995 zeigt einige tieferliegende Ursachen für diese Entwicklung: Zwischen 1970 und 1995 hatte sich die Quote der Staatsausgaben am Bruttoinlandsprodukt von 41 auf 57,5 % erhöht, wobei der größere Teil dieses Zuwachses bereits in den siebziger Jahren zu verzeichnen gewesen war. Dieser Anstieg ist zwar zu einem nicht unwesentlichen Teil auf den Beitrag des öffentlichen Konsums zurückzuführen, der 1995, gemessen am Bruttoinlandsprodukt, mit etwa 19 % um 4,6 Prozentpunkte höher lag als 1970. Sein Zuwachs wird allerdings übertroffen durch jenen der Sozialtransfers, die sich im selben Zeitraum von etwa 15 % auf 22 % erhöht haben; der größte Teil dieses Anstiegs wiederum entfiel auf den Anstieg des Pensionsaufwands von 10 auf etwa 14 %. Schließlich schlugen steigende Zinszahlungen zu Buche; die Zinsen auf die Staatsschuld vervierfachten sich zwischen 1970 und 1995 von 1,1 % auf 4,4 %.

Mit dieser Entwicklung der Ausgaben hatten die Staatseinnahmen nicht ganz Schritt halten können; die Abgabenquote erhöhte sich dennoch zwischen 1970 immerhin sehr kräftig von 35,3 auf 43 %. Dieser Zuwachs wiederum ist zum Großteil auf den Anstieg der Sozialversicherungsbeiträge zurückzuführen; ihr Anstieg von 9 auf 15,4 % erklärt den Anstieg der Abgabenquote fast zur Gänze.

Das österreichische Pensionssystem kann selbst im europäischen Vergleich als relativ gut ausgebaut bezeichnet werden; die maximale

Ersatzrate von 80 % ist eine der höchsten in Europa. Die Pensionsbemessung im Jahr 1995 erfolgte anhand der besten 15 Beitragsjahre; die jährliche Pensionsanpassung orientiert sich an der Entwicklung der Nettolöhne. Eine der hervorstechendsten Charakteristika des österreichischen Pensionssystems war und ist der hohe Anteil an Invaliditätspensionen und vorzeitigen Alterspensionen. Der Anteil der regulären Alterspensionen sank zwischen 1970 und 1994 bei Männern von 25 % auf 13 %, bei Frauen von 62 auf 28 %. Zusammen mit der steigenden Lebenserwartung, die sich zwangsläufig auch in der Entwicklung der Gesundheitsausgaben niederschlagen muß, wird der rückläufige Trend des Pensionsantrittsalters unvermeidlich zu einer Gefahr für die Nachhaltigkeit und Stabilität des Systems der sozialen Sicherheit.

Tabelle 1 zeigt die Ergebnisse eines *Generational Accounting* für Österreich, wobei die Rechtslage und die fiskalischen Eckdaten des Jahres 1995 unterstellt wurden. Hinsichtlich der Pro-Kopf-Ausgaben und Pro-Kopf-Einnahmen wurde angenommen, daß sie parallel mit dem Bruttoinlandsprodukt wachsen; damit wird sowohl der demographischen Entwicklung als auch dem Produktivitätswachstum Rechnung getragen. Für das Wachstum der Arbeitsproduktivität wurde eine Rate von 2 % unterstellt; zur Berechnung der Barwerte von Einnahmen und Ausgaben ein realer Zinssatz von 4 %.

Der Barwert der über seine gesamte Lebensdauer akkumulierten Netto-Abgabenleistung eines im Jahr 1995 Neugeborenen war demnach negativ und betrug –262.300 Schilling; um diesen Betrag überwogen also die im Verlauf seines Lebens von ihm empfangenen Transferleistungen des Staates die von ihm geleisteten Zahlungen an Steuern und Sozialbeiträgen. Ein Zehnjähriger leistete bereits einen positiven Beitrag in der Höhe von 171.200 Schilling; die Nettozahlungen an den Staat erreichten ein Maximum von 933.300 Schilling im Alter von 20 Jahren, wenn der Eintritt ins Erwerbsleben zu einem großen Teil vollzogen ist und die volle Belastung mit Steuern und Sozialbeiträgen wirksam wird. Danach ging die Nettobelastung bereits zurück; mit zunehmendem Alter verkürzt sich die verbleibende Erwerbsdauer, das noch zu erwartende Lebenseinkommen wird zunehmend dominiert von den zu erwartenden Pensionszahlungen, und auch vom Staat empfangene Gesundheitsleistungen gewinnen verstärkt an Gewicht. Der Break-even-Punkt lag bei einem Alter von 38 Jahren, danach stieg die über den Rest der Lebensdauer empfangene Netto-Transferleistung kontinuierlich bis zum Alter von 60 Jahren, wo sie nahezu 3,1 Millionen Schilling betrug. Von da an nahm sie mit sinkender Lebenserwartung wieder stetig ab.

Tabelle 1: Generationenkonten für Österreich [ab]

Alter der Generation im Jahr 1995	Rechtslage 1995	Sparpaket 1996	Pensionsreform 1997	Steuerreform 2000
0	-262.3	119.4	196.4	102.8
5	186.3	221.8	308.9	203.4
10	171.2	608.0	706.3	587.9
15	684.9	1151.8	1263.1	1133.4
20	933.3	1416.3	1541.4	1407.8
25	829.4	1314.5	1456.5	1328.8
30	546.6	1024.3	1185.7	1066.8
35	168.9	640.7	823.6	715.1
40	-253.2	209.3	404.0	308.6
45	867.4	-422.1	-229.7	-315.1
50	1559.1	-1136.5	-962.6	-1029.4
55	2388.0	-2016.0	-1878.3	-1921.7
60	-3085.4	-2783.9	-2684.9	-2713.4
65	-3068.6	-2826.8	-2758.0	-2775.3
70	-2732.0	-2546.9	-2504.7	-2515.2
75	2339.8	-2195.6	-2172.6	-2179.3
80	-1871.8	-1767.8	-1757.1	-1760.8
85	-1439.0	-1369.6	-1365.4	-1367.2
90	1097.0	-1053.0	-1051.7	-1052.5
95	794.6	-770.9	-770.8	-770.9
100	-305.2	-305.2	-305.2	-305.2
Implizite Steuererhöhung (in %)	18.8	5.5	2.0	4.9
Künftiges Generationenkonto	1712.1	738.4	425.5	640.3
Absolute Differenz	1974.3	618.9	229.1	537.5
Gesamte Staatsschuld	285.9	89.1	32.6	77.2

Anmerkungen: [a] in 1.000 ATS (abgezinst auf 1995); [b] Zinssatz: 4,5 %, Produktivitätswachstum: 2 %. Quelle: Keuschnigg et al. 1999

Was war aus ökonomischer Sicht das tatsächliche Ausmaß der österreichischen Staatsschuld im Jahr 1995? Die offizielle, bereits angehäufte Netto-Verschuldung laut Finanzstatistik, die im Jahr 1995 etwa 50 % des Bruttoinlandsprodukts betrug, ist nur ein relativ geringer Teil davon. Die aus dem gegebenen Abgaben- und Sozialsystem folgende „implizite“ Staatsschuld ist weit höher: Sie schließt etwa insbesondere auch die Verpflichtungen ein, die der Staat im Rahmen des gegebenen Pensionssystems gegenüber den Beitragszahlern für die Zukunft eingeht. Aus ökonomischer Sicht besteht kein Grund, die aus der gegebenen Rechtslage künftighin zwangsläufig folgenden Pensionszahlungen anders zu behandeln als etwa die durch Staatsanleihen eingegangenen Zahlungsverpflichtungen. Beide Rechtstitel begründen gleichermaßen in die Zukunft wirkende Zahlungsversprechen des Staates. Legt man für österreichische Verhältnisse realistische Parameter für Wachstumsrate und Zinssatz zugrunde, ergibt sich aus der Rechtslage 1995 – also gemessen an den Verhältnissen vor dem Konsolidierungspaket 1996, vor der Pensionsreform 1997 und vor der Steuerreform 2000 – und abgezinst auf 1995 eine tatsächliche ökonomische Staatsverschuldung im Ausmaß von etwa 286 % des Bruttoinlandsprodukts. Dies macht fast das Sechsfache der offiziell ausgewiesenen Staatsschuld aus und war, selbst im internationalen Vergleich – wie im nächsten Abschnitt gezeigt werden wird –, ein relativ hoher Wert.

Ein derartiger Schuldenberg impliziert, wenn er ungeschmälert an die künftigen Generationen weitergereicht wird, eine enorme Netto-Abgabenbelastung. Er stellt schlicht einen Fehlbetrag in der Budgetrestriktion des Staates dar, der früher oder später finanziert werden muß. Jene, denen dieser Fehlbetrag „vererbt“ wird, müßten im Laufe ihres Lebens wesentlich höhere Steuern zahlen oder mit wesentlich niedrigeren Transferleistungen vorliebnehmen.

Wie hoch wäre nun die Netto-Abgabenbelastung der künftigen Generationen gewesen, wäre ihnen der gesamte Schuldendienst aufgebürdet worden und wäre an der Rechtslage 1995 für die schon lebenden Alterskohorten nichts geändert worden? Wäre die tatsächliche ökonomische Staatsverschuldung ausschließlich durch eine zusätzliche Belastung der nach 1995 geborenen Jahrgänge getilgt worden, hätte man also in einer extrem ausgelegten Version der Begriffe „wohlerworbene Rechte“ oder „Vertrauensschutz“ streng zwischen schon lebenden Generationen und nach 1995 geborenen Generationen diskriminiert, hätte die kumulierte Netto-Abgabenbelastung künftiger Generationen etwa 1,7 Millionen Schilling betragen müssen. Dies hätte eine auf die nach 1995 geborenen Generationen beschränkte Anhebung sämtlicher Abgaben um 64,8 % erfordert. Dieses Gedankenexperiment mag unrealistisch erscheinen, veranschaulicht aber sehr gut und ungeschminkt, wie ausgeprägt das intergenerative Ungleichgewicht des österreichischen Steuer- und Sozialsystems im Jahr 1995 war.

Eine Tilgung der Staatsschuld durch eine generelle Steuererhöhung, auch für die bis 1995 Geborenen, hätte immerhin eine Anhebung sämtlicher Abgaben um 18,8 % erfordert.[2] Alternativ hätte auch eine generationenneutrale Reduktion sämtlicher Transferausgaben um 16,2 % der Budgetrestriktion des Staates Genüge getan und den aus ökonomischer Sicht bestehenden Fehlbetrag beseitigt.

Österreich im internationalen Vergleich

Die aus ökonomischer Sicht im Jahr 1995 tatsächlich bestehende österreichische Staatsschuld belief sich selbst im internationalen Vergleich auf einen relativ hohen Wert. Der internationale Vergleich[3] muß seriöserweise für die betreffenden Länder einheitliche Zins- und Wachstumsparameter zugrundelegen; für das Wachstum der Arbeitsproduktivität wurde hierbei eine Rate von 1,5 %, zur Berechnung der Barwerte von Einnahmen und Ausgaben ein realer Zinssatz von 5 % unterstellt. Daraus würde, gegeben wieder die Rechtslage 1995, für Österreich eine Schuldenquote von 192,5 % folgen. Dieser Wert liegt innerhalb der untersuchten Länder klar am oberen Rand der Skala: In der Gruppe der 14 in den Vergleich eingegangenen Länder wird er nur mehr von Schweden (237 %) und Finnland (253 %) übertroffen. Über der 100-Prozent-Marke liegen noch die Werte für Großbritannien (185 %), Spanien (152 %), Deutschland (136 %) und Italien (107 %); noch weiter unter dem österreichischen Wert liegen jene für die USA (87 %), Frankreich (81 %), die Niederlande (76 %), Dänemark (71 %),

Belgien (19 %) und Norwegen (10 %). Für Irland ergibt sich sogar eine negative Schuldenquote von -4 %.

Tabelle 2: Internationaler Vergleich

	Abgabenquote, impliziter Anstieg	Transferquote, implizite Senkung	Verschuldungsquote	Quote der effektiven Staatsschuld
Österreich	18,4	20,5	49,8	192,5
Belgien	3,1	4,6	122,2	18,8
Dänemark	4,0	4,5	59,5	71,2
Finnland	19,4	21,2	-8,4	253,2
Frankreich	6,9	9,8	35,6	81,3
Deutschland	9,5	14,1	57,7	136,0
Irland	-2,1	-4,4	72,1	-4,3
Italien	10,5	13,3	105,9	107,3
Japan	15,5	25,3	-	-
Niederlande	8,9	22,3	64,6	75,9
Portugal	4,2	7,5	-	-
Spanien	14,5	17,0	63,2	51,9
Schweden	15,6	18,9	36,7	236,5
Großbritannien	2,7	9,5	51,2	184,8
USA	10,8	20,3	-	-

Quellen: Kotlikoff/Raffelhüschen 1999; Raffelhüschen 1999

Das Sparpaket 1996

Die Neuverschuldung des gesamten öffentlichen Sektors erreichte im Jahr 1995 5,1 % des Bruttoinlandsprodukts. Damit lief Österreich ohne gegensteuernde Maßnahmen Gefahr, das Kriterium des Maastricht-Vertrags für den Beitritt zur Europäischen Währungsunion zu verletzen. Die neugewählte Bundesregierung verabschiedete schließlich ein Konsolidierungspaket, dessen einnahmen- und ausgabenseitige Konsequenzen in Tabelle 3 umrissen sind. Das Schwergewicht der ausgabenseitigen Maßnahmen lag zum einen bei Einsparungen im öffentlichen Sektor, insbesondere beim Personalaufwand, zum anderen bei den Sozialausgaben; dort wiederum bei der Verschärfung der Anspruchsvoraussetzungen für die vorzeitige Alterspension. Der Schwerpunkt der einnahmenseitigen Maßnahmen lag im Bereich der Lohn- und Einkommensteuer. Gemessen an den im Budget 1997 wirksamen Maßnahmen belief sich das gesamte Ausmaß der Konsolidierungsmaßnahmen auf etwa 4 % des Bruttoinlandsprodukts. In die Budgets 1998 und 1999 waren zusätzliche Maßnahmen im Ausmaß von etwa 1 % des Bruttoinlandsprodukts vorgesehen. Ein Teil der Konsolidierungsmaßnahmen war nicht permanenter Natur und ging dementsprechend auch nicht voll in die Neuberechnung von Generationenkonten und impliziter Staatschuld ein.

Tabelle 3: Das Sparpaket 1996 [a]

	1996/1997	1998	1999
Personalaufwand	16.0	1.5	3.8
Familienpolitik / Pflegegeld	8.2	0.4	0.4
Arbeitslosenversicherung	4.2	0.3	0.3
Pensionsversicherung	18.4	5.5	6.2
Förderungen	2.8	1.0	1.0
Bausparförderung	-	1.8	0.3
Allgemeine Verwaltung / Zweckbindungen	17.0	5.0	5.0
Ausgaben	**66.6**	**15.5**	**17.0**
Lohn- und Einkommensteuer	22.9	1.3	1.3
Körperschaftsteuer	8.1	1.3	1.3
Kapitalertragsteuer	3.0	-	-
Energiesteuer	7.0	-	-
Sonstige indirekte Steuern	5.8	6.5	6.5
Gebühren und sonstiges	-	1.2	1.2
Sozialversicherungsbeiträge	-	2.0	2.5
Einnahmen	**46.8**	**12.3**	**12.8**
Summe	**113.4**	**27.8**	**29.8**
Summe in % des BIP	4.5	1.0	1.1

Anmerkungen: [a] in Milliarden ATS; für 1996 und 1997 gegenüber der Rechtslage 1995, für 1998 und 1999 gegenüber der Rechtslage 1997. Quellen: OECD 1997, 1998, IHS 1998

Das Sparpaket verfehlte seine Wirkung nicht; bis 1997 reduzierte sich die Neuverschuldungsquote auf 1,9 %, ein Niveau, unter das es allerdings in den Jahren danach, in welchen offensichtlich eine fiskalpolitische „Atempause" eingelegt wurde, nicht mehr gedrückt werden konnte.

Tabelle 1 zeigt die Konsequenzen für die Generationenkonten: Jede Generation mußte Verluste verzeichnen; für einen im Jahr

1995 Neugeborenen beispielsweise erhöhte sich die über die gesamte Lebensdauer kumulierte Netto-Abgabenbelastung um etwa 380.000 Schilling. Die aus ökonomischer Sicht bestehende Staatsschuld verringerte sich von 286 % auf etwa 90 % des Bruttoinlandsprodukts. Eine Tilgung dieser Schuld ausschließlich durch die nach 1995 geborenen Alterskohorten hätte eine auf diese beschränkte Anhebung sämtlicher Abgaben um 19,1 % erfordert; wenn durch die Steuererhöhung neben den künftigen Generationen auch alle gegenwärtigen Generationen erfaßt worden wären, hätte eine Erhöhung um 5,5 % ausgereicht.

Die Pensionsreform 1997

Ein weiterer Konsolidierungsschritt wurde mit der Pensionsreform 1997 vollzogen. Die Schwerpunkte der Reform[4] lagen im ASVG-Bereich bei einer Neugestaltung der Steigerungsbeträge und einer Neuregelung der Bemessungszeiten für die vorzeitige Alterspension. Diese wurde nach der Höhe des Pensionsantrittsalters von bislang 15 Jahren auf bis zu 18 Jahre ausgedehnt. Eine entsprechende, schrittweise einsetzende Regelung wurde auch für den öffentlichen Dienst getroffen. Im Bereich der Selbständigen kam es zu Beitragserhöhungen. Ein weiterer, wesentlicher Punkt wurde indessen bislang nicht umgesetzt, nämlich die Orientierung der jährlichen Pensionsanpassung an der steigenden Lebenserwartung.

Der Schätzung der Bundesregierung zufolge hätte die gesamte Reform den Pensionsaufwand bis zum Jahr 2030 um 10,5 % verringert. Gemessen am Bruttoinlandsprodukt entspricht dies einer Einsparung um 1,5 %; davon allerdings entfallen etwa zwei Drittel auf die nicht umgesetzte Orientierung der jährlichen Pensionsanpassung an der steigenden Lebenserwartung.

In Tabelle 1 sind die Ergebnisse für die Generationenkonten dargestellt. Die unter dem Titel der Pensionsreform ausgewiesenen diskontierten Netto-Abgabenleistungen inkludieren bereits den Effekt des Sparpakets 1996; der isolierte Effekt der Pensionsreform ergibt sich also aus der Differenz zu den Werten, welche in der dem Sparpaket gewidmeten Spalte aufscheinen. Wie aus Tabelle 1 zu ersehen, hätte eine volle Implementierung der Pensionsreform die effektive ökonomische Staatsschuld von 89,1 % weiter auf 32,6 % abgebaut. Abermals steigt die über die gesamte Lebensdauer kumulierte Belastung für sämtliche Generationen; für einen im Jahr 1995 Neugeborenen beispielsweise erhöht sie sich von 120.000 Schilling weiter auf fast 200.000 Schilling. Der Effekt der Pensionsreform wäre also eine zusätzliche Belastung von etwa 80.000 Schilling. Eine allgemeine, sich auf alle Generationen erstreckende Steuererhöhung zur Tilgung der Staatsschuld hätte sich auf etwa 2 % belaufen müssen. Tabelle 1 unterstellt allerdings die volle Implementierung der Pensionsreform. Diese liegt hingegen hinsichtlich eines wesentlichen Teils, der Orientierung der jährlichen Pensionsanpassung an der steigenden Lebenserwartung, nicht vor. Von der gesamten der Pensionsreform zuzuschreibenden Reduktion der effektiven Staatsschuld im Ausmaß von 56 % des Bruttoinlandsprodukts bleiben etwa 13 %.

Die Steuerreform 2000

Die durch das Sparpaket 1996 und die Pensionsreform 1997 erzielten Konsolidierungserfolge sind durch die Steuerreform 2000 und die damit zeitlich und politisch in Zusammenhang stehende Familiensteuerreform wieder zu einem großen Teil abhanden gekommen. Die Tabellen 4 und 5 zeigen die Effekte der beiden Reformen, die zusammengenommen eine permanent wirkende Entlastung von etwa 32 Milliarden Schilling mit sich brachten.

Tabelle 4: Familiensteuerreform 1999 [a]

	1999	2000	permanent
Familienbeihilfen	3.10	6.0	6.0
Kinderabsetzbeträge	3.05	6.0	6.0
Summe	**6.15**	**12.0**	**12.0**

Tabelle 5: Steuerreform 2000 [a]

	2000	2001	2002	2003	Permanent
Lohn- und Einkommensteuer	15.1	16.9	17.1	17.0	17.0
Körperschaftssteuer	0.0	0.4	1.0	1.0	1.0
Erbschafts- und Schenkungssteuer	0.0	0.3	0.3	0.3	0.3
Umsatzsteuer	1.0	1.2	1.2	1.2	1.2
Kapitaltransfersteuer	0.2	0.8	0.8	0.8	0.8
Sonstige Abgaben	0.1	0.1	0.1	0.1	0.1
Summe	**16.4**	**19.6**	**20.4**	**20.3**	**20.3**

Anmerkungen: [a] In Milliarden ATS. Quellen: Regierungsvorlage zum Budgetbegleitgesetz 1998, Regierungsvorlage zum Steuerreformgesetz 2000

Wie Tabelle 1 veranschaulicht, bewirkt die Steuerreform eine Entlastung aller lebenden Generationen; hauptsächliche Nutznießer waren, zumal die Entlastung schwerpunktmäßig den Lohn- und Einkommensteuerpflichtigen und Familien zuteil wurde, die jüngeren Alterskohorten, weniger insbesondere die Pensionisten. Die Entlastung für einen im Jahr 1995 Neugeborenen beträgt immerhin über 90.000 Schilling.

Die effektive Staatsschuld erhöht sich dementsprechend auf etwa 77 % des Bruttoinlandsprodukts. Hier ist allerdings wieder in Rechnung zu stellen, daß ein wesentlicher Teil der Pensionsreform 1997 nicht umgesetzt wurde; de facto liegt sie also bei etwa 120 %, also wieder deutlich höher als nach dem Sparpaket 1996. Die Konsolidierungsmaßnahmen der neuen Bundesregierung und die von ihr in Angriff genommene neuerliche Pensionsreform sind in dem hier vorgestellten *Generational Accounting* noch nicht berücksichtigt; zweifellos aber würden sie sich in einer erneuten, hier nicht quantifizierten Reduktion der effektiven Verschuldung niederschlagen.

Die Umverteilung zu Lasten künftiger Generationen läßt sich wieder an folgendem Gedankenexperiment veranschaulichen: Die über seine gesamte Lebenszeit kumulierte Netto-Abgabenbelastung eines im Jahr 1995 geborenen Kindes betrug nach der Steuerreform 2000, abgezinst auf 1995, nunmehr etwa 103.000 Schilling. Um die tatsächliche ökonomische Staatsverschuldung ausschließlich durch eine zusätzliche Belastung der nach 1995 geborenen Jahrgänge zu tilgen, hätte hingegen deren kumulierte Netto-Abgabenbelastung 640.000 Schilling betragen müssen. Dies würde eine auf die nach 1995 geborenen Generationen beschränkte Anhebung sämtlicher Abgaben um 16,8 % erfordern. Eine Tilgung durch eine generelle Steuererhöhung, auch für die bis 1995 Geborenen, würde eine Anhebung sämtlicher Abgaben um 4,9 % erfordern.

Zusammenfassung

Das österreichische System der sozialen Sicherheit erweist sich, auch im internationalen Vergleich, unter dem aus fiskalpolitischer Sicht entscheidenden Gesichtspunkt der Nachhaltigkeit als besonders reformbedürftig. Es liegt nun an den derzeit zur Diskussion stehenden Bemühungen um weitere, längerfristig die Weichen stellende Strukturreformen, den sich abzeichnenden Konsolidierungstrend ernsthaft und durchgreifend zum Abschluß zu bringen.

Die „offiziellen" Verschuldungszahlen laut Finanzstatistik messen aus ökonomischer Sicht das effektive Ausmaß der österreichischen Staatsschuld nur unzureichend. Die aus dem heutigen Abgaben- und Sozialsystem folgende „implizite" Staatschuld ist weit höher; sie schließt insbesondere auch jene Verpflichtungen ein, die der Staat im Rahmen unseres Pensionssystems gegenüber den heutigen Beitragszahlern für die Zukunft eingeht. Aus ökonomischer Sicht besteht kein Grund, die aus der gegebenen Rechtslage zwangsläufig folgenden Pensionszahlungen anders zu behandeln als etwa die durch Staatsanleihen eingegangenen Zahlungsverpflichtungen; beide Rechtstitel begründen gleichermaßen in die Zukunft wirkende Zahlungsversprechen des Staates. Aus der Rechtslage 1995 – also gemessen an den Verhältnissen vor dem Konsolidierungspaket 1996, vor der Pensionsreform 1997 und vor der Steuerreform 2000 – ergab sich eine effektive Staatsverschuldung im Ausmaß von etwa 286 % des Bruttoinlandsprodukts; dies macht fast das Sechsfache der offiziell ausgewiesenen Staatsschuld aus und ist, selbst im internationalen Vergleich, ein relativ hoher Wert.

Das österreichische Abgaben- und Sozialsystem war somit in der im Jahr 1995 vorliegenden Form auf Dauer nicht finanzierbar und das Ausmaß des fiskalischen Ungleichgewichts war, durchaus auch im internationalen Vergleich, alarmierend hoch. Ein gewisser – wenn auch mit erheblichen Belastungen für die Steuerzahler erkaufter – „Befreiungsschlag" konnte mit den Sparpaketen der Jahre 1996–1999 und den Maßnahmen der Pensionsreform 1997 erreicht werden: Durch die Sparpakete 1996–1999 konnte die gesamte Staatsschuld – nun wieder gemessen an den spezifisch österreichischen Zins- und Wachstumsparametern – von 286 auf 89 % gedrückt werden; eine weitere Reduktion auf etwa 33 % wäre durch die Pensionsreform 1997 erfolgt. Dazu ist allerdings erneut anzumerken, daß ein wesentlicher Teil dieser Pensionsreform, nämlich die Orientierung der jährlichen Pensionsanpassung an der steigende Lebenserwartung, noch immer nicht realisiert ist.

Die Steuerreform 2000 hat die effektive Staatsschuld weiter erhöht; wenn man außerdem in Rechnung stellt, daß ein wesentlicher Teil der Pensionsreform 1997 nicht umgesetzt wurde, liegt sie – wie bereits erwähnt – de facto bei etwa 120 %. In dem dadurch beschriebenen Ausmaß ist unter der derzeit gegebenen Rechtslage also nach wie vor die intertemporale Budgetbeschränkung des Staates verletzt und die Finanzierung des österreichischen Sozialsystems ungeklärt. Die derzeit diskutierten weiterführenden Bemühungen um eine Reform des öffentlichen Sektors müssen hier ansetzen.

Literatur

Auerbach, Gokhale, Kotlikoff: Generational Accounts: A Meaningful Way to Evaluate Fiscal Policy, in: Journal of Economic Perspectives 8 (1994), S. 73–94

Auerbach, Gokhale, Kotlikoff: Generational Accounts: A Meaningful Alternative to Deficit Accounting, in: D. Bradford (ed.), Tax Policy and the Economy, Vol. 5; Cambridge/Mass. 1991; S. 55–110

BMAGS: Pensionskonzept 2000 – Nationalratsbeschluß, Bundesministerium für Arbeit, Gesundheit und Soziales; Wien 1997

Gokhale, Raffelhüschen: Population Aging and Fiscal Policy in Europe and the United States, in: Economic Review, Vol. 36 No. 1 (2000); Federal Reserve Bank of Cleveland, forth.

IHS: Prognose der Österreichischen Wirtschaft 1998/99; Wien 1998

Keuschnigg, C., M. Keuschnigg, Koman et al.: Restoring Generational Balance in Austria, in: European Commission (Hg.): Generational Accounting in Europe; Brüssel 1999

Keuschnigg, C.: Dynamic Tax Incidence and Intergenerationally Neutral Reform, in: European Economic Review 38 (1994), S. 343–366

Kotlikoff, Raffelhüschen: Generational Accounting Around the Globe, in: American Economic Review 89 (1999), S. 161–166

OECD: OECD Economic Surveys. Austria; Paris 1997

OECD: OECD Economic Surveys. Austria; Paris 1998

Raffelhüschen: Generational Accounting in Europe, in: American Economic Review 89 (1999), S. 167–170

Raffelhüschen: Generational Accounting in Europe, Study undertaken for the European Commission, DG XXI, mimeo; Brüssel 1998

Stefanits: Aktuelle Entwicklungen in der gesetzlichen Pensionsversicherung; BM für Arbeit, Gesundheit und Soziales, Vortragsmanuskript 1998

Pensionsreformen 2000f. – alt oder neu regiert?

BERND MARIN UND CHRISTOPHER PRINZ

Wozu Pensionsreformen?

Überall in Europa stehen Alterssicherung, Generationenvertrag und Pensionssysteme vor entscheidenden Änderungen: Wie lassen sich etablierte Sozialrechte mit völlig veränderten Rahmenbedingungen neu vereinbaren? Wie können chronische Erwerbslosigkeit und Frühverrentung, steigende Lebenserwartung, starke gesellschaftliche Alterung, kürzere Berufszeiten und neue Lebens- und Familienformen im Ausgleich zwischen Ruhestands- und Erwerbsgenerationen auf faire Weise berücksichtigt werden?

Pensionsreformen sind politisch so „heiß" und schwierig, weil es – bei hoher technischer Komplexität – weniger um Finanzierungsfragen als um Beitrags- und Verteilungsgerechtigkeit geht; weil Rentenansprüche in OECD-Ländern bis zu 50 % aller Sozialausgaben und individuell meist den größten persönlichen Vermögenstitel im Leben ausmachen; weil das „Dritte Lebensalter" nun Jahrzehnte dauert und Pensionstransfers ein ständig wachsender Teil des Lebenseinkommens sind; weil nötige Reformen unvermeidlich an überkommenen Privilegien von Einzelinteressen rühren; und weil die Verkürzung der Lebenserwerbsdauer durch Frühverrentung längst eine kaum umkehrbare, selbstzerstörerische Eigendynamik mit Sekundärgewinnen für alle Beteiligten auf Kosten nachfolgender Generationen entwickelt hat.

In Österreich z. B. leben wir seit 1970 um drei bis vier Jahre länger, treten aber um zwei Jahre später in das Arbeitsleben ein und scheiden sechs Jahre früher wieder aus und beziehen um sieben Jahre länger Pension, Neupensionisten heute schon 20,5 (Männer) bis 26 Jahre (Frauen). Weniger als 20 % von uns gehen zum gesetzlichen Alter in Pension, 60 bis 70 % der Frühpensionisten galten 1996 als „berufsunfähig" oder „Invalide", Invaliditätspensionen haben seit 1980 um 50 % zugenommen. Bis zu 90 % der 60- bis 65-

Jährigen, die eine Generation zuvor bei deutlich weniger Lebenserwartung, Gesundheit und Bildung noch fast alle aktiv waren, sind heute im selben Alter in Frühpension.

Auch als Alternative zu Arbeitslosigkeit ist das keine soziale Errungenschaft – was als Rezept beabsichtigt war, ist Teil des Problems massenhafter sozialer Ausgrenzung von Menschen mittleren Alters aus dem Erwerbsleben geworden. Denn weitere, vorzeitige Inaktivität im Erwerbsalter würde den Generationenvertrag noch zu unseren Lebzeiten auflösen. Dieser seit Jahrzehnten ungebrochene Trend ist nicht nur inhuman, sondern auch unfinanzierbar und gesellschaftlich bedrohlich. Rapide Frühverrentung droht die Alterssicherung zumindest für jene auszuhöhlen, die in ihrer ersten Lebenshälfte stehen. Sie gefährdet, wie die Massenarbeitslosigkeit, unser soziales und finanzielles Gleichgewicht, nachhaltigen Wohlstand, sozialen Frieden und Demokratie.

Wie der reale Sozialismus gescheitert ist, wird auch der traditionelle Sozialstaat scheitern, wenn er zwei seiner Existenzberechtigungen nicht erfüllen kann: Wenn die Regierungen Massenarbeitslosigkeit oder unfreiwillige Erwerbslosigkeit nicht verhindern können oder wollen; und wenn die Vor- bis Nachkriegsjahrgänge den Generationenvertrag auf Kosten ihrer Kinder und Enkel mit ins Grab nehmen. *Job creation* war erfolglose Beschäftigungspolitik, solange Arbeits- oder Erwerbslosigkeit nicht nachhaltig reduziert wurden; und die „Pensionen“ der jüngeren werden mit den heutigen nichts mehr gemein haben, wenn wir den Generationenvertrag nicht ganz neu gestalten. Je länger das Zuwarten, desto kostspieliger und schmerzhafter werden unerläßliche Änderungen.

Nicht nur Freiheit und soziale Gerechtigkeit, sondern die bloße funktionelle und politische Stabilität moderner Wohlfahrtsgesellschaften steht und fällt mit der Erfüllung der drei großen Versprechen von Arbeit, Einkommen und Alterssicherung für alle. Das heißt: ausreichend hohe Beschäftigung für alle Arbeitswilligen; produktivitätsorientierte Realeinkommenszuwächse für alle Erwerbsbürger und die in den meisten Ländern majoritären „Versorgungsklassen“ (Dahrendorf); und ein selbstregulierendes Gleichgewicht zwischen Erwerbsbevölkerung und abhängig-inaktiven Gruppen entscheiden über Prosperität oder Krise von Erwerbsgesellschaften.

Pensionsreformen betreffen das dritte dieser drei großen Funktionserfordernisse moderner Demokratien. In Österreich, wo der Pensionsstreit 1995 vorzeitige Neuwahlen und 1997 und 2000 hochkontroversielle Reformen ausgelöst hat, ist langfristig ein nachhaltiger, sozialverträglicher Sozialumbau an vier Kernfragen zu erörtern:

- Wie wird unbezahlte Betreuungsarbeit in einem erwerbsbezogenen Versicherungssystem bewertet und wie kann dadurch die größte Versorgungslücke geschlossen werden, so daß alle BürgerInnen eine eigenständige Alterssicherung erhalten?
- Wie lassen sich berufsständisch segregierte Pensionssysteme – auch Beamtensonderrechte – harmonisieren?
- Wie ist, angesichts drastischer und zunehmender Ungleichgewichte, ein gerechterer Lastenausgleich zwischen den Generationen zu erreichen?
- Wie können falsche Anreize zu Invaliditäts- und Berufsunfähigkeitspensionen – den häufigsten „Frühpensionen" mit größeren Kosten als die Arbeitslosigkeit – vermieden, Personen mit Behinderungen oder gesundheitlichen Erwerbseinschränkungen aber dennoch gut abgesichert werden?

Erste Antwortversuche dazu und konkrete Vorschläge für einen langfristig nachhaltigen Sozialumbau im Bereich der Pensionen haben wir seit langem, zuletzt im Vorjahr[1], vorgelegt; stichhaltige Einwände dagegen gab es bisher keine. Warum nicht, solange bessere Vorschläge nicht gemacht werden, danach handeln ?

Pensionsreformen als Lackmustest aller Regierungen

Pensionsreformen wurden zum Lackmustest für die Reformkraft aller Regierungen. Das wird auch in Zukunft so bleiben. Wer nicht allen Generationen langfristige Perspektiven gibt, verliert Glaubwürdigkeit – und Wähler. Trügerische Pensionsversprechen sichern allenfalls einmalige Wahlerfolge.

Leider fehlt ein mittel- bis längerfristiger Konsens über Pensionsreformen immer noch fast völlig. Bisherige Reformen, auch die der Jahre 1997 und 2000, haben das Vertrauen in künftige Reformen aufgrund ihrer Zögerlichkeit und Widersprüchlichkeit geschwächt; nicht zuletzt auch, weil sie (Wahl-)Versprechen brachen und Sozialabbau verschleierten. Jüngere, Arbeiter, Angestellte und Frauen werden immer noch systematisch benachteiligt. Über Pensionsfragen und -extrawürste aller Art entscheiden weiterhin ausnahmslos Leute in eigener Sache. (Nämlich pensionsnahe Jahrgänge und pragmatisierte Beamte. Wie anders würden Reformvorschläge vermutlich aussehen, wenn die Vorsitzenden der Expertenkommissionen, die Legisten und Parlamentarier zur Abwechslung einmal ASVG-versichert, jünger, aus der Wirtschaft oder schlicht repräsentativer für die Gesamtbevölkerung wären?)

Bis zum Beginn der nächsten Legislaturperiode wäre allein der Aufwand der Pensionsversicherung um 25 % auf 354 Milliarden, der nötige Bundeszuschuß um 42 % auf 90 Milliarden gestiegen – wenn die Regierung nicht durch eine kleine Pensionsreform gegengesteuert hätte.

Kairos

Natürlich gibt es den *Kairos* – den richtigen, ja einzig möglichen, unwiederbringlichen Zeitpunkt, etwas zu tun. Der größte Wirtschaftsaufschwung seit einem Jahrzehnt ist ein solches *window of opportunity*, neue Weichenstellungen rechtzeitig und vergleichsweise schmerzlos vorzunehmen. Souverän ist, Carl Schmitt zufolge, wer den Ausnahmezustand beherrscht, in Zeiten der Verunsicherung und des Umbruchs das Gesetz des Handelns bestimmt. Das bedeutet auch, daß Wohlfahrtsreformen Sozialumbau und nicht -abbau bedeuten und nur im *boom*, jetzt, und nicht im *slump* gemacht werden können; daß gerade n a c h Wahlen, sowie nach großzügig entlastender Steuer- und Familienreform, und nicht davor der richtige Zeitpunkt für längerfristige Debatten und Reformen ist; daß nur rechtzeitige, nicht Notmaßnahmen und kassenwirksame Budgetkonsolidierung nachhaltig sein können; daß den, der – auch mit der nächsten Reform – zu spät kommt, das Leben bestraft.

Sicherlich braucht eine gute Pensionsreform, die Jahrzehnte halten und breitestmögliche Zustimmung haben soll, Jahre des Verhandelns und Jahre des Vorlaufs: Die Schweden stritten sieben, die Schweizer über zehn Jahre um gute Resultate. Doch gerade wenn man große Vorhaben seriös vorbereiten und sozialverträglich sanft einführen will, hätte man lange vor der Jahrtausendwende beginnen müssen, für nach 2010 vorzusorgen – statt brutale Verwerfungen in Kauf zu nehmen. Selbst unsere Empfehlungen als Mitglieder der Pensions- und Beamtenreform-Kommissionen 2000 skizzieren zwar die wünschenswerte und wahrscheinliche längerfristige Richtung künftiger Reformen[2], aber sie wurden nicht – wie vom Vorsitzenden Tomandl empfohlen – als Rahmengesetz verabschiedet, das weitere Vorhaben präjudiziert und damit den Menschen rechtzeitig ausreichende Orientierungssicherheit bietet, was sie wann genau erwartet und worauf sie sich einstellen sollten. Dieses Versäumnis mittelfristig verbindlicher Wegweiser, dessen Behebung politisch wenig bis nichts und wissenschaftlich nur ein bißchen mehr Zeit und Anstrengung gekostet hätte, ist – zusammen mit der Nichtbehebung der Fehler der Reform 1997 – wahrscheinlich der größte strategische Fehler der kleinen Pensionsreform 2000.

Berechtigte Ungerechtigkeiten? Das Pensionsversagen der Sozialdemokratie

Bekanntlich ist die Sozialdemokratie nach 30 bzw. 51 Jahren Regierungsverantwortung zuletzt vor allem an der Pensionsfrage, an mangelnder Realitätstüchtigkeit und innerer Zerrissenheit bezüglich nötiger und wünschenswerter Reformschritte sowie an ihrem Mangel an sozialem Gerechtigkeitssinn, der die Vorstellungen breiter Bevölkerungskreise widerspiegeln würde, gescheitert. Ganz offensichtlich konnte eine Partei, die ständig von Modernisierung und sozialer Gerechtigkeit redet, darüber selbst nicht mehr ruhig reden und über Reformerfordernisse und Fairneßverletzungen nicht mehr konstruktiv und ohne Panik streiten.

Kaum einen der arrivierten Sozialdemokraten irritierte es noch, wenn viele geltende Pensionsregeln ein Schlag ins Gesicht der „kleinen Leute“ und eine teils schamlose Bevorzugung geschützter Mittelständler sind; wenn einzelne Generationen oder Berufsgruppen weniger als die Hälfte anderer Jahrgänge oder Stände zu ihren Pensionen beizutragen haben; wenn Frauen entwürdigenderweise den größten Teil ihrer Pensionen als „Hinterbliebene“ mit Mitte 70 statt eigenständig mit 60 Jahren erhalten, ihre Direktpensionen mehrheitlich unter der Armutsgrenze und sie im Pensionsalter auf kaum das halbe Männereinkommen abgesunken sind; wenn groschengleiche Beiträge bei Beamten zu um 50 % höheren Pensionen als im ASVG führen; wenn beispielsweise ein A2-Beamter mit 55 um 2,2 Millionen Schilling mehr Pension erhält als ein ASVG-Normalbürger gleichen Aktivgehalts, der bis 65 „hackelt“; wenn Angehörige gleicher Berufsgruppen, wie etwa Autobuschauffeure, ein um sieben Jahre differierendes Pensionsalter haben, je nachdem, ob sie für die ÖBB oder ein privates Unternehmen arbeiten; wenn ÖBB-Bedienstete Pensionsvorteile bezüglich des Antrittsalters haben, die auch durch die erhöhten Beitragssätze seit 1997 nicht einmal zur Hälfte abgegolten sind; wenn ausgerechnet Beamte als die höchsten Pensionsbezieher unbegrenzt dazuverdienen durften, während Kleinstpensionisten lange Zeit durch Ruhensbestimmungen eine Kürzung bzw. Streichung ihrer ASVG-Pensionen bei Zuerwerb riskierten, bis das Höchstgericht diese Regelungen aufhob; usw. usf.

Nicht zuletzt deshalb, weil den Genossen jeder Sinn dafür fehlte, Über etwaige wohlerworbene Berechtigungen solcher ständischen Ungerechtigkeiten auch nur noch zu reden, geschweige denn, sie schleunigst abzuschaffen und sich frühere Versäumnisse bei den – sie mehrheitlich verlassenden – Arbeitern und Jungen einzugestehen, ist die FPÖ bei den letzten Wahlen zur führenden Partei unter Arbeitern, aber auch bei den Jüngeren und den berufstätigen Frauen geworden.

Allzu lang schienen maßgebliche Vertreter der Sozialdemokratie allen Ernstes zu glauben, daß „einfache Menschen“ nur fehlinformiert seien von fehlgeleiteten Experten, geschäftsgierigen Versicherungen und sensationsgeilen Medien; daß ausnahmslos alle Fachleute von Rang, auch nahestehende Auftragnehmer des sozialdemokratisch geführten Sozialministeriums wie Kollege Rürup, Teil einer großen Weltverschwörung seien; daß die Steuer- und Abgabenschraube das einzige oder auch nur richtige Pensionsrezept sei; und daß man nur mit Werbemillionen „kampagnisieren" müsse, um verlorenes Vertrauen in die Pensionen wiederherzustellen – anstatt durch nachhaltigen Umbau, nachprüfbare Fairneß, einklagbare Versprechen und transparente Pensionskonten.

An dieser Pensionsdummheit ist die Sozialdemokratie zuletzt gescheitert, und sie wird sich nicht eher von dieser historischen Niederlage erholen und wieder als regierungsfähig präsentieren können, als die Exponenten dieses Versagens selbst in den Ruhestand versetzt oder sonstwie ruhiggestellt worden sind und die Wende hin zu einheitlichen und wesentlich beitragsdefinierten, also gerechteren und nachhaltig sicheren Pensionsmodellen vollzogen ist.

Ich habe Ende 1999 vorhergesagt bzw. gewarnt, daß, wenn die Sozialdemokratie sich nicht rasch und radikal reformiert, sie „Jahrzehnte erfolglos gegen blau-schwarz opponieren" könnte[3], weil mit einem Regierungswechsel auch ein Paradigmenwechsel einhergehen würde, dessen Tragweite nicht geringer sein könnte als der von *Old Labour* zu Thatcher. Der Übergang zu *New Labour* ließ im Vereinten Königreich bekanntlich fast zwei Jahrzehnte auf sich warten, und es ist im Sinne demokratischen Wandels – wie auch weiterer, breit konsensueller Pensionsreformen mit Verfassungsmehrheit –, zu hoffen, daß sich die notwendige Erneuerung in Österreich viel rascher vollzieht.

Wenn wir nach den Testbedingungen einer fairen Pensionsreform fragen, so habe ich diese vor Beginn der Arbeit in der Pensionsreformkommission folgendermaßen kurz zusammengefaßt:[4]

Was wäre eine faire Pensionsreform?

„1. Fairneß und Verantwortung erfordern weitere Pensionsreformen: Nichtstun würde nur bestehende Ungleichgewichte verschärfen, künftigen Druck erhöhen und gute Lösungen erschweren (...). Nichtstun kostet Arbeitnehmer rund 80 Milliarden jährlich, 2.000 Schilling monatlich an Einkommen; es läßt Frauen weiter ohne ausreichende eigenständige Pensionen, belastet Jüngere, bevorzugt Staatsdiener vor NormalbürgerInnen,

Akademiker vor Arbeitern, Begüterte vor Bedürftigen – und sprengte das Budget. So ist *fast jede*, nicht: jede *Pensionsreform besser als keine.*

2. Eine faire Pensionsreform steht zu sich: Sie wäre angekündigt, erwartbar, offen und ehrlich, nicht überfallsartig, vorher feierlich ‚ausgeschlossen', ein gebrochenes Versprechen wie alle seit 1993. Sie würde langfristige *Sicherheit* der Pensionen, aber auch der *Erwartungen* an die Alterssicherung, das Vertrauen erhöhen. Sie wäre ein Schritt in einem kontinuierlichen, in der Richtung für jeden jederzeit völlig überschaubaren Prozeß der Feinsteuerung innerhalb einer klaren, unstrittigen, als unantastbar garantierten *Pensionsverfassung*. Fair wären ein rascher Start, klare, konsensuelle Langfristziele, behutsam lebensgerechte Übergänge und viel Zeit für weitere Anpassungen.
3. Eine faire Pensionsreform würde neuen Belastungen und *Pflichten* jeweils neue *Rechte* und Chancen gegenüberstellen – und sei es bloß kostenlose Erweiterung von Wahlfreiheiten. Das unterscheidet *Sozialumbau* von Sozialabbau.
4. Eine faire Pensionsreform würde unvermeidliche *Belastungen gleich verteilen* und nach Wirtschaftskraft bzw. Leistungsfähigkeit oder Bedarf oder eingezahlten Beiträgen – oder bisherige Schieflagen zwischen Berufsgruppen und Jahrgängen ausgleichen. Gravierende Verletzungen von Bedarfs- und Beitragsgerechtigkeit (etwa Bemessung an Letzt- oder Bestbezügen) würden – wie andere Mißbrauchsanreize – abgeschafft; Bundeszuschüsse auf versicherungsfremde Leistungen beschränkt bzw. ansonsten pro Kopf ebenfalls gleich verteilt.
5. Eine faire Reform würde die *Pensionsbemessung* endlich einheitlich, beitragsdefiniert, versicherungsmathematisch korrekt und mißbrauchssicher machen. Lebensstandardsicherung bedeutete demnach auch Beitragsäquivalenz und Lebensdurchrechnung.
6. Fair wären persönliche, jederzeit abrufbare Pensionskonten; Erwerbsfreiheit im Alter als vierte Säule; kostentransparente, steuerfinanzierte Staatszuschüsse; umfassende Kontenwahrheit; ein flexibles, frei wählbares – für die Allgemeinheit aber kostenneutrales – Pensionsantrittsalter; und eine Berücksichtigung der ferneren Lebenserwartung für die Pensionsleistung.

7. Ein faires Bonus-Malus-System (...) würde daher weder den Malus mit 2 bis 6 % politisch manipulieren, noch den Bonus willkürlich halbieren (...) Der Malus wäre zwischen Nutznießern und Verursachern (Unternehmen) der Frühpensio nen aufzuteilen, anstatt nur die Frühpensionisten – oder alle Versicherten – zu belasten.
8. Fair wären wirksame Maßnahmen, um die Erwerbschancen älterer Arbeitnehmer zu erhöhen, zwischenzeitlich etwa ein Lastenausgleich zwischen ‚trittbrettfahrenden' und ‚verantwortungsvollen' Unternehmen (evtl. auf Branchenebene) – mehr als jeder zweite Schilling an Sozialausgaben geht in (Früh-/Invaliditäts-)Pensionskosten und Altersarbeitslosigkeit! Solches *experience rating* oder gar ein Redesign der SV-Beiträge nach Arbeitsmarktrisiken wäre innovativ, marktkonformer und erfolgversprechender als bloß ein erweiterter Kündigungsschutz, der dennoch vorübergehend unvermeidlich sein könnte.
9. Fair wäre eine Harmonisierung des Beamtensystems *pro rata temporis*, sofort beginnend, aber mit sehr sanften, langfristigen, stetigen Übergängen, die für alle altersabgestuft gleich wirkten, statt (wie 1997) Erzeugung einer generationalen Zwei-Klassen-Beamtenschaft mit weitgehender Absicherung der Ansprüche der über 40-Jährigen und übergangsloser Einführung des neuen Systems für Jüngere.
10. *Pro rata temporis* sollten alle strukturellen Harmonisierungen eingeführt werden – Generationenausgleich, Abbau berufsständischer Extrawürste, Übergang von auszahlungs- zu beitragsdefinierten Pensionen, Anreize zu freiwillig längerer Arbeit und Abschläge für Frühpensionen, individualisierte Staatszuschüsse, eine Ersetzung unzeitgemäßer Hinterbliebenenüberversorgung durch eine Ehepartnerpension bzw. Splitting usw.
11. Fair wäre eine Anhebung des Frühpensionszugangsalters z. B. um 18 Monate nur bei ausreichender Vorwarnzeit. Ein Verzicht auf solche Zwangsmaßnahmen wäre aber möglich und längerfristig wünschenswert, wenn Frühpensionen durch Abschläge kostenneutral und Reformen von kurzfristigen Budgetnöten abkoppelt wären: Jede(r) ginge – auf eigene Kosten – in Pension, wann er/sie wollte.

All das wäre vorhersehbar, mißbrauchssicher, breit zustimmungsfähig, politisch nicht willkürlich manipulierbar, sozialverträglich und nachhaltig. Wie weit die neue Regierung kommt, daran u. a. wird ihr ehrgeiziges Programm zu messen sein."

Sehen wir nun, was die Regierung bisher davon erreicht hat.

Die Pensionsreform 2000: eine erste Bewertung

Ambivalente Entscheidungen

Anhebung des Frühpensionsantrittsalters um 18 Monate.
Diese Maßnahme bringt mit einer zweistelligen Milliardensumme kurzfristig budgetär sehr viel und wurde daher als „Herzstück" der Reform 2000 bezeichnet. Der strukturelle Effekt bleibt insoweit dahinter zurück, als vor allem im öffentlichen Dienst teure ältere Beamte weiterbeschäftigt werden müssen und weder Vakanzen schaffen, noch durch jüngere, billigere Bedienstete ersetzt werden können; und weil den weiterbeschäftigten Beamten wegen des noch nicht greifenden Durchrechnungszeitraums weitere, höhere Ruhegenußansprüche zuwachsen.

Obschon wir Zwangsmaßnahmen dieser Art grundsätzlich eher ablehnen, war die Drosselung des Zugangs zu Frühpensionen zumindest vorübergehend wohl unvermeidlich, um erst einmal die Frührentenkultur zu durchbrechen und (warum später?) die Bedingungen für die Wahlfreiheit des Pensionsantrittsalters – nämlich Entscheidungen auf eigene Kosten durch Lebensdurchrechnung und versicherungsmathematische Zu- und Abschläge – herstellen zu können. Es war weiters richtig und wichtig, neben ASVG-Normalbürgern auch Beamte, Eisenbahner und Politiker einzubeziehen, auch wenn hier immer noch völlig unbegründbare Unterschiede von bis zu sieben Jahren fortbestehen.

Der Beginn der Reformen mit Oktober 2000 wäre richtig gewesen, wenn er – wie wir seinerzeit vergeblich gefordert hatten – im Jahre 1997 angekündigt worden wäre; von Juli bis Oktober 2000 war tatsächlich überfallsartig und jedenfalls unnötig knapp, aber angesichts der inzwischen offenkundig gewordenen Pensions- und

Budgetnöte auch verständlich. Wir selbst befürworten weiterreichende und weitaus effektivere Maßnahmen, aber sanftere Übergänge.

Entgegen den Empfehlungen der Kommission beharrte die Regierung auf der Ausnahme für Personen mit langer Versicherungsdauer, obwohl Experten feststellten, daß die sogenannte „Hackler"-Regelung nicht die öffentlichkeitswirksam angesprochenen Bau- und Industriearbeiter, sondern nur gutsituierte Angestellte mit kontinuierlichem Versicherungsverlauf besser stellen würde. Immerhin wurde die Maßnahme auf fünf Jahre befristet.

Drei Prozentpunkte Malus pro Jahr, maximal 10,5 Prozentpunkte oder 15 %, sowie Erhöhung des Bonus auf vier Prozentpunkte

Die neuerliche Anhebung des Abschlagsprozentsatzes weist in die richtige Richtung, ist aber erstens um 50 % niedriger als die erstmalige Anhebung bei der Reform 1997, zweitens kaum mehr als die Hälfte des versicherungsmathematisch erforderlichen Abschlagssatzes und damit auch viel zu niedrig gedeckelt, während andere EU- oder europäische OECD-Länder zumeist mehr als sechs Prozentpunkte jährlich und kumulative Abschläge von 30 bis 40 % haben. Damit bleibt für rationale Bürger ein fast unwiderstehlicher Anreiz zur Frühpension, weil Arbeiten bis zum Regelpensionsalter nicht nur nicht belohnt, sondern weiterhin mit einigen hunderttausend Schilling Verlust an Gesamtpensionseinkommen „bestraft" wird. Österreich hat im internationalen Vergleich (nach Italien vor der Pensionsreform) die bei weitem höchsten materiellen Anreize zu freiwilliger Frühpension.[5]

Immerhin ist es uns gelungen, die vom Kommissionsvorsitzenden ursprünglich erwogene Lösung, von der derzeitigen Berechnungsweise überhaupt abzugehen und niedrigere Steigerungsbeträge nur bis zur Erreichung des Mindestpensionsalters vorzusehen und bei späterem Pensionsantritt nur einen Bonus zu gewähren (reine Bonus-Lösung), wieder zu verwerfen, weil sich schließlich die Einsicht durchsetzte, daß „auf diese Weise der Eindruck entstehen könnte, als Regelpensionsalter sollte in Hinkunft das 55. bzw. 60. Lebensjahr gelten"[6]; weil bereits der Status quo ante 1997 an einer beschönigenden Bonus-Bonus-Regelung krankte; und weil dadurch der verhaltenssteuernde („erzieherische") Wert jedes

Bonus-Malus-Systems zunichte würde – so unsere letztlich von der gesamten Kommission und dem Vorsitzende akzeptierte Argumentation.

Die gesamte Kommission sprach sich übrigens einmütig – und mit erfreulichem Erfolg bei der Regierung – gegen den ursprünglichen Regierungsvorschlag progressiv ansteigender Abschläge (von 2 auf 6 %) aus, weil versicherungsmathematische Grundsätze das genaue Gegenteil verlangen würden, ihre mittelfristige Annäherung dadurch zusätzlich erschwert würde und weil die Anhebung des Zugangsalters die vorgesehene Progression noch weniger wirksam hätte werden lassen als die ohnedies nur halbherzige Malus-Regelung, mit der sich die alte Garde noch einmal verewigt hat – hoffentlich nur für kurz.

Wie entscheidend für die Nachhaltigkeit aktuarisch neutrale Zu- und Abschläge wären, zeigt die Langzeitwirkung selbst der bescheidenen derzeitigen Abschläge: Während sie 2002 nur etwa 50 Millionen, 2003 bloß 200 Millionen, 2004 nur 450 Millionen und 2005 erst etwa 800 Millionen an Einsparungspotential haben, werden ab 2015 rund 11 Milliarden Schilling Einsparungen erwartet. Eine Anhebung der Abschläge auf international übliche, didaktisch aufgerundete sechs Prozent verringerte den Bedarf an Bundeszuschüssen um etwa 45 Milliarden jährlich.

Eine Bonusregelung von vier Prozentpunkten für jedes über das Regelpensionsalter hinaus gearbeitete Berufsjahr ist gut gemeint, aber wenig zielführend: Die Zuschläge sind versicherungsmathematisch viel zu niedrig und mit der vorgesehenen Aufhebung aller Ruhensbestimmungen nach dem Regelpensionsalter nicht abgestimmt. Außerdem führen sie ohne gleichzeitige Angleichung des Regelpensionsalters für Männer und Frauen zu merkwürdigen Konsequenzen – so erhält etwa eine Frau mit 62 Jahren acht Prozentpunkte Zuschlag, ein Mann mit 62 hingegen neun Prozentpunkte Abschlag. Aus all den genannten Gründen wird der Bonus daher wohl auch in Zukunft belanglos bleiben.

Beibehaltung der Nettoanpassung und Neuordnung des Beirats für Renten- und Pensionsanpassungen

Diese ebenfalls vom ursprünglichen Regierungspakt abweichende Maßnahme wurde aufgrund der Empfehlung der Expertenkommission von der Regierung übernommen, unseres Erachtens zu Recht. Die im FP/VP-Pakt vorgesehene „Richtschnur" der „Wertsicherung" wurde ebenso verworfen wie die angekündigten „Einmalzahlungen sowie Fix- und Sockelbeträge", und es spricht für die Regierung, sich unseren (besseren) Argumenten angeschlossen zu haben. Dafür war wohl eher der im Vergleich zur Wertanpassung kumulativ um 2,77 Milliarden niedrigere Bundeszuschußbetrag ausschlaggebend als systematische Argumente – etwa gegen Fix- und Sockelbeträge, die das Versicherungsprinzip weiter aushöhlen würden, administrative Alpträume bedeuten und politische Manipulationen herausfordern. Damit die Nettoanpassung ihre komparativen Vorteile voll zur Geltung bringen kann, werden auch hier systemwidrige Eingriffe wie in der Vergangenheit aufhören müssen; hierfür ist die Abschaffung der – politische Interventionen geradezu einladenden – Bandbreite für die jährliche Anpassung eine gute Voraussetzung.

Damit geht auch die vorgeschlagene Neuordnung des Beirats für die Renten- und Pensionsanpassung in die richtige Richtung technokratischer Autonomie ohne politische Einflußnahme mit dem Ziel einer regelgebundenen Berechnungsmaschine unabhängiger, durch kein Mandat gebundener Experten, deren Ergebnisse durch Verordnung kundzutun und nicht Spielball interessenpolitischer Lizitation und Kuhhandels sind.

Schließlich ist auch die Berücksichtigung des Lebenserwartungsfaktors nicht, wie ursprünglich von der Regierung geplant, bei der jährlichen Pensionsanpassung, sondern sinnvoller bei der erstmaligen Pensionsberechnung oder – eine von der Kommission noch gar nicht angedachte Lösung – durch Variation und langsame Anhebung (etwa ein bis zwei Monate jährlich) des gesetzlichen Pensionsalters zu erreichen. Auch psychologisch wäre nämlich der Zusammenhang von steigender Lebenserwartung und steigendem Regelpensionsalter (bei fester Standard-, aber individuell veränderbarer Pensionsdauer) für alle wahrscheinlich am leichtesten nachzuvollziehen – und vielleicht plausibler und annehmbarer als ein fixes Regelalter bei Langlebigkeit, mit ständig verlängerter, aber immer niedrigerer Pensionsleistung.

Wegfall der Frühpension wegen geminderter Arbeitsfähigkeit und Ausweitung des Berufsschutzes bei Invaliditätspensionen

Die erste Maßnahme war unabdingbar, um ein Ausweichen in diese Frühpensionsart zu vermeiden, aber auch, weil diese Pensionsvariante schon heute kostspielig und entbehrlich ist. Sie trifft freilich Personen ohne Berufsausbildung, vor allem Hilfsarbeiter, ungleich härter und öfter, weil sie schwieriger Zugang zu Invaliditätspensionen haben. Selbständige mit krankheitsbedingter Erwerbsbeeinträchtigung wiederum können nicht auf Kranken- und Arbeitslosengeld zählen und sind auf vorzeitige Alterspension wegen Erwerbsunfähigkeit stärker angewiesen. Daher ist die Ausweitung des Berufsschutzes bei Invaliditätspensionen einerseits verständlich, andererseits könnte die Einführung eines neuen Tätigkeitsschutzes – für sämtliche Arbeitnehmer, einschließlich höherer Angestellter! – die gesamte Pensionsreform zunichte machen. Kollege Tomandl hatte daher zu Recht, aber leider ohne Erfolg eine Befristung des Tätigkeitsschutzes befürwortet, um einer sinnvollen Neuregelung nicht im Wege zu stehen. Jedenfalls steht die weitere Ausdehnung des Berufsschutzes dem langfristig notwendigen Ziel, den anachronistischen – und europaweit inzwischen einzigartigen – Berufsschutz ersatzlos abzuschaffen, diametral entgegen. Bezeichnenderweise wollten die Industrievertreter, denen dies reichlich skurril erscheinen mußte, den ihnen politisch nahestehenden kleinen Gewerbetreibenden „nicht in den Rücken fallen ...“

Erhöhung des Pensions- bzw. Pensionssicherungsbeitrags um 0,8 Prozentpunkte

Eine Erhöhung ist sicherlich notwendig, um die deutlich (bei groschengleichen Beiträgen etwa um 50 %) höheren Ansprüche der Beamten zu rechtfertigen; jedoch wären hier insgesamt nicht 2,3, sondern 12,5 Prozentpunkte kostendeckend! Andererseits erschwert gerade der erhöhte Pensionssicherungsbeitrag (ähnlich den höheren, aber dennoch unzureichenden Beitragssätzen der Bundesbahnbediensteten) die vollständige Harmonisierung, weil er den Beamten eine Rechtfertigung für höhere Leistungsansprüche zu geben scheint.

Anhebung des Beitrages von Bauern (14,5 %) und Selbständigen (15 %) um 0,5 Prozentpunkte
Auch diese Maßnahme weist in die richtige Richtung, ist aber von geringer quantitativer Wirkung: Vielmehr wäre auch für Selbständige und Landwirte wie für alle anderen Berufsgruppen ein einheitlicher Beitragssatz von 22,8 % einzufordern – oder allenfalls ein allgemeiner Beitragssatz unter 22,8 % bzw. eine niedrigeren Beiträgen entsprechende, niedrigere Pensionsbemessung. Jedenfalls wären bezüglich berufsständischer Unterschiede, sofern sie fortbestehen sollten, höchstmögliche Transparenz, Fairneß und Gleichbehandlung angesagt. Mittelfristig wird eine Vereinheitlichung der Versicherungsbeiträge (Beitragssätze, Höchstbeitragsgrundlagen) und der Bemessungsregeln für Pensionsleistungen sowie eine Begrenzung des Bundeszuschusses für alle Versichertengruppen auf ASVG-Niveau aber wohl unvermeidlich sein. Sie wäre ein entscheidender Schritt in Richtung einer umfassenden Harmonisierung berufsständisch segregierter Pensionssysteme. Das zeigt sich auch an der nächsten Problematik.

Die Eisenbahner-Problematik
Sie besteht für die noch nicht im neuen Dienstrecht befindlichen Arbeitnehmer noch über Jahrzehnte. Natürlich war es richtig, auch die Eisenbahner nicht von Maßnahmen wie der Anhebung des Frühpensionszugangsalters um 18 Monate auszunehmen, auch wenn dieses legitime Anliegen in der konkreten Durchführung auf legale Schwierigkeiten stoßen sollte. Doch vergangene Fehler, auch der Pensionsreform 1997, wo den Eisenbahnern unhaltbare Versprechen – wie der Fortbestand ihres Frühpensionsprivilegs gegen um vier Prozentpunkte höhere Beitragssätze – gemacht worden waren, sind damit noch nicht behoben. Es ist schwer zu sehen, wie man ohne Vertragsbruch von diesen ungerechtfertigten und uneinlösbaren Zusagen wegkommen könnte: Allein schon wegen des geringeren Antrittsalters wäre (selbst bei völliger Übereinstimmung aller anderen Regelungen) ein gegenüber ASVG-Arbeitnehmern um acht (!) Prozentpunkte höherer Beitragssatz erforderlich.

Spreizung der Hinterbliebenenpensionen auf 0 bis 60 % mit Schutzbetrag von 20.000 Schilling und Obergrenze von 86.400 Schilling
Diese Spreizung ist, was öffentlich weithin unbekannt ist, wahrscheinlich das eigentliche Kernstück der Pensionsreform 2000. Sie ist auch eine nachhaltig strukturelle Maßnahme, die langfristig beträchtliche Überversorgungen abbaut und hohe Summen einspart, ohne daß damit freilich eine eigenständige Alterssicherung für Frauen auch nur angedacht worden wäre.

Mit dieser Maßnahme wird die gegenwärtige Hinterbliebenenregelung entscheidend modifiziert. Es wird anerkannt, daß es sich dabei um eine nicht aus Beiträgen gedeckte, eigentlich familienpolitische Versorgungsleistung handelt. Hinterbliebene sollen nach Ableben des Ehepartners über nicht mehr als 70 % des gemeinsamen Einkommens verfügen, während die Höhe der Eigenpension unangetastet bleibt. Damit wurde eigentlich eine Partnerpension – allerdings ohne Splitting der Anwartschaften – eingeführt.

Plausibel ist, daß eine Person nicht mehr als 70 % des Einkommens von zwei Personen braucht. Somit wird ein Großteil hoher Doppelpensionen und damit eine klassische Überversorgung aus öffentlichen Kassen abgeschafft. Durch den relativ hohen Schutzbetrag – er entspricht dem Doppelten der mittleren Eigenpension von Frauen – bleiben Doppelverdiener im unterdurchschnittlichen Einkommensbereich ausgenommen. Die unbegründet hohe Obergrenze der doppelten Höchstbeitragsgrundlage und rund dreifachen ASVG-Höchstpension von 86.400 Schilling (ausgerechnet bei Verfassungsrichterwitwen!) bewirkt aber außer einer fatalen politischen Optik, daß aus der Versorgungsleistung sehr wohl eine – neben den Politikerpensionen mit einer Deckelung bei über 174.000 Schilling monatlich – Luxusleistung aus öffentlichen Mitteln werden kann.

Der Nachteil einer Partnerpension ist, daß sich diese – zunächst berechtigt – nicht an der Einkommensh ö h e , sondern am Einkommensu n t e r s c h i e d der Betroffenen orientiert. Bei Pensionen über der Höchstbeitragsgrundlage kann man nicht mehr von einer nötigen Versorgungsleistung sprechen. Sehr problematisch ist zudem, daß eine nicht erwerbstätige Frau ohne jedweden Eigenpensionsanspruch stets die volle Hinterbliebenenpension erhalten wird, eine berufstätige Frau mit Eigenpension hingegen eine – je nach Anteil am Haushaltseinkommen – deutlich reduzierte Leistung. Damit entsteht die paradoxe – und vorherrschenden Vorstellungen von Beitragsgerechtigkeit widersprechende – Situation, daß eine berufstätige Frau trotz u. U. hoher eigener Beitragsleistungen kaum Hinterbliebenenleistungen, eine „gut verheiratete" Hausfrau ohne jeden Eigenbeitrag und auch ohne anrechenbare Kindererziehungszeiten dagegen eine deutlich bessere Altersversorgung erhält – und zwar aus öffentlichen Mitteln.

Die Natur einer derartigen Versorgungsleistung ist also deutlich gegen die Erwerbstätigkeit von Frauen gerichtet und wird, sofern sie tatsächlich zu einer niedrigeren Frauenerwerbsquote führt, das verfügbare Steuer- und Sozialversicherungsvolumen entsprechend einschränken – und damit das Gesamtversorgungsniveau und die Versorgungssicherheit der Gesamtbevölkerung drücken. Zudem dürfte das die überwältigende Mehrheit berufstätiger Frauen und Mütter auf Dauer nicht konfliktfrei hinnehmen.

Dennoch spricht empirisch gesehen auch einiges für diese Regelung: Bei der derzeitigen Einkommensstruktur von Ehepartnern hätte die Regelung zur Folge, daß die durchschnittliche Witwenpension von 58 % auf etwa 54 % der Eigenpension des Verstorbenen zurückginge, was durchaus vertretbar scheint. Die durchschnittliche Witwerpension hingegen würde von heute 45 % auf lediglich etwa 20 % der Eigenpension der Verstorbenen zurückgehen – die auffallende Überversorgung durch eine Witwerpension wird somit sehr stark reduziert. Das ist auch budgetär eine sinnvolle und fiskalisch nachhaltige Maßnahme: Denn obschon vom Bestand her heute erst 7 % aller Hinterbliebenenpensionen Witwerpensionen sind, sind bei den Neuzugängen bereits 17 % der jüngsten Hinterbliebenenfälle Männer, und das mit einer weiter steigenden Tendenz, so daß hier einer Überversorgung mit hohen Zuwachsraten erfolgreich gegengesteuert wurde.

Langfristig hat diese neue Regelung etwas andere Auswirkungen. Die gestiegenen und weiter steigenden Erwerbsquoten von Frauen führen zu einem raschen Anstieg des Anteils an Frauen mit Eigenpensionsanspruch: Während dies heute rund 60 % aller Frauen sind, werden in zwanzig Jahren schon etwa 90 % der Frauen eigene Pensionsansprüche haben. Das gilt bei pensionsbegründenden Kindererziehungszeiten sogar für Frauen ohne ausreichende eigene Beitragszeiten. Eigenpensionsansprüche führen aber automatisch zu deutlich reduzierten Hinterbliebenenansprüchen. Insofern könnte sich durch die neue Hinterbliebenenregelung eine Pensionsbegründung von Kindererziehungszeiten gewissermaßen selbst finanzieren (genaue Berechnungen wären sehr komplex).

Gehen wir davon aus, daß in Zukunft praktisch jede Frau einen Eigenpensionsanspruch haben wird, und daß dieser ceteris paribus im Schnitt etwa ein Drittel des gemeinsamen Haushaltseinkommens betragen würde, so könnte man damit rechnen, daß sich die durchschnittliche Witwenpension bei 50 % und die durchschnittliche Witwerpension bei 30 % einpendeln würde. Damit würden etwa 15 bis 20% der Hinterbliebenenleistungen eingespart, was grob gesprochen einem Betrag von mindestens 10 Milliarden Schilling entspräche. Diese Schätzung läßt aber den Schutzbetrag und die Obergrenze völlig außer Betracht; deren Herabsetzung könnte jedoch sozialverträgliche Einsparungen bzw. neue Gestaltungspotentiale durch Umschichtung beträchtlich erhöhen. Genauere Berechnungen sind jedoch nur mit einer exakten Einkommensverteilung möglich.

Pensionsbegründende Kindererziehungszeiten (max. 5 Jahre)
Betreuungsarbeit wird bis zur festgesetzten Obergrenze dem Stellenwert nach deutlich aufgewertet bzw. der Erwerbsarbeit gleichgestellt. Das scheint durchaus fair und begründet, ist aber als isolierte Maßnahme ohne einen systematischen Zusammenhang mit der notwendigen Entwicklung einer eigenständigen Alterssicherung für alle Frauen wenig sinnvoll. Vor allem könnte diese Maßnahme hohe zusätzliche Kosten nach sich ziehen und bedeutet zumindest theoretisch eine nur schwer begründbare Verringerung des Erwerbsanreizes für Frauen: Bei durchschnittlich weniger als 1,5 Kindern pro Frau ist der Schwellenwert von 15 Beitragsjahren ohnedies sehr niedrig, weil er erlaubt, sich ohne Verlust des Eigenpensionsanspruches bis zu zwei Drittel des Erwerbslebens, also über ein Vierteljahrhundert (!) lang erwerbslos Familienangelegenheiten zu widmen. Wir plädieren daher eher für eine weit stärkere Aufwertung der Kindererziehungszeiten für alle Frauen anstelle des verkehrten Signals ihrer nur für Minderheiten relevanten pensionsbegründenden Wirkung – oder für beitragsgedeckte Optionen.

Nicht behobene Fehlentscheidungen der Pensionsreform 1997

Massive Erhöhung der Steigerungsbeträge ohne umfassende Neugestaltung der Pensionsbemessungsgrundlagen

Der schwerwiegendste Fehler der Pensionsreform 1997 war wohl die massive Erhöhung der Steigerungsbeträge ohne umfassende Neugestaltung der Pensionsbemessungsgrundlagen: Bekanntlich wurden die sogenannten Steigerungsbeträge nicht nur vereinheitlicht und linearisiert, sondern auch von 1,83 bzw. 1,675 auf durchgehend 2 % pro Versicherungsjahr angehoben. Das war grundsätzlich positiv, weil damit die völlig unnötigen und kontraintentionalen Anreize zur Frühpension, wie sie die Abnahme der Steigerungsbeträge mit längerer Erwerbsdauer dargestellt hatten, etwas vermindert wurden. Dennoch bleiben die Steigerungsbeträge angesichts der geringen Abschläge viel zu hoch: Man hätte sie nur, wie von uns vorgeschlagen, in Kombination mit einer Lebensdurchrechnung und versicherungsmathematischen Zu- und Abschlägen einführen dürfen. Weiters bestraft die Beibehaltung der 80-Prozent-Obergrenze (mit Ausnahme von Bonuszahlungen) ausgerechnet jene BürgerInnen, die mit über 40 Jahren lange Beitragszeiten haben und für den längeren Verbleib im Erwerbsleben bis zum Regelpensionsalter pönalisiert statt anerkannt und belohnt werden (was man durchaus beim Verfassungsgerichtshof einzuklagen versuchen könnte, weil es u. E. den Gleichheitsgrundsatz ernsthaft und gerade für die „fleißigsten" ErwerbsbürgerInnen am schwersten verletzt).

Leider hat man sich nicht getraut, diesen kapitalen Fehler der Reform 1997 wieder rückgängig zu machen. Dies wäre umso leichter gewesen, als die ersten Pensionszahlungen nach der neuen, erhöhten Formel erst Ende Jänner 2000 erfolgten, also wenige Tage vor Antritt der neuen Regierung, die diese Fehlentscheidung kurzfristig hätte annullieren können. Die Beibehaltung dieser Fehlentscheidung entspricht per se einer grundlosen und weitgehend voraussetzungslosen Pensionserhöhung für alle Neuzugangspensionisten von etwa 10 % bis 12 % und würde, auf Basis der Pensionsgesamtkosten 1998, Mehrkosten von ca. 45 Milliarden Schilling bedeuten; ab 2000 wären das kumulativ mindestens zwei Milliarden Schilling vermeidbare, gleichsam mutwillige Mehrkosten jährlich.

Langfristig würden – bei voller Wirksamkeit der neuen Formel in etwa knapp einem Vierteljahrhundert –, angesichts der schon 1996 um 8 % (Männer) und 15 % (Frauen) höher liegenden Pensionsansprüche der Neupensionisten gegenüber den Bestandspensionisten und der um rund die Hälfte höheren Zahl von Anspruchsberechtigten, rund 70 Milliarden Schilling an Mehrkosten entstehen, wenn nicht möglichst rasch die ausgebliebenen und gleichzeitig anzusetzenden Ausgleichsmaßnahmen eingeführt werden.

Ausdehnung der Bemessungsgrundlage von 15 auf 18 Jahre (nur bei Frühpensionen) und Festschreibung der Durchrechnungszeit bis 2020
Dieser in der Richtung richtige, wenn auch nur winzige, in der Durchführung und deren langfristiger Festschreibung einer ganz unzulänglichen Durchrechnungszeit auf Jahrzehnte jedoch geradezu widersinnige Schritt steht einer längerfristigen unabdingbaren Reform hin zur Lebensdurchrechnung sehr im Wege. Doch diese verkehrte Festlegung der Pensionsreform 1997 wurde in der Pensionsreform 2000 nicht einmal diskutiert, geschweige denn aufgehoben, im Gegenteil: Im Gegensatz zu der geringfügigen Verlängerung des Durchrechnungszeitraums 1997 wurde nun nicht einmal der kleinste Schritt in Richtung der mittelfristig notwendigen Lebensdurchrechnung gemacht und so ein entscheidender Baustein jeder zukunftsfähigen Pensionsreform verabsäumt, nämlich die Angleichung von Beitrags- und Bemessungsgrundlagen. Das verletzt systematisch das Versicherungsprinzip und die Beitragsgerechtigkeit und führt zu strukturell überhöhten Pensionsbemessungen und einer entsprechenden chronischen Unterfinanzierung aller Pensionskassen, sowie zu teilweise sehr problematischen, „verkehrten" Umverteilungswirkungen, etwa von Schlechter- zu Besserverdienenden[7]. Damit bleibt gültig, was wir in einer kurzen Evaluation der Pensionsreform 1997 geschrieben haben:

„Eine Verlängerung des Durchrechnungszeitraums ist sowohl fiskalisch unvermeidlich als auch aus Gründen der Fairneß und Beitragsgerechtigkeit wünschenswert (...). Die Beschränkung dieser Maßnahme auf Frühpensionen und ihre Verknüpfung mit vorzeitigem Ruhestand (scheint) kurzfristig taktisch geschickt, sie könnte aber eine längerfristige Reform in Richtung Lebensdurchrechnung sogar erschweren. Kontraintentionale künftige Reformhemmnisse könnten entstehen, insoweit dieser erste Reformschritt den durchaus falschen, aber (...) weitverbreiteten Eindruck verstärkt, daß das Durchrechnungsprinzip eher einem ungerechtfertigten ‚Pönale' oder Malus für Pensionisten im Erwerbsalter (Frühpensionisten) als dem Versicherungsprinzip und dem Grundsatz der Beitragsgerechtigkeit entspricht (...). Schließlich dürfte auch die Festschreibung des Zeitplans für die Ausweitung der Bemessungsgrundlage auf fast ein Vierteljahrhundert (!) bis 2020 künftige Reformen (...) ungebührlich erschweren, weil sie nunmehr nicht ohne Revision dieser vorzeitigen Festlegung denkbar ist und leicht als ‚Wortbruch' einer gänzlich überflüssig gegebenen Zusage angegriffen werden könnte."[8]

Übergangsregelungen im Beamtensystem
Auch diese langfristige Festlegung, die zu einer Drei-Klassen-Gesellschaft innerhalb der Beamtenschaft führt (Beamte über/unter 40 und Vertragsbedienstete), wurde nicht einmal diskutiert; der einzig möglichen fairen Lösung *pro rata temporis* ist bislang niemand nähergetreten. Das für die Zukunft geplante „einheitliche Pensionssystem für Berufsanfänger in der Privatwirtschaft und im öffentlichen Dienst" löst nämlich das Problem unzureichender Harmonisierung zwischen diesen beiden Statusgruppen auch bei gleichen Berufen und Qualifikationen für die Dauer eines vierzigjährigen Übergangs nicht.

Der bloße Beginn einer Harmonisierung war der weitreichendste und zukunftsfähigste Schritt der Pensionsreform 1997. Dennoch wurde dieser Erfolg mit einer zu langen Übergangsfrist von fast einem Vierteljahrhundert eingeführt und auf Kosten der unter 38-Jährigen, die weitgehend ohne Kompensation betroffen sind, erreicht. Wohl sollte die Einführung des Durchrechnungszeitraums nicht überfallsartig „von heute auf morgen" erfolgen. Wir selbst haben eine sehr behutsame Übergangsphilosophie entwickelt, die zwar rasch beginnen, aber flach und stetig einsetzen und durch möglichst lange, lebensgerechte Übergangszeiträume sanft wirken sollte. Die Grundidee des Pro-rata-temporis-Prinzips wäre, von Anfang an einzugreifen, doch nur in neu entstehende, künftige Ansprüche, nicht aber in bestehende Pensionen oder Pensionsansprüche – außer nach Maßgabe allgemein nötiger Eingriffe wie etwa der Berücksichtigung weiter steigender Lebenserwartung. Dagegen macht die 1997 gewählte Form der Abfederung einen guten Teil der Reform wieder rückgängig, weil die durch den Durchrechnungszeitraum entstehenden Einsparungen infolge einer Deckelung bei (je nach Pensionshöhe) maximal 1 % bis 7 % bis zum Jahr 2019 zum Großteil gar nicht lukriert werden können. Im übrigen hat die beschlossene Regelung gegenüber einer Pro-rata-temporis-Lösung den Nachteil „sprunghafter" Verschlechterungen nach 2020, während die (Früh-)Pensionsjahrgänge der Jahre 1997 bis 2002 völlig und die der Jahre bis 2020 weithin unberührt bleiben. Eine solche fast vollständige Überwälzung der Lasten auf die nächste bzw. übernächste Generation von Staatsdienern mag machtpolitisch klug und gerade noch durchsetzbar gewesen sein, sie genügt jedoch weder sachlichen noch sozialen Fairneßkriterien.

Entscheidende Unterlassungen der Pensionsreformen 1997 und 2000

Bezüglich der maßgeblichen Versäumnisse (*non-decisions*) der Pensionsreform 2000 gilt nahezu unverändert all das, was wir schon nach der Reform 1997 gesagt bzw. geschrieben haben[9]:

- Keine Berücksichtigung der weiterhin rasch steigenden Lebenserwartung (des „demographischen Korrekturfaktors") und unveränderte Pensionsaltersgrenzen
- Keine eigenständige Alterssicherung für Frauen sowie kein Vorziehen der Anpassung des Regelalters für Frauen bis 2033
- Keine Ausweitung des Bemessungszeitraums in Richtung Lebensdurchrechnung
- Keine Pensionskonten, keine Kostenwahrheit, keine Transparenz[10]

Erschwerend kommt hinzu, aus vergangenen Fehlern auch dann noch nicht gelernt und denselben Fehler ein zweites Mal gemacht zu haben, als man die ursprüngliche Schutzbehauptung, weitere Reformen seien vor 2003 ohnedies nicht nötig, fallen lassen mußte. Mildernd hingegen sind folgende Umstände: Erstens hat zumindest diesmal niemand mehr die Notwendigkeit weiterer (wenngleich aber baldiger) Reformen in Frage gestellt – der Begriff „kontinuierliche Systempflege“ hat Eingang gefunden. Zweitens läßt der Expertenbericht, an dessen Erstellung wir mitarbeiten konnten, immerhin mittelfristig die richtige Richtung künftiger Reformen erkennen. Allerdings ist es dem Leiter der Kommission, Kollegen Tomandl, weder gelungen, seinen mehrfach öffentlich bekundeten Wunsch nach einer Verankerung dieser „grundlegenden Ausrichtung“ in einem „Rahmengesetz“ für weitere Pensionsreformen durchzusetzen, noch, die als notwendig eingemahnte „politische Grundentscheidung“ herbeizuführen.

Tatsächlich herrscht in Österreich, und nicht nur in der Öffentlichkeit und in politischen Kreisen, weiterhin eine beachtliche Begriffsverwirrung[11] selbst im Diskurs über die Grundkonzepte: So ist die Unterscheidung eines „Modells Leistungsgerechtigkeit“ von einem „Modell soziale Umverteilung“[12] in der vorgestellten Form allenfalls parteipolitisch, nicht jedoch systematisch haltbar. Was hier als „leistungsorientiert“ bezeichnet wird – und was auch wir, sozial- und familienpolitisch abgeschlankt, inhaltlich befürworten – heißt üblicherweise „beitragsdefiniert“ im Gegensatz zu „zahlungs-“ oder „leistungsdefiniert“[13] und umfaßt normalerweise auch keine beitragsfreien sozialpolitischen Zusatzleistungen wie die überhöhte Hinterbliebenenversorgung.

Der neue Stil des Regierens

Der entscheidende Unterschied zwischen den bisherigen Pensionsreformen der alten und der neuen Regierung liegt kaum in der Substanz oder Qualität oder Kühnheit: Beide haben längst überfällige Pensionsreformen versucht, beide haben erste wichtige Schritte in die richtige Richtung gesetzt, mehr noch nicht; beide haben nicht einmal ein Zehntel der etwa von Rürup oder von uns vorgeschlagenen, objektiv notwendigen Maßnahmen tatsächlich umgesetzt; beide haben weitere Reformbemühungen vertagt und beide haben eine umfassende öffentliche Debatte über eine wünschenswerte, neue und nachhaltige „Pensionsphilosophie“ noch nicht einmal begonnen.

1997 war ein vorsichtiger Reformbeginn nach Jahren des Stillstands und der Reformblockade, ein „Brechen des Eises" und insofern auch eine gewisse kleine Trendwende. Andererseits konnte von einem *turnaround* keine Rede sein, weil trotz der entstandenen, sehr hohen Konfliktkosten die Chance einer umfassenden Gesamtreform vertan wurde und weil, was schwerer wiegt, eine Reihe voreiliger Festlegungen künftige Reformschritte sehr erschweren. Letztere sind nun ohne ein Abrücken von unnötig eingegangenen Selbstbindungen und Verpflichtungen nicht mehr machbar. Aber was ist der Unterschied zur kleinen Pensionsreform 2000, die ebenfalls entscheidende Aufgaben unerledigt liegen ließ und, wie alle früheren Regierungen, unhaltbare Festlegungen traf (etwa „In bestehende Pensionen wird nicht eingegriffen")?

Der entscheidende Unterschied des von seinen Protagonisten so genannten „neuen Regierens" scheint tatsächlich im neuen Stil des Regierens zu liegen – was keineswegs unterschätzt werden sollte: Hier scheint sich ein Umbruch anzubahnen, dessen längerfristige Auswirkungen noch gar nicht abschätzbar sind und der mit den Umwälzungen und dem Heraufkommen der neuen Klasse der Technobürokratie der traditionellen Sozialpartner Ende der sechziger Jahre vergleichbar ist.[14] Was wir jetzt erleben, ist keineswegs die Ablösung, wohl aber die Beschränkung der Rolle der Sozialpartner vermöge der Aufhebung des sozialpartnerschaftlichen Wahrheits- und Definitionsmonopols durch eine „leichtfüßigere", freischwebende, ungebundene Expertokratie aus den Verbänden, aber auch jenseits der großen Interessenvertretungsapparate – und ein Abgehen von den ehernen Regeln sozialpartnerschaftlicher Konsens- und Wahrheitsfindung.

Die Arbeit der Pensionsreformkommission und ihrer vier Untergruppen, an denen wir beide teilnahmen, aber auch die der Beamtenreform- und der Treffsicherheitskommission (in denen nur Marin mitwirkte) verdeutlicht diesen neuen Stil. Dazu kommen einige neue Elemente:

- „Mitglieder der Kommission sind, ungeachtet der sie entsendenden Stellen, nur in ihrer persönlichen Eigenschaft als Experten tätig."

- „Die Aufgabe der Expertenkommission besteht nicht darin, politische Entscheidungen zu treffen, sondern Vorschläge für die politischen Entscheidungsträger innerhalb des (...) abgesteckten Rahmens zu liefern."
- „Die Ausarbeitung von Alternativen ist möglich (...)."
- „Die zu behandelnden Sachfragen sind nur beispielsweise vorgegeben, eine Erweiterung durch die Kommission ist möglich."
- „Die im Koalitionsabkommen vorgesehenen konkreten Maßnahmen sind dem Grunde und der Richtung nach verbindlich, können aber durch Alternativen, die innerhalb dieses Rahmens bleiben, ergänzt werden. Die Vor- und Nachteile der jeweiligen Vorschläge und möglichst auch ihre finanziellen Auswirkungen sollten skizziert werden."[15]

So skizzierte der Kommissionsvorsitzende Tomandl die fürwahr neuen, hochflexiblen Spielregeln wissenschaftlicher Politikberatung. Wer sich an die nicht selten lähmenden Debatten unter Dominanz sozialpartnerschaftlicher gebundener und mit wechselseitiger Vetomacht ausgestatteter Experten erinnert, wird die vor allem von Wirtschaftsseite geortete „Aufbruchsstimmung" durch „eine Regierung, die bewegen und verändern will"[16], gut verstehen können. Und selbstverständlich werden sich unabhängige Experten aufgewertet fühlen, wenn sie sich nicht zu bloßen Vollzugsorganen der Regierung oder der Interessenvertretungen degradiert sehen, sondern ihre Fachmeinungen den politischen Prozeß mitgestalten helfen; mitunter aber werden sie sich natürlich auch „mißbraucht" fühlen, wenn sie mit ihren Auffassungen nicht nur nicht durchdringen, sondern ihre Mitwirkung fälschlich als Zeichen von Zustimmung zu abgelehnten Maßnahmen mißdeutet sehen.

Hier entsteht wahrscheinlich ein ganz neues, durchaus spannendes und auch spannungsreiches Verhältnis von Wissenschaft und Politik, das der techno-korporatistischen Fesselung wissenschaftlicher Analyse sowie wirtschafts- und sozialpolitischer Imaginations- und Innovationskraft ein Ende bereiten und die Verwissenschaftlichung von Politik trotz fortbestehender ideologischer Scheuklappen ein Stück weitertreiben könnte.

Unerhört tatsächlich, wie etwa die Expertenkommission Regierungsvorgaben „korrigiert" und die Regierung diese Expertenauffassungen akzeptiert hat – von der Nettoanpassung statt Wertsicherung über das Malus-System über die stärkeren Kürzungen der Hinterbliebenenpensionen bis hin zur Nichtberücksichtigung des steigenden Lebensalters bei den jährlichen Pensionsanpassungen. Umgekehrt war es ein Versagen von uns allen, wenn etwa die Expertenkommission vorerst hinter den Regierungsvorgaben zurückblieb und die Regierung diese Säumigkeit und zahlreiche vorerst unerledigte Aufgaben akzeptierte – von Lösungsvorschlägen für die Berücksichtigung des steigenden Lebensalters über ein einheitliches Pensionssystem für Berufsanfänger und ein persönliches Pensionskonto bis hin zu den großen Versäumnissen einer von der Regierung geforderten Überprüfung der Beitragszeiten, der Durchrechnungszeiten und der Steigerungsbeträge.

Natürlich steht es einer von der Regierung eingesetzten Expertenkommission nicht zu, als „falsch“ (d. h. als wirtschaftlich unhaltbar und eventuell als verfassungswidrig) erkannte Regierungsvorgaben wie etwa ‚In bestehende Pensionen wird nicht eingegriffen‘ zu korrigieren. Aber wie der Kommissionsvorsitzende nicht versäumt, „darauf hinzuweisen, daß es weder der verfassungsrechtliche Gleichheitsgrundsatz noch der unserem Alterssicherungssystem zugrunde liegende Gedanke des Generationenausgleichs erlauben, notwendig gewordene Opfer ausschließlich den noch im Erwerbsleben stehenden Versicherten aufzuerlegen“ und wie „die vorgeschlagene Neuregelung der Pensionsanpassung (...) diesen auch verfassungsrechtlich gebotenen Gesichtspunkt in maßvoller Weise auf(greift)“[17] kann als Meisterstück wissenschaftspolitischer Diplomatie angesehen werden: Er sagt der Regierung „in maßvoller Weise“ und taktvoll, wo sie sich verkehrt festgelegt hat und wie sie sich gesichtswahrend und vom breiten Publikum weithin unerkannt aus dieser fesselnden Selbstfestlegung wieder befreien kann. Was kann wissenschaftliche Politikberatung mehr tun als das ?

Umbau des Staates
Auf dem Weg zu einem neuen Föderalismus

Herwig Hösele

„Seltsam: Da werden von diversen Kommentatoren die Bundesländer geprügelt, ja ihre Existenz in Zweifel gezogen oder gar überhaupt als Luxus bezeichnet. Und dies, obwohl gerade die Länder den so wichtigen Nahbezug zum Bürger auch in Zeiten allgemeiner Politikverdrossenheit wahren, den Moloch Bürokratie durch Verfahrensbeschleunigung zumindest ansatzweise bändigen und durch die gelungene Konsolidierung ihrer Landesfinanzen einen wesentlichen Beitrag zur Stabilität der Republik leisten …"

Es liegt daher nicht am Bund, die Existenz der Länder anzuzweifeln, sondern umgekehrt an den Ländern, zu fragen, welche Aufgaben der Bund in einem modernen Bundesstaat am Beginn des 21. Jahrhunderts erfüllen sollte.

Doch gerade in dieser Frage, die auf eine moderne und bewegliche staatliche Organisation abzielt, wurden eine Menge Probleme unter den Teppich gekehrt. Probleme, die nicht in der föderalistischen Struktur an sich begründet liegen, sondern in unbereinigten Doppelgleisigkeiten und Überschneidungen zwischen Bund, Ländern und Gemeinden; Probleme; die ein zunehmendes Übermaß an Bürokratie, an Kosten und schließlich auch an Rechtsunsicherheit verursachen.

Eine vernünftige Neuaufteilung von Aufgaben wäre daher das Gebot der Stunde, vergleichbar wie bei einem Unternehmen, das eine Neuorganisation aus Gründen des veränderten Marktumfeldes anstrebt. In modernen Unternehmensorganisationen kommen der Holding strategische und den darunter angesiedelten Unternehmen operative Aufgaben zu. Warum sollte daher in einer modernen Staatsorganisation nicht der Bund für die Rahmengesetzgebung, die Länder aber für Ausführungsgesetzgebung zuständig sein?

Unser Staat als modernes Dienstleistungsunternehmen. Mit Kundennähe, Problemlösungskapazität, Sparsamkeit. Eine Utopie?

Ganz im Gegenteil: eine längst überfällige Aufgabe, die es mit Mut und Entschlossenheit so rasch wie möglich zu bewerkstelligen gilt!

Dies sind einige Kernsätze eines Gastkommentars des damaligen oberösterreichischen Landeshauptmannstellvertreters und Landesfinanzreferenten Christoph Leitl, der in der Wiener Tageszeitung „Der Standard" am 12. August 1997 im Zuge der wenige Wochen davor vom steirischen Landesrat Gerhard Hirschmann initiierten Debatte zur Sinnhaftigkeit des Föderalismus und der Bundesländer veröffentlicht wurde.

In der Tat ist die Bundesstaats- und Föderalismusreform eine ebenso unendliche Geschichte geworden wie die Aufgaben-, Ausgaben-, Bürokratiereform oder die Pensionsreform. Österreichs Politik, vor allem die der SP-dominierten Bundesregierung, übte sich in den neunziger Jahren des vorigen Jahrhunderts in der „österreichischen Staatskunst des Fortwurstelns" (Robert Musil, „Der Mann ohne Eigenschaften"), während die ungelösten Strukturprobleme immer größer und unfinanzierbarer wurden. Die SP/VP-Regierung gab im Laufe der Jahre immer deutlichere Zeichen der Erstarrung von sich, obwohl der Reformdruck und die Politikverdrossenheit immer größer wurden. In dem im März 1999 bei Molden erschienenen, ebenfalls von Alfred Payrleitner herausgegebenen Sammelband mit dem fordernden und programmatischen Titel „Aufbruch aus der Erstarrung" schrieb deshalb auch der Österreich-Chef der renommierten international tätigen Unternehmensberatungsfirma Berger & Partner, Manfred Reichl, in seinem Beitrag u. a. folgendes:

„Die österreichische Wirtschaft hat ihre Wertschöpfungsstruktur in den letzten 15 Jahren grundlegend geändert und an das neue Umfeld, also etwa an offenere Grenzen, an neue technologische Möglichkeiten, an neue Angeboten der Lieferanten, angepasst. Die Unternehmen ziehen sich schon seit längerer Zeit auf ihre Kernkompetenz zurück. Die staatlichen Strukturen Österreichs müssen das jetzt – nach 50 Jahren relativer Stabilität – nachholen. Kunden- bzw. Bürgernähe einerseits und internationale Einbindung andererseits erfordern eine Entstaubung der föderalistischen Strukturen Österreichs. Es geht um eine Umverteilung der staatlichen Wertschöpfung zwischen den traditionellen ‚Anbietern' (Gemeinden, Länder, Bund) und den zusätzlichen ‚Anbietern' (wie Brüssel und dem Markt). Die staatlichen Aufgaben sind neu zu definieren und jenen ‚Anbietern' zuzuweisen, die sie – den heutigen Rahmenbedingungen entsprechend – politisch gesehen am sinnvollsten und effizientesten wahrnehmen können. Auch in diesen neuen staatlichen Wertschöpfungsstrukturen ist Flexibilität für eine einfachere künftige Weiterentwicklung des Systems einzubauen."

In dieselbe Kerbe schlägt Cordula Frieser, eine ebenfalls auf den „Aufbruch aus der Erstarrung" drängende Autorin, im vorhin genannten Buch. Bereits seit mehr als einem Jahrzehnt kämpft die unkonventionelle steirische Nationalratsabgeordnete und Steuerberaterin gegen die Gesetzesflut an; zuerst mit dem Verein „Stopp der Gesetzesflut", bis sie in den letzten drei Jahren den Schwerpunkt ihrer diesbezüglichen Überlegungen und Aktivitäten auf die Frage der effizienteren Politikorganisation unter der Chiffre „Intelligenztest", also auf Anforderungsprofile an die Politik und die Politiker der Zukunft, gelegt hat. Das ist auch ein wichtiger Schritt. Denn die Regelungswut ist keine Naturgewalt, sondern hat eine Ursache: die Politik. Man steht also vor einem Circulus vitiosus: Mehr Gesetze bringen einen immer unübersichtlicheren Gesetzesdschungel hervor und verlangen eine immer aufgeblähtere Verwaltung. Die Politik muß daher bei sich selbst ansetzen und eine intelligente Form der Politorganisationen schaffen: Weniger, aber bessere Gesetze und eine sinnvolle Aufgabenreform bringen auch besser erkennbare Regeln für die Bürger und besser motivierte öffentlich Bedienstete. Und nur mit den öffentlich Bediensteten, und nicht gegen sie kann der Jahrhundertauftrag „Aufgabenreform" sinnvoll bewältigt werden.

Die am 4. Februar 2000 neugebildete Bundesregierung hat erkennen lassen, daß sie den festen Willen hat, die Erstarrung, die keine Stabilität, sondern verkrustete, aber immer brüchigere Strukturen bedeutete, zu überwinden. In Bezug auf Bundesstaats- und Aufgabenreform heißt es im Regierungsprogramm wörtlich:

„Ziel der Bundesregierung ist eine konsequente Ausgaben- und Aufgabenreform, um die Kosten der Verwaltung zu reduzieren und die öffentlichen Haushalte zu entlasten, Beiträge des Wirtschaftsstandortes Österreich zu leisten und die Bürgernähe durch verbesserte Servicequalität zu stärken."

„Das Verhältnis zwischen Bund und Ländern muß einer grundlegenden Neuordnung, die einer gründlichen Vorbereitung bedarf, unterzogen werden. Dazu wird ein Stufenplan mit Sofortmaßnahmen und Strukturmaßnahmen entwickelt. Die besonders vordringlich im Interesse der Demokratie und der Verwaltungsreform liegenden Reformmaßnahmen zugunsten der Länder sollten vorab in gesonderten Gesetzen beschlossen werden."

Ausdrücklich wird im Regierungsprogramm die Stärkung der Verfassungsautonomie der Länder (einschließlich der Möglichkeit der Briefwahl bei Wahlen auf Landes- und Gemeindeebene), die Stärkung der Grundsätze des Persönlichkeitswahlrechtes und die Möglichkeit der Landeshauptmann-Direktwahl hervorgehoben. Auch ein klares Bekenntnis zu einer weitgehenden Bundesstaats- und Aufgabenreform unter Beachtung des Subsidiaritätsprinzips und der Gesamteffizienz der Verwaltungsabläufe wird abgegeben.

Wie alle Umfragen zeigen, ist das öffentliche Echo auf die neue Bundesregierung nach den ersten Monaten ihrer Amtstätigkeit positiv. Es besteht offenbar in der breiten Mehrheit der Bevölkerung die Einsicht, daß Maßnahmen zur nachhaltigen Zukunftssicherung gerade auch des sozialen Systems unabdingbar notwendig sind. Dies betrifft z. B. die Pensionsreform genauso wie die Budgetsanierung. Die gute Resonanz, die die neue Bundesregierung erfährt, könnte noch besser sein, würden nicht immer wieder in ihren Konsequenzen und Realisierungschancen ungenügend zu Ende gedachte, unausgegorene Ideen geäußert.

Eine dieser kurzschlüssigen Vorstellungen – die freilich in seltener bundeshauptstädtischer Kameraderie von Bundespolitikern aller Parteien und Journalisten der wichtigsten Wiener Medien vertreten werden – ist, daß auf Kosten von Ländern und Gemeinden, die sich ja naturgemäß immer mit ihren Wünschen und Vorstellungen bei den Zentralisten als Störenfriede unbeliebt machen müssen, gespart werden kann. Es ist ein psychologisches, gruppendynamisches und kommunikationstheoretisches Axiom, daß diejenigen, die täglich in der Bundeshauptstadt miteinander kommunizieren, eher ein gemeinsames Bewußtsein entwickeln als ein Bundesländerpolitiker, der nur ab und an seine Position in Wien authentisch darstellen kann.

Verschärft wird das Problem dadurch, daß auch die wichtigsten überregionalen Medien in Österreich wesentlich stärker hauptstadtkonzentriert sind als z. B. in Deutschland. Während bei aller Stärke der Bundesländerzeitungen alle überregionalen Tageszeitungen und Magazine in Wien erscheinen und auch der öffentlich-rechtliche ORF in der Bundeshauptstadt seinen Sitz hat, verteilen sich diese Medien in Deutschland u. a. auf Hamburg, Frankfurt, Mainz, München und Berlin, wodurch naturgemäß breitere und differenziertere Sichtweisen entstehen können, als es die Perspektive von nur einem Zentral-Standort aus zuläßt.

Daher sind nicht billige Reflexe gefragt, sondern eine seriöse Grundsatzdiskussion über Aufgabenteilung, Föderalismus und Finanzausgleich. Sie stellt die Voraussetzung für nachhaltig wirkende Reformen dar. Weder residenzielle Überheblichkeit noch provinzielle Kirchturmpolitik oder gar demagogisches Biertischgerede sind gute Ratgeber. Föderalismus ist zu wichtig, um für politische Folklore mißbraucht zu werden. Länder und Gemeinden sind keine Befehlsempfänger einer sich zu Unrecht für omnipotent haltenden Zentralmacht, sondern gleichberechtigte Partner des Bundes. Föderalismus ist auch eine moderne Form der demokratischen Gewaltenteilung.

Einer der seriösesten Vordenker des österreichischen Föderalismus, der Chef des in Innsbruck beheimateten Instituts für Föderalismusforschung, Univ.-Prof. Dr. Peter Pernthaler, weist in einem im März 2000 in „Verwaltung heute“ publizierten Essay die Richtung, wenn er schreibt:

„Die bundesstaatliche Kompetenzflechtung sollte daher meines Erachtens von einer radikalen Organisationsreform und Verfahrenskonzentration der Verwaltung begleitet werden, um wirkliche Verwaltungsvereinfachung für den Bürger und Ersparnisse für die öffentlichen Haushalte zu bewirken. Jede zeitgemäße Föderalismusreform muß heute eine umfassende Verwaltungs-, Finanz- und Demokratiereform auf Landes- und Gemeindeebene bringen, welche die Effizienz der Verwaltung unter den geänderten gesellschaftlichen und wirtschaftlichen Rahmenbedingungen erhöhen und den Bundesstaat politisch attraktiver machen sollte. Diese neuen Kontrollfunktionen der Landesparlamente wären auch deshalb so wichtig, weil die gesetzgebenden Funktionen der Landtage laufend an Bedeutung verlieren."

In dem letztzitierten Satz macht Pernthaler auch deutlich, wohin die Debatte über die Sinnhaftigkeit der Landesparlamente gehen soll. Es gilt daher, endlich das umzusetzen, was die Bundesregierung (vertreten durch den Bundeskanzler) und die Bundesländer (vertreten durch die neun Landeshauptleute) bereits in der Präambel zur Perchtoldsdorfer Vereinbarung zur Neuordnung des Bundesstaates – die 1992 angesichts des damals bevorstehenden EU-Beitritts und der sich daraus ergebenden innerstaatlichen Konsequenzen verfaßt wurde – festgeschrieben hat:

„Die Verteilung der Staatsaufgaben auf den Bund, die Länder und die Gemeinden ist im Sinne des Subsidiaritätsprinzips, einer effizienten und bürgernahen Besorgung der Staatsaufgaben, eines möglich gleichwertigen Standards der grundlegenden Lebensverhältnisse im Bundesgebiet sowie der Anforderungen, die sich aus der europäischen Integration ergeben, neu zu ordnen. Es sind geschlossene und abgerundete Kompetenz- und damit Verantwortungsbereiche des Bundes und der Länder zu schaffen."

Daß die existentielle Bedeutung der Bundesländer im Sinne der Zukunftsdimension der Politik völlig außer Streit stehen sollte, geht nicht nur aus der Tatsache, daß die Länder 1918 und 1945 durch freiwilligen Zusammenschluß die Republik gründeten, und aus Artikel 2 der Bundesverfassung („Österreich ist ein Bundesstaat. Der Bundesstaat wird gebildet aus den selbständigen Ländern") hervor. Dies machte auch Landeshauptmann Waltraud Klasnic in ihrem Beitrag für den „Aufbruch aus der Erstarrung" mit folgenden Worten klar:

„Denn ganz ohne Zweifel dürfen in einem Europa der Regionen Bürgernähe und Subsidiarität keine Schlagworte bleiben, sondern müssen mit Leben erfüllt werden. Hand in Hand damit muß es auch in Österreich eine Neudefinition des Föderalismus geben. Die seit Jahren diskutierte Bundesstaatsreform kann nur ein erster Schritt dazu sein, dem viele weitere folgen müssen. Es sind weitere Fragen, vor allem, welche Aufgaben auf welcher Ebene bestmöglich wahrgenommen werden können und welche Kooperationsformen der Regionen untereinander es geben soll, ernsthaft zu diskutieren – Finanzausgleich, Bundesrat, weitere Verwaltungsvereinfachung, Kompetenzbereinigung.

Es geht nicht um eine Abschaffung der Bundesländer, sondern im Gegenteil um eine Stärkung der überschaubaren, historisch gewachsenen sinnstiftenden und sinnvollen Einheiten, die den Bürgern Geborgenheit und Heimat geben – mit schlanken und effizienten Verwaltungsstrukturen und schlagkräftigen regionalen Kooperationen. Die Stärkung des Föderalismus ist kein Selbstzweck und auch kein Steckenpferd der Landeshauptleute, sondern hat den Sinn und das Ziel, eine raschere, bürgernähere und effizientere Erfüllung der öffentlichen Aufgaben auf allen Ebenen zu erreichen. Ich glaube, daß die Stärkung des Föderalismus auch das Vertrauen in die europäische Einigung stärkt. Denn ein Europa der Bürger kann kein anonymes europäisches Zentralgebilde sein, sondern lebt als ein Europa der Regionen mit kultureller Vielfalt und Identität. Es ist ja ganz besonders wichtig, den europäischen Gedanken bei Ländern, Gemeinden und Bürgern zu verankern. Skepsis, Sorgen und Ängste abzubauen durch ein möglichst bürgernah empfundenes Europa. Ein bürgernah empfundenes Europa, ein Europa der Bürger, kann nur ein Europa der Länder, Regionen und Gemeinden sein. Es gilt, das Wort Subsidiarität zu leben. Der Reformdruck in Richtung mehr Föderalismus ist auch in Österreich ganz sicher durch den EU-Beitritt Österreichs und die damit verbundenen Kompetenzveränderungen gestiegen. Ein sich zunehmend einigendes Europa, in dem Nationalstaaten immer mehr an Bedeutung verlieren, verlangt eine starke Verankerung der und in den Regionen."

Es geht um eine neue Architektur Europas. Schon vor Jahren haben international bedeutende Denker wie Daniel Bell festgestellt: „Der Nationalstaat ist für die großen Probleme des Lebens zu klein und für die kleinen Probleme zu groß."

So verstärken sich auch die regionalen Kooperationen einzelner

Bundesländer untereinander – z. B. bei gemeinsamen Interessen in der Verkehrsinfrastruktur oder bei EU-Fördergebieten, aber auch bei Nationalparks bis hin zu Golfplätzen.

Immer interessanter wird auch die grenzüberschreitende Zusammenarbeit von Regionen – von der ARGE-Alp und der EUREGIO-Tirol bis hin zur 1978 pionierhaft von österreichischen, oberitalienischen, ungarischen Ländern und Regionen, sowie Slowenien und Kroatien gegründeten ARGE-Alpen-Adria, die sich heute zunehmend als Zukunftsregion Süd-Ost definiert. Auch die Olympia-Idee „Senza confini“ oder das EU-INTERREG Programm Steiermark-Slowenien fördern diesen Kooperationsgedanken, der formale nationale Grenzen zugunsten gemeinsamer Wirtschafts- und Kulturräume und geopolitisch-historischer Affinitäten überwindet. Allgemein ist bekannt, daß die Bürger eine Stärkung der Länder wünschen, wie die Parlamentarismus-Studie vom Jänner 1998 (IFES/Fessel) im Auftrag des Nationalrates ergeben hat. Auf die Frage, welche Institutionen – Regierung, Parlament, Parteien, Medien, Sozialpartner, Bundespräsident oder Bundesländer – mehr Einfluß haben sollen, antworteten die meisten Menschen (34 %): die Bundesländer; es folgen mit 20 % das Parlament und mit 18 % die Sozialpartner; Medien und Parteien stehen mit 6 bzw. 4 % ganz am Schluß. Der Wunsch nach mehr Einfluß für die Länder ist sogar in den letzten sechs Jahren gestiegen. Während nur 3 % meinen, daß die Länder weniger Einfluß haben sollten, äußern die Befragten diesen Wunsch bei allen anderen Institutionen in wesentlich stärkerem Ausmaß.

Eine Aktualisierung und Erhärtung dieses Befundes zeigt auch eine im „Format“ (Nr. 4/2000) veröffentlichte OGM-Studie, wonach 41 % der Befragten mehr Kompetenzen für die Bundesländer, 34 % gleich viel und nur 10 % weniger verlangen und sich 80 % der Bevölkerung für neun Bundesländer und nur 11 % für eine Zusammenfassung in drei Regionen aussprechen.

Besonders wichtig erscheinen in diesem Zusammenhang auch die Hinweise der Chefs der beiden angesehensten Wirtschaftsforschungsinstitutionen Österreichs, Prof. Helmut Kramer, WIFO, und Prof. Bernhard Felderer, IHS:

„Als Vorarlberger liegt es mir am Herzen, darauf hinzuweisen, daß föderalistisch strukturierte Staaten nicht unbedingt eine teurere

Verwaltung haben müssen", sagt Prof. Kramer und betont weiter, daß der öffentliche Personalaufwand in den USA um 2 % des Bruttoinlandsproduktes unter dem Durchschnitt der EU-Länder liegt. Die USA hat bekanntlich eine vorbildhafte föderalistische Struktur. Oder das Beispiel Schweiz: Die Eidgenossenschaft ist mit 41.294 km² Fläche und 26 Kantonen für sieben Millionen Einwohner flächenmäßig und föderalistisch kleiner strukturiert als Österreich (Österreich: 83.858 km² Fläche, neun Bundesländer, acht Millionen Einwohner). Dennoch hat die Schweiz eine wesentlich geringere Dichte an Regulierungen und an öffentlich Bediensteten, während z. B. Frankreich, ein zentralistischer Paradestaat unter den westlichen Demokratien, einen der aufgeblähtesten bürokratischen Apparate hat. Ein Geheimnis der Schweiz ist es auch, daß es dortzulande ganz klare Trennungen zwischen den Aufgaben des Bundes, der Kantone und der Gemeinden gibt.
Und Professor Felderer unterstreicht: „Nach dem Subsidiaritätsprinzip müßte das föderale System effizienter sein, weil es bürgernäher ist. Es sei denn, daß die Aufgaben den jeweiligen Gebietskörperschaften nicht so zugeordnet sind, daß ein effizientes Optimum dabei herauskommt." Um genau dieses Optimum geht es.

Ein Optimum im Sinne eines auch künftig tragfähigen Föderalismus ist es nicht, neun verschiedene Kampfhunderegelungen zu haben; neun verschiedene Naturschutzgesetze zu haben, mit denen man dann möglicherweise noch Projekte von überregionaler, nationaler, ja sogar europäischer Bedeutung wie den Semmering-Basis-Tunnel zu verhindern versucht; neun verschiedene Bauordnungen zu haben, die das Bauen in den einzelnen Bundesländern aufgrund der verschiedenen Normen wesentlich verteuern; oder neun verschiedene Jugendschutzgesetze zu haben, die festlegen, daß ein Jugendlicher im „Ländle" früher bzw. später zu Hause sein muß als im Burgenland. Solche föderalistischen Anachronismen müssen beendet werden.

Es geht auch um eine Zusammenfassung der verschiedensten Behörden, sei es nun des Bundes, der Länder oder der Gemeinden – wenn es sinnvoll ist. Die Idee der „Bürgerämter" in den Bezirkshauptmannschaften – das erste „Bürgeramt" Österreichs öffnete übrigens in der Steiermark seine Pforten – ist ein Beispiel für diese Bürgerfreundlichkeit. Es ist überhaupt die Frage, ob nicht vieles im

Bürgererstkontakt auf Bezirkshauptmannschaften und Gemeinden verlegt werden soll.

Die Länder sollten befugt sein, alle behördlichen Verfahren, die in der Bezirksverwaltung abgeführt werden, einheitlich zu regeln. Damit könnten – so etwa der Vorschlag des Salzburger Landtagspräsidenten Helmut Schreiner – die Vielfachverfahren, die derzeit das österreichische Recht kennzeichnen, beseitigt und jeweils durch ein einziges Verfahren ersetzt werden. Die Bezirkshauptmannschaften sollten alle Raumordnungs-, Wasserrechts-, Gewerbe-, naturschutzrechtlichen und ähnliche Verfahren abwickeln, mit denen derzeit zahlreiche voneinander getrennte Behörden und Beamte beschäftigt sind. Der Vorteil für den einfachen „Häuslbauer" oder Betriebsgründer: Statt bis zu zwölf verschiedenen Bescheiden wird alles in einem und vor allem in kürzerer Zeit erledigt.

Das *One-Stop-Shop-* bzw. das *One-Desk*-Prinzip sollte überhaupt in all diesen Bereichen Platz greifen – es dient dem besseren Bürgerservice, bringt aber auch beträchtliche Synergien und Einsparungseffekte.

Es stellt sich daher weiters die Frage, ob nicht Bundesbehörden in den Ländern – wie die Vermessungs- und Sozialämter, die Sicherheitsdirektion oder die Landesschulräte – im Amt der Landesregierung zusammengefaßt werden können. Man könnte dadurch erhebliche Personal- und Raumkosten einsparen, aber auch die Amtswege der Bürger deutlich verringern. Die Schulbehörden könnten so um die Hälfte reduziert werden. Derzeit sind Landesschulrat und Bezirksschulräte Bundesbehörden. Parallel dazu gibt es aber auch noch die Schulbehörden der Länder: eine im jeweiligen Amt der Landesregierung, weitere in den Schulämtern der Bezirkshauptmannschaften. Auch hier könnte sich der Bund zurückziehen.

Ein weiteres Beispiel für diese Art von Doppelverwaltung ist die Existenz von neun Landesbaudirektionen, die aber wiederum im Bund durch eine Bundesstraßenverwaltung überwacht werden. Zusätzlich bestehen auch noch Sonderbau- und Finanzierungsgesellschaften für die Straßen- und Schieneninfrastruktur.

Manche der heutigen Fragestellungen bei den Behördenzusammenlegungen werden sich in wenigen Jahren überhaupt ganz anders stellen, wenn das *E-Government* und der „elektronische Akt" sich immer mehr durchsetzen werden. Hier hat natürlich der Staat eine besondere soziale Ausgleichsfunktion, weil eben nicht jeder Bürger diese Möglichkeiten der modernen Kommunikationstechniken nützen kann. Hier muß eine neuerliche Spaltung der Gesellschaft verhindert werden. Die Verwaltung hat hier für regionale Dienstleistung und Infrastruktur zugunsten des weniger mobilen Teils der Gesellschaft zu sorgen.

Die Frage der föderalistischen Strukturen stellt sich zum Beispiel auch bei den Kammern. Muß wirklich jede Landeskammer das gesamte Aufgabenbündel erfüllen, oder sind nicht, so wie es der seit Juni 2000 neue Präsident der Bundeswirtschaftskammer, Christoph Leitl, angedacht hat, Kompetenzzentren zu bilden? Was für die Wirtschaftskammer möglich ist, muß auch für Arbeiterkammer möglich sein; wobei es hier auch darum geht, Doppelgleisigkeiten zwischen Gewerkschaftsbund und Arbeiterkammer im Sinne schlanker und kostengünstiger Strukturen zu vermeiden.

Es geht insgesamt sicherlich nicht an, daß „unten" bei den Ländern und Gemeinden gespart wird, während „oben" bei den Bundeszentralstellen und der Hochbürokratie alles beim Alten bleibt.

„Small is beautiful" und „Dezentralisierung" sind zwei Mega-Trends aus dem Wirtschaftsleben, die gerade angesichts der Globalisierung immer wichtiger werden. Ihre politischen Entsprechungen sind Föderalismus und Subsidiarität. Es wird ja auch im Maastrichter EU-Vertrag darauf hingewiesen, daß die einzelnen Aufgaben auf der jeweils bürgernächsten politischen Ebene erfüllt werden sollten. Wenn also Länder und Gemeinden mehr Kompetenzen wahrnehmen sollen, dann müssen dafür auch die erforderlichen Rahmenbedingungen geschaffen werden. Dazu ist auch die entsprechende finanzielle Ausstattung notwendig. Bisher stehen mehr als zwei Drittel der öffentlichen Mittel dem Bund zur Verfügung.

Deshalb muß mit dem Märchen aufgeräumt werden, daß die Länder und Gemeinden gegenüber dem Bund beim Finanzausgleich bevorteilt sind. Die Prozentanteile beim Finanzausgleich sprechen eine ganz deutliche Sprache: Von den 585,660 Milliarden Schilling, die 1996 an Gesamtabgaben zur Verfügung standen, gingen an den Bund 65,48 %, 14,61 % an die Länder, 11,99 % an die Gemeinden und 7,92 % an Sonstige (z. B. Fonds wie Familienfonds, Katastrophenfonds, EU-Beitrag). Der Bund war in den letzten Jahren der einzige Gewinner. Denn im Jahr 2000 sollen von den erwarteten Gesamtabgaben von 682,873 Milliarden Schilling 67,09 % (das ist ein Plus von 1,61 %, also über 10 Milliarden Schilling) an den Bund, nur 14,4 % an die Länder (ein Minus von 0,57 % oder von ca. 4 Milliarden), 11,23 % (ein Minus von 0,76 %) auf die Gemeinden und 7,64 % an Sonstige verteilt werden.

Leicht polemisch wird mit der Forderung nach einer klaren Ausgaben- und Aufgabenzuordnung, die per se den wohl wichtigsten Einsparungs- und Effizienzsteigerungseffekt bringt, weil dann die Verantwortung klargestellt ist (z. B. Spitäler, Lehrer), das Angebot einer größeren Steuerhoheit an die Länder verknüpft. In letzter Konsequenz würden, solange nicht Chancengleichheit und Gleichwertigkeit der Lebensverhältnisse für alle Bundesländer hergestellt wurde, ungleiche Steuersätze aber eine weitere Stärkung der wirtschaftlich stärkeren und eine weitere Schwächung der benachteiligten Bundesländer bedeuten: Die „Reichen" können sich geringere Steuersätze als die Ärmeren leisten, womit der Standortwettbewerb erneut verzerrt wäre. Erst wenn die Benachteiligungen, die dem Osten und Süden des Bundesgebietes durch Grenzlage und unzureichend ausgebaute Infrastruktur erwachsen, egalisiert sind, ist auch auf diesem Gebiet kompetitiver Föderalismus sinnvoll, wie er sonst bei wirtschaftlichen Incentives, Kultur, Sport, Verfassungsautonomie ein weites und wichtiges Entfaltungsfeld hat und dabei gesamtstaatlich bereichernde Kreativität und Innovationskraft entwickelt. (Hier sind noch viele Fesseln durch Zentralregelungen zu nehmen!)

Im Oktober 1998 hat der Budgetexperte des Wirtschaftsforschungsinstitutes Prof. Gerhard Lehner im Auftrag des Landeshauptmanns Waltraud Klasnic und des Landtagsklubobmannes der Steirischen Volkspartei Hermann Schützenhöfer ein Gutachten erstellt. In ihm wird die tatsächliche Aufgabenstellung für einen fairen Finanzausgleich u. a. folgendermaßen umrissen:

„Das Land Steiermark hat in den letzten Jahren versucht, die Neuverschuldung in seinem Haushalt deutlich zu reduzieren und im Rahmen des inner-österreichischen Stabilitätspaktes seine Position zu verbessern. Diese Vereinbarungen lassen aber auch die Probleme des Finanzausgleiches für die nächsten Jahre deutlicher hervortreten, weil neben dieser Begrenzung der Neuverschuldung auch andere Herausforderungen an die Landeshaushalte heranstehen.

Der gegenwärtige Finanzausgleich nimmt auf diese Konflikte, die sich möglicherweise künftig verstärken werden, zu wenig Rücksicht. Die starke Ausrichtung des Finanzausgleiches auf die Aufteilung der Einnahmen der Länder, insbesondere nach der Volkszahl, wird nach der nächsten Volkszählung (ab 2002) die Probleme im steiermärkischen Landeshaushalt noch zusätzlich verschärfen.

Der nächste Finanzausgleich müßte daher auf diese Entwicklung stärker eingehen und insbesondere den wirtschaftlich schwächeren Bundesländern einen größeren Spielraum einräumen. Es wäre daher zu diskutieren, den wirtschaftlich schwächeren Bundesländern zusätzliche Einnahmen aus Ertragsanteilen zu verschaffen. Das könnte dadurch geschehen, daß zusätzliche Indikatoren (Fläche, regionales Bruttoinlandsprodukt) in die Berechnungen und Aufteilungen miteinbezogen werden. Das setzt allerdings eine Solidarität zwischen den wirtschaftlich stärkeren und schwächeren Bundesländern voraus.

Die beispielhaften Berechnungen haben gezeigt, daß die Vorweganteile aus der Einbeziehung der Gebietsflächen (mit angenommen 5 % der Ertragsanteile der Länder) und des regionalen Bruttoinlandsproduktes je Einwohner (mit angenommen 3 % der Ertragsanteile der Länder) dem Land Steiermark netto etwas mehr als 400 Mio S brächten (jeder der beiden Faktoren ergäbe rund 200 Mio S). Das würde aber gerade ausreichen, die zu erwartenden Mindereinnahmen aus der Volkszählung 2001 zu kompensieren.

Aufgabe des nächsten Finanzausgleichs müßte es daher sein, die große Bedeutung der Volkszahl, aber auch des Aufkommensprinzips zurückzudrängen. Ansonsten würde sich die Position der Steiermark, aber auch der anderen wirtschaftlich schwächeren Länder im nächsten Finanzausgleich verschlechtern. Das hätte auch für den innerösterreichischen Stabilitätspakt erhebliche Konsequenzen. Eine grundsätzliche Diskussion über den Finanzausgleich wäre daher notwendig."

Neben den Finanzen ein entscheidender Prüfstein dafür, daß die Proklamation des föderalistischen Prinzips für die Zentralstellen nicht nur ein Lippenbekenntnis ist, ist das Verhalten im Zusammenhang mit Bezirksgerichten, Postämtern, Finanzämtern, Gendarmerieposten, Kasernen etc. Zusperren ist keine intelligente Lösung; um die „Nahversorgung" sicherzustellen, bedarf es einer Offensiv- statt einer Defensivstrategie. Angesichts der Gefahr der Aushöhlung der regionalen Infrastruktur ist mit Nachdruck darauf hinzuweisen, daß es für den Bund eigentlich eine staatspolitische Verantwortung ersten Ranges sein muß, für gleichwertige Lebensbedingungen in allen Regionen zu sorgen und damit strukturell benachteiligte Regionen besonders zu fördern. Eine Stärkung und nicht eine Schwächung der Regionen, insbesondere der Grenzregionen, muß das Ziel sein. Dies gilt ganz besonders auch im Zusammenhang mit der EU-Erweiterung. Statt fortwährend darüber nachzudenken, was alles zugesperrt werden soll, sollten die Wiener Stellen überlegen, was man bewußt außerhalb des Zentralraumes neu ansiedeln kann (Behörden etc.). Sämtliche Bundeseinrichtungen Österreichs befinden sich in Wien. Vergleicht man diese Situation mit anderen Bundesstaaten, wie etwa der BRD, der Schweiz oder der USA, so ist die Forderung nach einer Verlagerung von Bundesinstitutionen in die einzelnen Bundesländer sehr berechtigt. In Betracht kämen die Höchstgerichte, der Bundesrat, der Rechnungshof, die Volksanwaltschaft oder einzelne Dienststellen der Bundesministerien (Österreichisches statistisches Zentralamt, Verwaltungsakademie des Bundes, Umweltbundesamt), aber auch ausgegliederte Rechtsträger des Bundes.

Die Konzentration auf Wien wird noch dadurch verstärkt, daß in der Bundeshauptstadt etwa ein Fünftel der österreichischen Bevölkerung lebt und Wien damit auch das einwohnerstärkste aller neun Bundesländer ist. In kaum einem vergleichbaren Staat der Welt hat die Hauptstadt innerstaatlich allein schon bevölkerungsmäßig ein so großes Gewicht.

In der Schweiz und in den USA ist die Bundeshauptstadt jedenfalls bei weitem nicht die größte Metropole des Gesamtstaates. In der BRD sind, wie einer Aufstellung des „Modell Steiermark" zu entnehmen ist, die Bundeseinrichtungen auf nicht weniger als neun

Städte (Mainz, Köln, Nürnberg, Koblenz, Berlin, Wiesbaden, Pullach, Frankfurt am Main und München) verteilt. Die obersten Organe der Rechtssprechung haben an vier verschiedenen Orten (Karlsruhe, München, Berlin, Kassel), die wichtige Verbände der Arbeitnehmer an drei Orten (Düsseldorf, Hamburg, Bonn) ihren Sitz.

Auch in der Schweiz wird der Polyzentrismus mit der Verteilung der Institutionen auf die Verwaltungsstadt Bern, die Bankenmetropole Zürich, den Gerichtssitz Lausanne und das internationale Zentrum Genf beispielhaft vorgeführt.

Polyzentrismus statt Zentralismus ist daher auch für Österreich eine Zukunftsperspektive, wobei hier keineswegs ein primitiver Anti-Hauptstadt-Komplex im Spiel ist – die besondere Bedeutung der Metropole Wien ist unbestritten –, sondern die Vision einer organischen Entwicklung.

Ganz allgemein geht es um einen mutigen Umbau des Staates – mit schlanken, effizienten und bürgernahen Strukturen. Wenn nur Fassadenkosmetik betrieben wird, drohen die Fundamente, aber auch die vorhandene Bausubstanz brüchig zu werden. Mutige und visionäre Architekten, nachhaltig und zukunftsorientiert arbeitende Baumeister und Professionisten sowie verantwortungsbewußte und seriöse Statiker sind für das Projekt „Bundesstaat Neu" gefordert.

Allen muß dabei das bewußt sein, was Bernd Schilcher in seinem Aufruf zum „Aufbruch aus der Erstarrung" geschrieben hat: „Veränderungen erzeugen in Österreich immer Ängste und schlechte Gefühle. Wer sie dennoch will, muß mit einem Vielfrontenkrieg mit wenig Kombattanten rechnen. Zumindest am Anfang."

Aber aller Anfang ist schwer. Und, um einen Vergleich zu wählen: Wer beim Laufen den Anfang überwindet, bei dem stellen sich später Gesundheit und Wohlbefinden ein.

Wo man sparen könnte – das Beispiel der Gemeinden

Gottfried Schellmann

Die Debatte über Einsparungsmöglichkeiten der öffentlichen Hand schließt auch die Gemeinden mit ein. In den Diskussionen überwiegen zeitgeistige Vorschläge wie Privatisierung oder Auslagerung von Tätigkeiten, die nicht zu den Kernaufgaben der öffentlichen Hand zu rechnen sind. Solche Diskussionsbeiträge zielen meist auf die kurzfristige Erregung von Aufmerksamkeit. Zum Teil gewinnt man den Eindruck, daß es am Vorverständnis für die Materie fehlt. Die öffentlich-rechtlichen Verbandsstrukturen sind gerade nicht dem Privatrecht zuzuordnende Organisationen. In ihrem Entwicklungsprozeß standen andere Zielsetzungen im Zentrum als bloßes Eigentümerinteresse.

Im folgenden Beitrag sollen Einsparungsmöglichkeiten aufgezeigt werden, allerdings aus dem Blickwinkel der Entwicklung und des Wesens einer Gemeinde.

Geschichtliche Entwicklung der Gemeinden in Verfassung und Recht und die Aufgaben der Gemeinde

Es entspricht dem Wesen jedes größeren staatlichen Verbandes, nicht alle Macht und alle Aufgaben einer zentralen Verbandseinheit zu übertragen, sondern den Bürgern räumlich überschaubarer Untereinheiten einen Teil der sie unmittelbar betreffenden Angelegenheiten zur Verwaltung zu überlassen. Schon die römische Staatsordnung überließ den Städten Aufgaben zur Selbstverwaltung. Aus den vielen Ortschroniken ist zu entnehmen, daß die Städte, Märkte und Dörfer des Mittelalters und der Neuzeit von jeher, je nach politischer Möglichkeit, ihre örtlichen Angelegenheiten unter eigener Verantwortung selbst regelten. Ein Blick in die Entwicklungsgeschichte von Normen und Systemen schärft das Verständnis für Bestehendes und glättet überzogenen Reformeifer. Verfassungsgeschichtlich wurde erst im neunzehnten Jahrhundert mit der Überwindung des Absolutismus die bis heute geltende Organisationsform der selbstverwaltenden Gemeinde als räumlich politische Untereinheit eines Staatsganzen entwickelt. Die preußisch-Steinsche Städteordnung aus dem Jahr 1808 ist für den deutschsprachigen Raum als Reformschritt mit Vorbildswirkung zu erwähnen.

In Österreich gewährte Kaiser Franz Joseph in der oktroyierten Märzverfassung 1849 den Gemeinden ihre Grundrechte. Die Verfassung ermöglichte den Gemeinden schon damals, über die Wahl ihrer Vertreter, die Aufnahme neuer Mitglieder in den Gemeindeverband, die selbständige Verwaltung ihrer Angelegenheiten, die Veröffentlichung der Ergebnisse ihres Haushaltes und über die Öffentlichkeit der Verhandlungen ihrer Vertreter zu bestimmen. Auf der Grundlage der Verfassung wurde 1849 das Provisorische Gemeindegesetz erlassen. In den allgemeinen Bestimmungen wurde die freie Gemeinde als Grundfeste des Staates bezeichnet. Das Gemeindegesetz legte fest, daß Ortsgemeinden die als selbständiges Ganzes vermessenen Katastralgemeinden wären. Die Konstituierung der Ortsgemeinden auf der Grundlage der Katastralgemeinden hat bis heute Nachwirkungen, weil damit eine Vielzahl von Klein- und Kleinstgemeinden entstanden sind. Auch wenn aufgrund der Kommunalstrukturverbesserungs-Gesetze der frühen siebziger Jahre des letzten Jahrhunderts massive Gemeindezusammenlegungen stattgefunden haben, wirkt die historische Entscheidung zur Kleingemeinde fort.

Durch das Reichsgemeindegesetz 1862 wurde den Landtagen die gesetzliche Regelung für das Gemeindewesen übertragen und die Selbstverwaltung gestärkt. Die Regelung über den eigenen zur Selbstverwaltung überlassenen Wirkungskreis beinhaltete einen maßgerechten Katalog von Verwaltungsaufgaben, insbesondere auch die freie Verwaltung des Vermögens der Gemeinde. Der übertragene Wirkungskreis umfaßte die Mitwirkung an der öffentlichen Verwaltung, wenn dies durch die allgemeinen Gesetze oder die Landesgesetze so bestimmt wurde. Die Organe der Gemeinde, wie etwa der Gemeindeausschuß und der Gemeindevorstand, waren periodisch zu wählen. Die Gemeinde konnte zur Deckung ihrer Aufgaben, sofern die Einnahmen aus dem Gemeindeeigentum nicht ausreichten, Zuschläge zu den direkten Steuern oder den indirekten Steuern beschließen.

Die Verfassung von 1867 übertrug die Kompetenz zur Gesetzgebung im Gemeinderecht zur Gänze den Landtagen, womit diese die im Reichsgemeindegesetz zur Selbstverwaltung übertragenen Aufgabenbereiche verfassungskonform wieder einschränken konnten. Die Verfassung von 1920 enthielt überhaupt keine Regelungen über den eigenen Wirkungsbereich der Gemeinden, sondern verstand diese als Teil der allgemeinen staatlichen Verwaltung in den Ländern. In der Verfassungsgesetznovelle des Jahres 1925 wurde den Gemeinden ein großer Teil der im Reichsgemeindegesetz vorgesehenen Selbstverwaltung verfassungsrechtlich garantiert.

Im Ständestaat und in der Zeit des Nationalsozialismus waren die diesen Systemen innewohnenden Grundsätze auch auf die Organisationsrechte der Gemeinden übertragen worden. So war ab 1934 die berufsständische Vertretung in den allgemeinen Vertretungskörpern der Gemeinden vorgesehen, und mit der Eingliederung in das Deutsche Reich wurde das Gemeinderecht vom Ratsherren-Prinzip geprägt. Der Bürgermeister war auf der Grundlage der örtlichen Eigenverantwortung allein entscheidungsbefugt. Die Gemeinderäte hatten bloß beratende Funktion. Nach 1945 wurde wieder die Rechtsordnung eingeführt, die vor 1934 bestanden hatte.

In der Gemeindeverfassungsgesetznovelle 1962 wurden die bis heute geltenden Grundsätze des Gemeinderechts geregelt. Das Bundesverfassungsgesetz bestimmt die Grundzüge des Gemeinderechts. Darüber hinaus finden sich verfassungsrechtliche Regelungen auch in den Landesverfassungsgesetzen. Soweit nicht ausdrücklich die Zuständigkeit des Bundes zur Regelung der Gemeindematerie vorgesehen ist, hat die Landesgesetzgebung das Gemeinderecht zu regeln. Zum Interessensvertreter der kleinsten Einheiten der Gebietskörperschaften sind der Österreichische Gemeindebund und der Österreichische Städtebund berufen.

Nach der Verfassung ist die Gemeinde eine Gebietskörperschaft mit dem Recht auf Selbstverwaltung und zugleich Verwaltungssprengel. Die Gemeinde ist ein selbständiger Wirtschaftskörper mit dem Recht, innerhalb der gesetzlichen Schranken Vermögen aller Art zu besitzen, zu erwerben und darüber zu verfügen, und dem Recht, wirtschaftliche Unternehmen zu betreiben. Im Rahmen der Finanzverfassung hat die Gemeinde das Recht, ihren Haushalt selbständig zu führen und in Ausübung des freien Beschlußrechts Abgaben auszuschreiben, soweit nach den finanzverfassungsgesetzlichen Grundlagen Bundesgesetze oder Landesgesetze solches vorsehen. Die Gemeinden können zur Besorgung einzelner Aufgaben im eigenen Wirkungsbereich aufgrund von Vereinbarungen Gemeindeverbände einrichten. Solche werden häufig im Bereich der Abfallwirtschaft, der Trinkwasserversorgung oder im Bereich der Abwasserwirtschaft gebildet. Im übertragenen Wirkungsbereich kann per Gesetz die Bildung von Gemeindeverbänden vorgesehen werden. Als Beispiel wären die Staatsbürgerschaftsverbände zu nennen.

Die organisationsrechtlichen Regeln der Gemeindeverfassung bestimmen, daß als Gemeindeorgane jedenfalls der Gemeinderat, der Gemeindevorstand und der Bürgermeister vorzusehen sind. Die im Gemeinderat vertretenen Wahlparteien haben entsprechend ihrer Stärke einen Anspruch auf Vertretung im Gemeinderat. Der Bürgermeister ist, sofern nicht in den Landesverfassungen anderes vorgesehen, vom Gemeinderat zu wählen. Die Direktwahl des Bürgermeisters ist bisher im Burgenland, in Kärnten, in Tirol, in Oberösterreich und in Salzburg gesetzlich möglich geworden.

Der eigene Wirkungsbereich der Gemeinden umfaßt neben bestimmten organisatorischen Zuständigkeiten die ortspolizeilichen Befugnisse; z. B. die baupolizeilichen Befugnisse sowie die Erlassung von Flächenwidmungs- und Bauplänen. Zum eigenen Wirkungsbereich gehören sowohl die wirtschaftlichen Einrichtungen einer Gemeinde, wie die Wasserversorgung und -entsorgung, als auch die Einrichtungen zur Müllbeseitigung und der Bereich der Privatwirtschaftsverwaltung. Im eigenen Wirkungsbereich ist die Gemeinde frei von Weisungen der Bundes- und Landesbehörden. Die Gemeinde unterliegt in ihrem eigenen Wirkungsbereich der Aufsicht, die darauf achtet, daß die Gemeinde die Gesetze befolgt und die Befugnisse im Rahmen des eigenen Wirkungsbereiches nicht überschreitet. Die Gemeindeaufsicht ist weiters befugt, den Gemeindehaushalt nach den allgemeinen Grundsätzen der Sparsamkeit, Wirtschaftlichkeit und Zweckmäßigkeit zu überprüfen. Das Aufsichtsrecht beschränkt die Selbstverwaltung nicht unmittelbar: Die politischen Folgen von Verfehlungen in der Verwaltung sowie die Möglichkeiten, durch haushaltsrechtliche Maßnahmen ein von der Aufsichtsbehörde gewünschtes Verhalten durchzusetzen, führen zu einer Abstimmung strittiger Angelegenheiten zwischen Gemeinde und Aufsichtsbehörde.

Die Finanzierung der Gemeinden

Die Gemeinden finanzieren sich aus unterschiedlichsten Quellen. Ein maßgeblicher Teil der Einnahmen fließt den Gemeinden aus den Ertragsanteilen an den Abgaben zu, welche zwar vom Bund erhoben werden, aber aufgrund der Regeln über den Finanzausgleich als zwischen dem Bund, den Ländern und den Gemeinden geteilte Abgaben gelten. Von weiterer großer Bedeutung sind die ausschließlichen Gemeindeabgaben wie die Kommunalsteuer und die Grundsteuer. Darüber hinaus beziehen die Gemeinden Einnahmen aus Benützungsgebühren – etwa aus der Kanalbenützungsgebühr – oder aus eigenwirtschaftlichen Tätigkeiten, etwa aus der Abfallwirtschaft, der Trinkwasserversorgung, dem Betrieb von Kindergärten, der Vermietung von Wohnungen etc. Die übrigen Finanzmittel werden durch das Aufnehmen von Darlehen aufgebracht.

Die österreichische Finanzverfassung räumt den Gemeinden, vertreten durch den Gemeindebund, die Stellung eines vollwertigen Finanzausgleichspartners ein. Grundsätzlich bestimmt der Bund, welche der Abgaben ausschließlich der einen oder der anderen Gebietskörperschaft zuzuteilen sind. Er bestimmt aber auch, welche der Abgaben zu teilen sind. Die auf der Grundlage der Finanzverfassung geregelten Aufteilungsgrundsätze werden in einem gesonderten Gesetz, dem Finanzausgleichsgesetz, festgelegt. Das Finanzausgleichsgesetz wird alle vier Jahre neu verhandelt.

Zwischen Bund, Ländern und Gemeinden geteilte Abgaben sind

zum Beispiel die Umsatzsteuer und die Lohn- und Einkommensteuer. In einer statistischen Auswertung des Jahres 1997 betrugen die Ertragsanteile an den geteilten Abgaben für die Gemeinden (ohne Gemeinde Wien) brutto 54 Milliarden Schilling. Aus ausschließlichen Gemeindeabgaben flossen den Gemeinden (ohne Gemeinde Wien) 31 Milliarden Schilling zu. Aus diesem Verhältnis läßt sich erkennen, daß die Ertragsanteile an den geteilten Abgaben eine wesentliche Einnahmequelle darstellen. Die endgültige Feststellung der Ertragsanteile hat nach Berücksichtigung umfangreicher Abzüge – wie etwa des EU-Beitrages, der Siedlungswasserwirtschaft, der Krankenanstalten-Finanzierung und des Konsolidierungsbeitrages der Gemeinden für den Bundeshaushalt – aufgrund der Mehreinnahmen aus dem Strukturanpassungsgesetz 1996 zu erfolgen. Von den verbleibenden Ertragsanteilen sind 13,5 % auszuscheiden und den Ländern als zweckgebundene Landesmittel zu überweisen.

Für die restlichen Ertragsanteile erfolgt die Verteilung nach einem gewachsenen statistischen Ausgleichssystem, welches von der Grundannahme ausgeht, daß in größeren Einheiten auch höhere Kosten anfallen. So zählt ein Einwohner für die Errechnung des Verteilungsanteils einer 1.000-Einwohner-Gemeinde Eineindrittel, Einwohner von Gemeinden über 50.000 hingegen Zweieindrittel. Die Verteilungsmasse wird nach dem sogenannten abgestuften Bevölkerungsschlüssel errechnet und zugewiesen. Zur Verbesserung der Situation der ertragsschwachen Kommunen werden zum Ausgleich Vorausanteile berechnet und bezahlt, welche sich aus dem Unterschiedsbetrag zwischen Finanzbedarf und Finanzkraft ergeben. Andere Korrektureffekte werden durch die Einhebung einer Landesumlage und die Verteilung eines geringen Betrages (102 Schilling) nach der Kopfzahl anstelle des abgestuften Bevölkerungsschlüssels ermöglicht.

Der größte Teil der ausschließlichen Gemeindeabgaben in der Höhe von 31 Milliarden Schilling kommt aus der Erhebung der Kommunalssteuer, die etwa die Hälfte der ausschließlichen Gemeindeabgaben ausmacht. Der Getränkesteueranteil lag 1997 bei ca. 13 % und war damit etwa gleich hoch wie die Einnahmen aus der Grundsteuer. Im Bereich der ausschließlichen Gemeindeabgaben sieht die Rechtsordnung einen geringen, bloß indirekt wirksamen Ausgleich zwischen finanzstarken und finanzschwachen Kommunen vor. Ein Ausgleich erfolgt nur dadurch, daß bei der Berechnung der Finanzkraft, welche als Indikator für die Gewährung möglicher Vorausanteile heranzuziehen ist, die Gemeindeabgaben einzubeziehen sind. Zudem haben die finanzkräftigen Gemeinden aufgrund landesgesetzlicher Bestimmungen einen höheren Anteil für die Übernahme von Sozialbeiträgen zu leisten.

Ein fehlender Ausgleich führt zu dem Ergebnis, daß Gemeinden mit einem hohen Anteil an betrieblichen Niederlassungen unverhältnismäßig mehr Mittel zur Verfügung haben als Gemeinden mit geringem Anteil an Unternehmen.

Die Schulden der Gemeinden betrugen im Jahr 1997 116 Milliarden Schilling (ohne Wien). Aus der Sicht der Konvergenzkriterien für die gemeinsame Währung sind allerdings die Schulden nach unterschiedlichen Gesichtspunkten zu bewerten. Die Verordnung über das Europäische System der Volkswirtschaftlichen Gesamtrechnung trennt den öffentlichen Sektor vom privaten (betrieblichen), auch wenn letzterer von öffentlichen Einrichtungen betrieben oder geleitet wird.

Abgrenzungsmerkmale sind das organisatorische Konzept und der Kostendeckungsgrad. Können die Kosten zu mehr als 50 % mit den aus der Tätigkeit erzielten Einnahmen gedeckt werden und liegt ein Organisationsstatut vor, welches eine weitgehende wirtschaftliche Selbständigkeit der betrieblichen Einheit gewährleistet, so sind sowohl die Abgänge als auch die Schulden aus den Konvergenzparametern herauszurechnen. Die Bezeichnung für solche betriebliche Einheiten lautet „marktbestimmte Tätigkeit“ oder „marktbestimmte Betriebe“. Zu den marktbestimmten Tätigkeiten können vor allem die Wasserversorgung, die Abwasserbeseitigung und die Müllbeseitigung, die Wohngebäude, Pflegeheime, Seniorenwohnheime, Parkgaragen oder Veranstaltungszentren wie auch die Mautstraßen gezählt werden. Die diesen Tätigkeiten zuzurechnenden Schulden sind aus den Gesamtschulden herauszunehmen. Dieser Teil der Schulden betrug 1997 25 Milliarden Schilling.

Sparpotentiale im Bereich der Gemeinden

Die Ansätze im politischen Bereich

Die Anzahl der in Österreich existierenden Gemeinden beträgt 2349 (ohne Wien). Zweifellos scheint die Annahme berechtigt, daß durch eine Verringerung der Anzahl der Gemeinden Einsparungsmöglichkeiten gegeben sein müßten. Durchschnittlich hätte jede Gemeinde ohne Wien in Österreich eine Ausdehnung von 35 km^2, eine wohl nicht übergroße Fläche. Die Erfahrungen, welche aus der zwangsweisen Zusammenlegung der Gemeinden in den siebziger Jahren gemacht wurden, lassen jedoch den Schluß zu, daß keiner der Gesetzgeber, weder auf Länder- noch auf Bundesebene, gewillt sein wird, eine neuerliche Reform anzustreben. Immerhin wurden damals die Gemeinden in Niederösterreich, Steiermark, Kärnten und dem Burgenland von einer Gesamtzahl von 2.800 auf 1.394 reduziert. In Niederösterreich wurde überhaupt die Anzahl von 1.652 auf 574 verringert, also beinahe gedrittelt. Die Gemeindeordnungen sehen bis heute die Möglichkeit vor, daß sich zwei oder auch mehrere aneinandergrenzende Gemeinden vereinigen können. Praktisch wird wegen der Majoritätserfordernisse von mindestens 75 % der abgegebenen Stimmen kein Bürgermeister oder keine politische Partei eine Vereinigung anstreben.

Ein weiterer politischer Aspekt wird durch das Wahlrecht vorgegeben. Das Verhältniswahlrecht zwingt – außer in den Fällen der absoluten Mehrheit einer der wahlwerbenden Gruppen – zu dauerhafter, nicht immer zielführender Abstimmung mit den Koalitionspartnern. Die Zahl der wahlwerbenden Gruppen steigt mit jeder Wahl aufs neue. Bürgerlisten und auch Namenslisten vermitteln einerseits den Eindruck einer größeren politischen Anteilnahme der Bürger an der Gemeindepolitik; andererseits spielt die Gesinnung, überwiegend Partikularinteressen politisch zu formulieren und durchsetzen zu wollen, eine nicht mehr zu übersehende Rolle. Die Namenslisten sind meist Ergebnis einer Spaltungsbewegung zu Lasten der örtlich etablierten Parteien. Folge ist, daß Mehrheiten schwerer zu finden sind und Entscheidungsprozesse zu lange dauern, wodurch wiederum Kosten entstehen.

Daß Koalitionen aus drei oder vier wahlwerbenden Gruppen gebildet werden müssen, ist kein Einzelfall mehr. Solche Verhältnisse behindern die tägliche politische Arbeit. Eine gewisse Eitelkeit der Koalitionspartner in der Konkurrenz untereinander bringt oft weitere Unsicherheiten in einer überschaubaren politischen Einheit mit sich. Die bestehende Ordnung eines Konkordanzsystems wäre auf Ebene der Gemeinde durch ein Konkurrenzsystem zu ersetzen. In der Politökonomie einfacher und zielführender sind klare Mehrheitsverhältnisse, wie sie durch ein Mehrheitswahlrecht gewährleistet werden können. In der Organisationsverfassung der Gemeinden wurde ein solches grundsätzlich durch die Direktwahl der Bürgermeister eingeführt. Die Bestimmung in der Verfassung, daß jede der im Gemeinderat vertretenen Parteien nach Maßgabe ihrer Stärke im Gemeindevorstand vertreten sein müßte, hätte im Mehrheitswahlsystem keine Grundlage mehr und wäre zu beseitigen. Jene wahlwerbende Gruppe, die den politischen Auftrag erhalten hat, die Gemeinde zu lenken, soll uneingeschränkt dazu in der Lage sein. Die unterlegenen Parteien haben als Opposition die Aufgabe, die amtsführende Partei zu kontrollieren.

Sparpotentiale im Finanzausgleich – interkommunaler Finanzausgleich

Der Anteil der ausschließlichen Gemeindeabgaben an den laufenden Einnahmen der Gemeinden beträgt ca. 25 %. In den Statistiken werden jedoch nur Durchschnittswerte sichtbar. Die wirklichen Unterschiede im Einzelfall sind nicht ersichtlich. Bei der Beurteilung der Finanzkraft einer Gemeinde kommt es im wesentlichen darauf an, wie hoch der Anteil der ausschließlichen Gemeindeabgaben am Haushalt ist. Gemeinden mit einem hohen Anteil an Betrieben verfügen über entsprechende Einnahmen, die auch autonom verwendet werden können. Gemeinden, in deren Bereich – vor allem am Rand der Ballungszentren – attraktive Betriebsgebiete eingerichtet werden, erzielen überproportionale Vorteile. In vielen Fällen haben die Gemeinden nicht einmal die Infrastrukturkosten zu tragen, weil die Betriebsansiedlungsgebiete von Landesgesellschaften oder privaten Organisationen errichtet und bezahlt werden.

In Einzelfällen betragen die ausschließlichen Gemeindeabgaben mehr als 50 % der Gemeindeeinnahmen. Gemeinden, die als Standort für betriebliche Ansiedlungen weniger geeignet oder ihrer Lage nach überwiegend Wohngemeinden sind, haben einen Anteil an den ausschließlichen Gemeindeabgaben von oft weniger als 15 %. So ist es durchaus möglich, daß innerhalb eines Umkreises von bloß 20 Kilometern eine Gemeinde mit ca. 3.000 Einwohnern einen „ordentlichen" Haushalt von 50 Millionen Schilling und eine von der Einwohnerzahl vergleichbare Gemeinde einen Haushalt von nur 25 Millionen Schilling hat. Möglicherweise erstere Gemeinde höhere Kosten für die Bestreitung ihrer Infrastruktur. Praktisch stehen aber den finanzstarken Gemeinden im Vergleich zu den finanzschwachen unverhältnismäßig mehr Mittel zur Verfügung. Die Lösung wäre, auch innerhalb der Gemeinden eine Art interkommunalen Finanzausgleich herzustellen, der sich am Anteil der ausschließlichen Gemeindeabgaben bemißt. Ein Ausgleich auch auf der Ebene der Gemeinden entlastet die Haushalte der übergeordneten Gebietskörperschaften.

Verwaltungsgemeinschaften und Verbändeverfassung

Zum Zweck der Zusammenarbeit schließen sich die Gemeinden zu Verbänden zusammen (etwa im Bereich der Müllentsorgung, der Trinkwasserversorgung und Abwasserentsorgung). In den meisten Fällen werden die Verbände auf Bezirksebene organisiert und umfassen die Ortsgemeinden eines Bezirkes.

Bei kritischer Betrachtung fällt auf, daß in der Regel keine Verbände auf Landesebene eingerichtet werden. Weiters ist bemerkenswert, daß für nahezu jeden Zweck eigene Verbände eingerichtet werden und eine Zusammenlegung der unterschiedlichen Tätigkeiten in einen Verband nur in seltenen Fällen erfolgt. Jeder Verband erfordert eine selbständige Organisationsstruktur. Das Organisationsrecht der Verbände sieht vor, daß Verbände auf privatwirtschaftlicher Grundlage nur innerhalb des eigenen Wirkungsbereichs nach Genehmigung durch die Gemeindeaufsicht begründet werden können. Grundsätzlich steht dieser Ansatz auch im Einklang mit der Verfassung. Im übertragenen Wirkungsbereich ist die

Gemeinde auch Verwaltungsbehörde und als solche in das Weisungssystem der Landes- oder Bundesverwaltung einzugliedern. Im übertragenen Wirkungsbereich werden daher Verbände nur durch ausdrückliche gesetzliche Bestimmung – entweder durch den Landesgesetzgeber oder durch den Bundesgesetzgeber – zugelassen. Solche Verbände sind wieder gesondert und eigenständig zu errichten. Eine Einsparung kann durch die Einrichtung von größeren Organisationsstrukturen mit einem mehrfachen Verbandszweck erreicht werden.

Die Zusammenlegung von Gemeinden würde aus der Sicht einer möglichen Kostenreduzierung Sinn machen. Die politische Realität läßt aber eine solche Entwicklung nicht erwarten. Die derzeitige Diskussion zeigt keine Tendenz zur Veränderung der politischen Strukturen. Vielmehr sollen die Verwaltungsstrukturen geändert werden. Manche Gemeindeordnungen sehen vor, daß sogenannte Verwaltungsgemeinschaften eingerichtet werden können. Die Verwaltungsgemeinschaften sind allerdings beschränkt auf den eigenen und den übertragenen Wirkungsbereich der Länder. Für Tätigkeiten im übertragenen Wirkungsbereich des Bundes sind Verwaltungsgemeinschaften derzeit nicht zugelassen.

Gerade das System der Verwaltungsgemeinschaften kann eine mögliche Kompromißformel zwischen Gemeindevielfalt und Verwaltungsökonomie sein. Das Konzept der Verwaltungsgemeinschaften ermöglicht es, daß bei Ausübung gleichgelagerter Verwaltungstätigkeiten eine Gemeinde für eine andere bestimmte Aufgaben übernimmt. Die größeren Gemeinden, die über gut ausgebildete Bedienstete verfügen, könnten große Teile der Verwaltung für die kleineren Gemeinden übernehmen. Die Einrichtung der Verwaltungsgemeinschaften erlaubt die Auslagerung von Tätigkeiten innerhalb der Gemeinden, ohne deren Selbständigkeit zu beschneiden. Die Verwaltungsgemeinschaften erhöhen zudem die Kompetenz der Bediensteten, weil bei einem erhöhten Aufkommen von verschiedenen Fragen in den unterschiedlichen Rechts- und Verwaltungsbereichen der Gemeinden eine Spezialisierung der Bediensteten eher gefördert werden kann.

Jene Gemeinden, die ihre Verwaltung auslagern, haben Kostenersatz zu leisten. Um die umfassende Nutzung von Verwaltungsgemeinschaften zu gewährleisten, wäre die Verfassung insofern zu ändern, als für den übertragenen Wirkungsbereich des Bundes ebenfalls die Einrichtung von Verwaltungsgemeinschaften möglich sein sollte. Die in den Landesgesetzen vorgesehene räumliche Einschränkung, Verwaltungsgemeinschaften nur im Bereich eines bestimmten Verwaltungsbezirkes bilden zu können, ist ebenfalls neu zu überdenken. Aufgrund des Fortschritts der Informationstechnologien muß es möglich sein, auch überregionale Verwaltungsgemeinschaften einzurichten. Die örtlichen Gemeinden bedürfen in einem umfassenden System von Verwaltungsgemeinschaften bloß einer einfachen Verwaltungsstruktur, die eine Art Mindestorganisation gewährleistet. Eine umfassende Bündelung der Verwaltungsaufgaben der Gemeinden durch die Einrichtung von Verwaltungsgemeinschaften eröffnet vielfache Einsparungsmöglichkeiten bei gleichzeitiger Anhebung der Kompetenz.

Privatisierung und Ausgliederung

Der in der politischen Diskussion verwendete Begriff der Privatisierung von öffentlichen Aufgaben wird meist mißverständlich verwendet. Erstens wird darunter die Ausgliederung eines Gemeindebetriebes in eine privatrechtliche Organisationsform verstanden („unechte" Privatisierung). Zweitens bedeutet Privatisierung die tatsächliche Übertragung von Aufgaben auf einen privaten Unternehmer („echte" Privatisierung).

Ausgliederungen werden meist mit dem Ziel abgabenrechtlicher Vorteile durchgeführt, oder auch, um die Flexibilität des Dienstrechts für Privatangestellte nutzen zu können. Wirkliche wirtschaftliche Vorteile können bei der unechten Privatisierung nicht erzielt werden. Die im Einflußbereich der Kommunen gegründeten Gesellschaften unterliegen den selben Besetzungsusancen im Personalbereich und können in der Regel nicht frei von politischen Sachzwängen arbeiten.

Grundsätzlich ist der Ruf nach Privatisierung eigentlich unverständlich. Leistungen verursachen – unabhängig von der Organisationsform – dieselben Kosten. Ob die Müllentsorgung durch einen Privaten oder durch die Kommune durchgeführt wird – die Deponiekosten, die Entsorgungskosten, selbst die Löhne und Gehälter, sofern keine Gemeindebediensteten, sondern Vertragsbedienstete die Tätigkeiten verrichten, hätten die gleichen zu sein. Offensichtlich verursacht die politische Organisationsstruktur Zusatzkosten, die durch Systemzwänge bewirkt werden. Ist dem aber so, so besteht für die politisch Verantwortlichen und für die Personalvertreter Erklärungsbedarf, warum dem so zu sein hat. Eigentlich müßten gerade jene Einrichtungen, die zu keiner Gewinnerzielung verpflichtet sind und nur dem Gemeinwohl zu dienen haben, ihre Leistungen günstiger als Private erbringen können.

Kulturbetriebe, Feuerwehren und sonstige Kosten

Die Kultur hat in Österreich einen hohen Stellenwert. Manchmal, so scheint es, wird auch maßlos übertrieben. Unzählige Theaterbetriebe und ein nicht mehr überschaubares Angebot an Sommerveranstaltungen werden von der öffentlichen Hand und vielfach von den Gemeinden finanziert. Welche Gründe auch immer für ein Überangebot an kulturellen Ereignissen sprechen, soll nicht weiter kommentiert werden. Im Kulturwesen sind jedenfalls Einsparungsmöglichkeiten zu finden.

Die Feuerwehren sind selbständige öffentlich-rechtliche Körperschaften. Ihre Einnahmen für die Feuerwehrfeste sind im wesentlichen von Abgaben befreit. Ihre Funktion geht weit über den Brandschutz hinaus. In den ländlichen Gemeinden kommt den Feuerwehren auch eine besondere soziale Funktion bei der Eingliederung vor allem der männlichen Jugend in die Gesellschaft zu. Sie sind ein wichtiger Teil des Verbandswesens.

Dennoch ist kritisch anzumerken, daß die Feuerwehren, obwohl selbst nicht ganz mittellos und als Spendenempfänger nicht untalentiert, die Gemeinden mit oft nicht ganz nachvollziehbaren Investitionswünschen – etwa der Errichtung neuer Feuerwehrhäuser, der Anschaffung von neuem Gerät etc. – finanziell überfordern.

Die Sachaufwendungen in den Gemeindehaushalten machen einen nicht unerheblichen Teil der Gesamtaufwendungen aus. Durch

Bündelung der Nachfrage in Form von Verwaltungsgemeinschaften ergeben sich Einsparungsmöglichkeiten im Bereich der Versicherungsaufwendungen, der Kommunikationskosten und des Energieaufwandes.

Zusammenfassung

Die Gemeinden erfüllen eine Vielfalt öffentlicher und ähnlicher Aufgaben. In der allgemeinen Diskussion um die Reduzierung der öffentlichen Kosten können sie einen Beitrag leisten, der weder ihre Stellung als wichtiger Teil des Staatsganzen schmälert, noch ihr Leistungsangebot gegenüber den Bürgern reduziert. Es gilt, die Möglichkeiten, die die Rechtsordnung ohnehin ansatzweise im öffentlichen Recht zur Verfügung stellt, zu nutzen. Nicht die radikale Privatisierung im Zeitalter des Post-Thatcherism ist das Rezept, sondern die Schärfung des Bewußtseins dafür, daß die Übernahme öffentlicher Aufgaben nicht Selbstzweck für die politisch Verantwortlichen und Gemeindebediensteten ist, sondern dem Gemeinwohl aller Staatsbürger in Österreich dient.

Zum Vorgang „Erhöhung der Treffsicherheit des Sozialsystems"

Wolfgang Mazal

Treffsicherheit im Regierungsprogramm

Treffsicherheit als sozialpolitisches Ziel

Im Regierungsprogramm haben ÖVP und FPÖ im Kapitel „Arbeit und Soziales" ihren Willen bekundet, daß „sich soziale Gerechtigkeit durch alle politischen Maßnahmen ziehen muß und sozialstaatliche Leistungen auf nachvollziehbaren Kriterien sowie gesicherten Finanzierungsgrundlagen basieren sollen und nicht undifferenziert verteilt werden sollen". Wörtlich wird ausgeführt: „Weil rascher als in der Vergangenheit Veränderungen am Arbeitsmarkt oder in den Formen des Zusammenlebens entstehen, muß sich der Sozialstaat immer wieder an neue Herausforderungen anpassen und ständig die Treffsicherheit, die Angemessenheit, die Zielgenauigkeit und die Mißbrauchssicherheit der einzelnen Elemente des Sozialstaates überprüfen und korrigieren."

Vor diesem Hintergrund wurde im Regierungsübereinkommen besonders hervorgehoben, daß die Koalitionsparteien das Leistungsrecht der Arbeitslosenversicherung, der Unfallversicherung und der Kranken- und Pensionsversicherung auf soziale Gerechtigkeit überprüfen wollen.

Detailliert geht das Regierungsübereinkommen in diesem Zusammenhang noch auf Maßnahmen im Bereich der Arbeitslosenversicherung ein; andere Maßnahmen, die dem Thema Treffsicherheit zugeordnet werden können, finden sich über viele Stellen dieses Abschnitts des Regierungsübereinkommens verstreut, insbesondere im Zusammenhang mit den Regelungsvorhaben zur Pensionsversicherung und zur Krankenversicherung.

Der Kern dieser Teile des Regierungsübereinkommens besteht darin, das geltende Sozialsystem daraufhin zu untersuchen, wo

Überversorgungen bzw. wo Schutzdefizite bestehen: Letztlich geht es um die immanente Gerechtigkeit des Sozialsystems ebenso wie um die Gerechtigkeit der Auswirkungen des Sozialsystems in der Gesellschaft.

Dieses Ziel ist wohl weithin akzeptabel, weil es doch in niemandes Interesse sein kann, Sozialleistungen in einer Weise auszuschütten, die nicht den Gerechtigkeitsanforderungen entspricht. Auch wo das Regierungsübereinkommen davon spricht, daß „die Neuordnung der Aufgabenteilung zwischen staatlicher und privater Sozialverantwortung zu den großen Herausforderungen einer Sozialpolitik gehört, die vor der drohenden Unfinanzierbarkeit und geringen sozialen Treffsicherheit immer teurer werdender Leistungen steht", darf man sich breiter Zustimmung ebenso gewiß sein wie bei der Feststellung, daß „nur das, was erarbeitet und erwirtschaftet wird, auch verteilt werden" kann. Unstrittig überzeugend klingt es auch, wenn die Koalitionsparteien proklamieren, „für ein leistungsfähiges und gerechtes Sozialsystem zu stehen, das Benachteiligte und Bedürftige schützt und fördert", und fordern, daß „grundsätzlich jeder Bürger und jede Bürgerin unseres Landes in Solidarsysteme eingebunden sein" müsse und daß „der Mißbrauch sozialer Einrichtungen und Leistungen sowohl unsozial als unsolidarisch und daher entsprechend zu verfolgen" sei.

Treffsicherheit als fiskalische Maßnahme

Daß „Treffsicherheit" dennoch zum Reizwort der politischen Diskussion wurde und die unter diesem Blickwinkel diskutierten Überlegungen mit Argwohn verfolgt werden, hängt damit zusammen, daß unter dem Begriff „Treffsicherheit" noch in einem zweiten Abschnitt des Regierungsprogramms ein budgetwirksames Einsparungspotential von drei Milliarden Schilling genannt wird. Diese Verknüpfung von Treffsicherheitsdiskussion und Einsparungspolitik ist, wie man zweifellos zugeben muß, keineswegs unanständig, doch bewirkte sie, daß die Diskussion um die Treffsicherheit des Sozialsystems einen gleichsam „anrüchigen Touch" bekommen hat.

Ich selbst habe mich entschlossen, im Rahmen des Projekts „Hebung der Treffsicherheit des Sozialsystems“ mitzuarbeiten, weil ich der Auffassung bin, daß es wichtig ist, die Diskussion um die Treffsicherheit des Sozialsystems nicht nur unter fiskalischen Gesichtspunkten zu führen, sondern zu versuchen, die sozialpolitische Dimension dieses Vorhabens in den Vordergrund zu rücken. Ich verkenne nicht, daß mit der Treffsicherheitsdiskussion auch fiskalische Ziele verknüpft sind, doch wäre es aus meiner Sicht eine verlorene Chance, diese Diskussion zu führen, ohne damit sozialpolitische Ambitionen zu verbinden.

Zum Vorgang „Hebung der Treffsicherheit des Sozialsystems“

Allgemeines

Zur Umsetzung des Projekts „Hebung der Treffsicherheit des Sozialsystems“ wurde unter der Verantwortung der Bundesministerin für Soziale Sicherheit und Generationen, Dr. Elisabeth Sickl, und des Bundesministers für Wirtschaft und Arbeit, Dr. Martin Bartenstein, ein Projekt ins Leben gerufen, mit dessen Leitung ich betraut wurde.

Ziel dieses Projekts ist es, die Treffsicherheit des Sozialsystems zu verbessern und durch die damit verbundene Hebung der Effizienz das budgetäre Einsparungsziel zu erreichen. Sozialpolitisch unterscheidet sich die Treffsicherheitsdebatte aus meiner Sicht von ähnlich etikettierten Debatten in anderen Staaten dadurch, daß das Sozialsystem daraufhin überprüft wird, wo Überversorgungen einerseits und wo Unterversorgungen bzw. Systemlücken andererseits bestehen. Es geht dabei weder darum, einen von manchen mit dem Begriff „Treffsicherheit“ verbundenen radikalen Rückbau des Sozialsystems vorzubereiten, noch darum, neue Leistungen zu erfinden; im Rahmen des Regierungsprogramms sollen vielmehr auf der Grundlage des bestehenden Systems die Überlagerung von Leistungen einerseits bzw. Schutzlücken andererseits erkannt und Maßnahmen vorgeschlagen werden, die hier Abhilfe schaffen können.

Dies hängt damit zusammen, daß die österreichische Treffsicherheitsdebatte nicht aufgrund ideologisch motivierter neoliberaler Weichenstellungen entstand und geführt wird, sondern vor dem Hintergrund einer Oppositionspolitik zu sehen ist, die punktuelle Fehler des Systems ankreidete. Ein weiterer Effekt des Vorgangs „Hebung der Treffsicherheit des Sozialsystems“ sollte daher auch darin liegen, jene Themen des Sozialsystems, in denen die mangelnde Treffsicherheit in den vergangenen Jahren zu typischen Stammtischdiskussionen Anlaß gaben, auf ihren realen Hintergrund „abzuklopfen“: Wenn das Sozialsystem durch Einzelfälle von ungerechtfertigtem Leistungsbezug und von offensichtlich fehlender Treffsicherheit, die in der regelmäßig in der Boulevardpresse vorgeführt wurden, als ganzes „madig“ gemacht wird, ist es sinnvoll, diese Themen sachlich aufzubereiten und zu überprüfen, wo Adaptierungen der Rechtsgrundlagen notwendig sind, oder wo es sich um unvermeidliche Systemeffekte handelt.

Die Zuordnung des Projekts zu den genannten Ministerien soll aus meiner Sicht sicherstellen, daß der sozialpolitische Ansatz Vorrang vor dem fiskalischen Ansatz hat; mit dem Finanzministerium wird eine Koordination einzelner Vorschläge gesucht.

Methodische Überlegungen

Sozial oder neoliberal?

Methodischer Ausgangspunkt des Projekts war die Überlegung, daß die Treffsicherheitsdebatte in Österreich anders als in anderen Staaten ihren Ausgangspunkt nicht von lupenrein neoliberalen Vorstellungen genommen, sondern auch klassisch versorgungsstaatliche Facetten aufgegriffen hat: Zwar finden sich einerseits traditionelle neoliberale Forderungen wie der Vorrang der „Vorsorge vor der Versorgung“, andererseits sind Formulierungen des Regierungsprogramms, etwa daß „grundsätzlich jeder Bürger und jede Bürgerin unseres Landes in Solidarsysteme eingebunden sein“ müsse, klassisch neoliberalen Programmen fremd. Auch das grundsätzliche Bekenntnis zum bestehenden Sozialsystem und die Absage an Versuche zum Kahlschlag sind in diesem Zusammenhang zu sehen. Im Ergebnis verfolgen aus meiner Sicht beide Regierungsparteien trotz mancher neoliberaler Vokabeln (zu denen letztlich auch der Begriff „Treffsicherheit" selbst gezählt werden kann) eine Politik, die auf Kontinuität setzt, was sich sowohl aus der Programmatik beider Parteien, die neben anderen Elementen auch starke soziale Elemente in sich trägt, als auch aus ihrem Wählerpotential erklärt.

Die Mischung aus Vokabeln unterschiedlicher ideologischer Provenienz führte freilich letztlich dazu, daß „Treffsicherheit" im Regierungsprogramm durch viele wohlklingende, letztlich aber vieldeutige Parameter („gerecht", „sozial" usw.) beschrieben wurde, die zwar in ihrer emotionalen Aufladung positiv besetzt sind, in einer wertepluralistischen Gesellschaft jedoch beinahe bis zur inhaltlichen Beliebigkeit gedehnt werden können.

Was ist gerecht?

Vor diesem Hintergrund war in methodischer Hinsicht vor allem der Umstand problematisch, daß die Frage der Treffsicherheit – dies kommt auch in den im Regierungsübereinkommen verwendeten Wendungen „sozial", „zielgenau", „gerecht" usw. zum Ausdruck – letztlich eine Wertungsfrage ist, die sich abschließender Intersubjektivierbarkeit entzieht: Letztendlich bleibt es eine Frage der persönlichen Einstellung, ob eine konkretes Element bzw. eine konkrete Ausgestaltung der Sozialrechtsordnung als gerecht, zielgenau oder treffsicher empfunden wird. Diese Bewertung wird in vielen Fällen nur bedingt objektiviert werden können und von der jeweiligen persönlichen Situation und Erfahrungslage des Betrachters abhängen.

Angesichts dessen wäre es vom Ansatz her verfehlt, wenn man glaubte, man könne diese Bewertungsproblematik – und damit das Problem einer Erhöhung der Treffsicherheit des Sozialsystems – objektiv und allgemein überzeugend lösen. Dennoch erscheint es sinnvoll, nicht nur die Frage nach der immanenten Gerechtigkeit des Sozialsystems zu stellen, sondern auch zu versuchen, Antworten zu entwickeln – wenn man sich der partiellen Subjektivität bzw. Relativität der Antworten a priori bewußt ist.

Sobald in einer Sozialrechtsordnung wie der österreichischen viele Ziele verfolgt werden – Armutsbekämpfung, Beschäftigungsförderung, Familienförderung, Frauenförderung usw. – ist es ein zwangsläufiger Effekt, daß keines dieser Ziele hundertprozentig erreicht werden kann, weil dann aller Wahrscheinlichkeit nach zumindest eines der anderen Ziele zu kurz kommen würde. So gesehen kann die Gerechtigkeit des Gesamtsystems sich immer nur als relatives Optimum zeigen: in bezug auf keines der Subziele voll befriedigend, in bezug auf die Gesamtziele jedoch so befriedigend wie möglich.

Daß mit einem solchen Ergebnis niemand, der interessenpolitisch auf die Maximierung eines der Ziele festgelegt ist, zufrieden sein kann, liegt auf der Hand; daß es Aufgabe der Politik ist, eine Optimierung im Hinblick auf alle Ziele zu erreichen, ebenfalls.

Arbeitsweise

Was die Arbeitsweise betrifft, wurde der Versuch unternommen, nicht a priori einen abschließenden Konsens über die Frage der Treffsicherheit anzustreben, sondern sich diesem Thema in zwei Schritten anzunähern.

Zunächst sollte versucht werden, Elemente des Sozialsystems aufzuspüren, bei denen ein relativ weitgehender Konsens über die mangelnde Treffsicherheit besteht. Zu diesem Zweck wurden in einem ersten Abschnitt des Vorgangs „Hebung der Treffsicherheit des Sozialsystems" repräsentative Experten gebeten, zunächst in durchaus subjektiver Sicht der Dinge Aspekte des Sozialsystems benennen, die sie als mangelhaft empfinden, und dies zu begründen. Zu diesem Zweck wurden ca. 50 Persönlichkeiten aus allen Bereichen der Sozialpolitik, der Sozialpartner, aus Non Governmental Organisations (NGOs) usw. eingeladen, ihre Meinungen zu präsentieren; 21 Experten aus diesem Kreis haben sich nicht nur an den Diskussionen im Rahmen zweier Enqueten beteiligt, sondern auch ein Papier mit Vorschlägen ausgearbeitet.

Nach einer Sichtung der Expertenmeinungen wurde entsprechend dem Gewicht der vorgetragenen Argumente sowie dem relativen Konsens unter den Experten von den politischen Entscheidungsträgern (Minister) eine Prioritätenliste jener Themen erstellt, in denen die Treffsicherheit des Sozialsystems vorrangig zu klären ist. Zur Ausarbeitung dieser Themenbereiche wurden kleine themenspezifische Expertengruppen eingesetzt, die Voraussetzungen und Konsequenzen einzelner Vorschläge darstellen sollten, damit die politischen Entscheidungsträger Grundlagen für die Entscheidung über konkrete Maßnahmen hätten. Sind diese Themen einmal aufgearbeitet, ist die Treffsicherheit des Sozialsystems im Rahmen der bestehenden organisatorischen Kapazitäten so weit erhöht, wie es im Moment möglich ist. Nach Aufarbeitung dieser Themen könnten unter Wiederholung des beschriebenen Vorgangs erneut Themen eruiert werden, deren Bearbeitung zu einer weiteren relativen Verbesserung der Treffsicherheit des Sozialsystems führen kann.

Zwei „wendepolitische" Aspekte

Diskussionsfreudigkeit

Sucht man im bisherigen Vorgang „Hebung der Treffsicherheit des Sozialsystems" nach Aspekten, die für die Arbeit der Koalition typisch sind, ist aus meiner Sicht zunächst die ungeheure Diskussionsfreudigkeit zu nennen:

Im derzeitigen Stadium liegen zwar noch keine abschließenden Ergebnisse des Vorgangs „Hebung der Treffsicherheit des Sozialsystems" vor, doch läßt sich bereits festhalten, daß es um manche Themen, die in den vergangenen Jahren Anlaß zu „Sagern" waren, still geworden ist; andere befinden sich noch in Ausarbeitung; wieder andere Themen haben sich medial gleichsam verselbständigt, obwohl sie ursprünglich nicht im Zentrum der Expertenüberlegungen standen – kurz, es ist unverkennbar, daß intensive Debatten geführt werden, unausgegorene Vorschläge in die Öffentlichkeit kommen usw.

Manche führen dies auf mangelnde Koordination der Regierung zurück, andere auf ausgeklügelte politische Taktik; ich bin demgegenüber der Auffassung, daß wir es hier nach einer Phase der Schlammschlachten einerseits und der (wechselseitigen) Diskussionsverweigerung andererseits mit einem Dammbruch an Diskussionsfreude zu tun haben: Die Repolitisierung der Bürger spiegelt sich in einer Repolitisierung der Politiker aller Parteien wider – und wir alle müssen nach einer Politik, die den Bürger am liebsten mit fix und fertig geschnürten („designierten") Paketen konfrontierte, lernen, mit politischen Diskussionen „im Rohzustand" umzugehen. Ich halte es nicht für per se frevelhaft, Vorschläge aufs Tapet zu bringen, die nach kurzer Erörterung wieder von der Bildfläche verschwinden: Ich halte es sogar für besser, als wenn die Bevölkerung den Weg zum politischen Kompromiß entweder nur als Streit bis an den Rand der Regierungskrise oder überhaupt nicht erlebt. Diskussionen sind ein Zeichen demokratischer Kultur, auch wenn sie sich punktuell nicht durch Sachkenntnis auszeichnen: Solange der Wille zur Erarbeitung sachlicher Lösungen besteht und transparent wird, dürfte die Bevölkerung – auch im Kontrast zur Regierungsarbeit der letzten Jahre – unausgegorene Diskussionen eher verzeihen als den Eindruck der Diskussionsverweigerung.

Zur Rolle der Experten

Die zweite Facette, auf die ich hinweisen möchte, ist die Rolle der Experten.

Sowohl in jener Arbeitsgruppe, die mit der Ausarbeitung der Pensionsreform befaßt war, als auch im Vorgang „Hebung der Treffsicherheit des Sozialsystems" wurde bewußt die Rolle der Experten von jener der Politiker strikt getrennt. Im Unterschied zu langjähriger Usance wurde dabei auch in Fragen, die traditionell den Experten – insbesondere aus dem Bereich der Sozialpartner – gleichsam zur Entscheidung zugewiesen wurden, eine strikte Trennung der Rollen angestrebt.

Die Experten wurden persönlich zur Mitarbeit bei der Aufbereitung des Themas „Treffsicherheit" eingeladen; sie agieren nicht verbindlich für die entsendende Institution, sondern wurden gebeten, ihr – dem jeweiligen institutionellen Kontext zwangsläufig verbundenes – Fachwissen einzubringen.

Dies bewirkt, daß die Experten derzeit weder a priori durch politische Vorgaben eingeengt noch durch den Zwang, auf Expertenebene konsensuale Lösungen auszuarbeiten, blockiert sind. Als Aufgabe der Experten wird vielmehr gesehen, eine Mehrzahl von Vorschlägen einzubringen, deren Voraussetzungen und Konsequenzen darzustellen und so Einzelthemen für die politische Entscheidung aufzubereiten.

Damit werden auf der einen Seite die unterschiedlichen Expertenmeinungen transparent und auf der anderen Seite die Verantwortungen der Politiker, die auf der Grundlage der Informationen der Experten Entscheidungen treffen, klarer konturiert.

Wir alle müssen freilich lernen, die Relativität von Politiker- und Expertenaussagen in einem solchen Zusammenspiel zu unterstreichen. Anders als bei manchen früheren sozialpolitischen Themen werden derzeit von Experten keine Maßnahmenpakete „verhandelt", sondern Entscheidungen der Politik vorbereitet. Dies erfordert ein neues Bewußtsein in der Kommunikation: Wer eine Expertenmeinung oder einen Vorschlag als beschlossene Maßnahme verkauft, trägt nur zur Verunsicherung der Bevölkerung bei; wer hingegen Auseinandersetzungen auch über unfertige Ideen führt, kann der Politik eine teilweise verschüttete Dimension wiedergeben.

Gesundheitspolitik – ihre Zwänge und Chancen[1]
Plädoyer für eine neue Sachlichkeit

Karlheinz Kux

Die Zwänge

Der weltweite Fortschritt der Medizin

Ein Blick in die gegenwärtige, nahe und fernere medizin-technologische Zukunft anhand einiger weniger Beispiele zeigt folgende Entwicklungen:

Medizinisch weit verbreiteter Alltag sind bereits die Computertomographie, die Magnetresonanz- oder Kernspintomographie, die Nuklearmedizin etc. Die enorme Rechenleistung moderner Computer ermöglicht es z. B., Krebszellen exakt zu bestrahlen und dabei gesundes Gewebe zu schonen. In Zukunft wird zu gewissen diagnostischen Zwecken nicht mehr der Patient einen Spezialisten oder ein spezialisiertes Krankenhaus aufsuchen, sondern vorweg sein Datensatz.

Die Telemedizin steht kurz vor ihrer generellen Verbreitung. Röntgenbilder oder pathologische Befunde werden bereits bei Videokonferenzen zwischen verschiedenen Krankenhäusern und Spezialisten ausgetauscht. Bald können komplizierte Operationen in einem beliebigen Krankenhaus durchgeführt und gleichzeitig zu anderen Spezialisten übertragen werden, die ihre Erfahrungen in die Operation einbringen. In wenigen Jahren wird es so weit sein, daß Fernoperationen stattfinden, die mittels Fernsteuerung an Robotern durchgeführt werden können.

Am Institut für Mikrotechnik der Technischen Universität in Lausanne wurde z. B. ein Roboter entwickelt, der Gehirnoperationen durchführt. 1993 hatte er seine Premiere. Der Patient liegt in einem Scanner, der Arzt verfolgt die Operation via Bildschirm und gibt den Verlauf über Knopfdruck an den Roboter weiter. Über ein Dutzend derartiger Operationen gab es bereits. Für Routineoperationen, wie nach einem Bandscheibenvorfall oder Knochenbruch, für Hüftgelenksoperationen etc., werden Roboter bereits eingesetzt. Operationen in weichen Körperteilen hingegen werden voraussichtlich bis auf weiteres durch Menschenhand erfolgen bzw. in einer Arbeitsteilung mit Robotern (z. B. bei Herzoperationen).

In der Anästhesie ist das Risiko eines Narkosezwischenfalles von 1:1.000 in wenigen Jahren auf 1:300.000 gesunken.

Auch das Handy der Zukunft wird zum Leibarzt, zum persönlichen „Robodoc" am Handgelenk. Es werden automatisch Körpertemperatur, Puls, Blutdruck, Herzfrequenz und Blutzucker in Verbindung mit einem Blutanalysegerät gemessen und an den nächsten Arzt oder die nächste Rot-Kreuz-Station weitergeleitet werden. Patienten oder Menschen im gefährdeten Alter können somit ständig medizinisch überwacht werden.

Die medizinisch-biologische Forschung zur Züchtung von Organen und Geweben aus menschlichen Stammzellen läuft bereits weltweit auf Hochtouren. Mit genetischen Methoden werden Stammzellen so manipuliert, daß die daraus entstehenden Organe in den Körper implantiert werden können, ohne vom Immunsystem abgestoßen zu werden. So wie heute Blutbanken lebensrettende Vorräte bereithalten, können in Zukunft Organbanken Lebern, Lungen, Nieren und Herzen vorrätig halten. Es wird zwar noch einige Jahre bis dahin dauern, aber die Entwicklung ist nicht aufzuhalten.

Erst vor wenigen Wochen haben Wissenschafter aus den USA und England als Ergebnis jahrzehntelanger Forschungsarbeit mitgeteilt, daß nunmehr 97 % des menschlichen Genoms in Grundzügen bekannt seien und somit die analytische Erforschung des Erbgutes unmittelbar vor ihrer Vollendung stünde. Das ist ohne Zweifel eine weitere bahnbrechende medizinwissenschaftliche Leistung; doch läßt der Aufbau eines Gens noch nicht auf seine Funktion schließen. Diese zu erkennen, wird der nächste Schritt sein, der zur Heilung von Erbkrankheiten, die auf Gendefekten beruhen, führen kann.

Die Möglichkeiten der Gentherapie finden bereits jetzt, u. a. in der Dermatologie und auch bereits in der Kardiologie, Anwendung.

Die wohl sensationellste Innovation wurde vor kurzem auf dem größten Kardiologen-Kongreß in Dallas vorgestellt: Bestimmte gentechnisch hergestellte Stoffe werden direkt in das kranke Herz eingebracht und reichern das unterversorgte Herz mit neuen Blutgefäßen und Adern an. Diese Methode wird in den USA und Deutschland in erfolgreichen Experimenten bereits ergänzend bzw. als Ersatz für Bypass-Operationen praktiziert.

Telemedizin, Genforschung und Gentechnologie, Molekularbiologie, Miniaturtechnik, die Pharmakologie und die Medizintechnik werden enorme Fortschritte in der Medizin bewirken und die diagnostischen und die therapeutischen Möglichkeiten weiterhin dramatisch erweitern.

Die demographische Entwicklung

Die wirklich teure Medizin kommt also erst auf uns zu, und zwar für immer größere Patientenkreise, wenn wir allein nur an die Entwicklung der Lebenserwartung denken. Den Prognosen zufolge verdoppelt sich der Anteil der über 65-Jährigen an der Gesamtbevölkerung in den kommenden Jahrzehnten (bis 2050) von derzeit 15 % auf über 30 %, der Anteil der über 60-Jährigen von derzeit 20 % auf 38 %. Das sind dann 2,9 Mio. Österreicher über 60. Der Anteil der 20- bis 64-Jährigen wird hingegen von derzeit 62 % auf 53 % sinken. Die Lebenserwartung der Männer wird sich in diesem Zeitraum von derzeit 74,3 Jahren auf 82 Jahre, jene der Frauen von 80,6 auf 87 Jahre erhöhen.

Die Zunahme der Hochaltrigkeit führt dazu, daß sich die Zahl der 60- bis 74-Jährigen von derzeit 1,05 Mio. auf 1,82 Mio. im Jahr 2030 erhöht. Die Altersgruppe der 75- bis 85-Jährigen umfaßt derzeit in Österreich 400.000 Personen und wird bis 2030 auf rund eine Million Menschen ansteigen. Viele von ihnen werden multimorbid und pflegebedürftig sein und daher in stark vermehrtem Ausmaß ambulante, stationäre und pflegerische Leistungen benötigen. Man kann nicht sagen, daß unser Gesundheitswesen auf diese Entwicklung vorbereitet sei.

Die weltweite Kommunikation

Während die Wirtschaft erst seit wenigen Jahren global agiert, haben wir die Globalisierung der Medizin schon lange. Sie wird obendrein durch die neuen Kommunikationstechnologien enorm stimuliert und dynamisiert. Medizinische Forschung findet also weltweit statt. Und nicht nur die Mediziner kommunizieren fachlich untereinander; die medizinische Populärinformation hat sich ebenfalls weltweit vervielfacht. Nur ein kleines Beispiel aus dem deutschsprachigen Raum: Vor zehn Jahren waren in den Medien die Themenbereiche Gesundheit und Medizin nebensächlich. Die „Austria Presse Agentur" brachte täglich rund zehn einschlägige Meldungen. Heute sind wir mit einer Meldungsflut der nationalen und internationalen Presseagenturen konfrontiert. Mit dem Thema Gesundheit im weiteren Sinn beschäftigen sich rund 100 bis 150 deutschsprachige Meldungen täglich!

- Das Fazit: Alle Ärzte wissen alles über die moderne Medizin – oder können es wissen – und wollen sie auch anwenden. Die Bevölkerung weiß ebenso alles und will diese moderne Medizin selbstverständlich in Anspruch nehmen.
- Das politische Resümée: Das Angebot an Medizin-Leistungen in einem modernen, also auch in unserem Staat ist – auch wegen der Konsumerwartung der Bevölkerung – politisch nicht steuer- und nicht beeinflußbar.

Die Medizin als Großbetrieb

Die Gesundheitsausgaben in unserem Land betrugen im Jahre 1998 rund 216 Milliarden Schilling. Der Anteil der privaten Ausgaben betrug mit rund 65 Milliarden bereits 30 %, der Anteil der öffentlichen Ausgaben somit nur mehr 70 %. Die Tendenz dieses Ausgabensektors ist ständig leicht fallend, während die privaten Gesundheitsausgaben in den letzten zehn Jahren stetig angestiegen sind. Die öffentlichen Gesundheitsausgaben betragen 151 Milliarden Schilling. Der Anteil des Gesundheitswesens am Bruttonationalprodukt beträgt 8,3 %, wovon 2,3 % allerdings Privatausgaben sind, so daß die öffentlichen Budgets, bestehend aus Sozialversicherungsbeiträgen oder Steuern, nur 6 % vom Bruttonationalprodukt ausmachen. Hier wird die öffentliche Unterfinanzierung unseres Gesundheitswesens evident.

Die Patientenanzahl in den Spitälern ist innerhalb von zehn Jahren von 1.733.176 im Jahre 1988 auf 2.141.660 im Jahre 1998 mit rund 22 Millionen Pflegetagen angestiegen; das entspricht einer Zunahme von 23,5 %! 1988 wurden in den Fonds-Spitälern 3,4 Millionen ambulante Fälle behandelt, 1998 waren es bereits über 5 Millionen Fälle; das ist ein Anstieg um rund 43 %! Bei zu wenigen rückläufigen Belegstagen sind die Kosten der Fonds-Spitäler von 1988 (47,7 Mrd.) auf 1998 (101,2 Mrd.) zu sehr gestiegen. Die Ausgaben der sozialen Krankenversicherung für die Spitäler haben sich – trotz strikter Deckelung in den letzten vier Jahren – von 1994 (21 Mrd.) bis 1998 (40 Mrd.) fast verdoppelt! Wir haben also einen überdimensionierten Spitalssektor aufgebaut, das Gegenteil aber ist im ambulanten Versorgungsbereich geschehen.

Die Ärztedichte in Österreich beträgt drei Ärzte auf 1.000 Einwohner im Jahr 1999 oder umgerechnet 332 Einwohner pro Arzt. Diese Zahl betrug 1952, als Österreich nur 6.927.000 Einwohner hatte, 959 Einwohner pro Arzt. Insgesamt sind 250.000 Personen im Gesundheitswesen, davon 130.000 Menschen allein in den Spitälern beschäftigt; das sind z. B. viermal mehr als bei den Österreichischen Bundesbahnen. Im Schnitt gibt jeder Österreicher 26.000 Schilling im Jahr für Gesundheitsleistungen aus.

Im Vergleich dazu einige andere Konsumausgaben: 28.000 Schilling sind die Jahresausgaben für Nahrungsmittel, Getränke und Tabak, 31.000 Schilling für Wohnen, 12.000 Schilling für Bekleidung und 14.000 Schilling für Auslandsaufenthalte. In der Summe sind das für diese Lebensbedürfnisse also insgesamt 85.000 Schilling. Im Vergleich dazu sind 26.000 Schilling an jährlichen Gesundheitsausgaben für das – angeblich – höchste Gut der Österreicher nicht übermäßig viel.

Diese eindrucksvollen Zahlen repräsentieren ein hochentwickeltes – ein Teilbereichen auch hypertrophes – Gesundheitswesen, das wir in fünf Jahrzehnten geschaffen haben und auf das wir durchaus stolz sein können. Wir stehen aber vor folgenden, von der Politik nicht beeinflußbaren Gegebenheiten: der demographischen, der medizinischen und der medizin-technischen sowie der pharmakologischen Entwicklung; vor der zunehmenden Arbeitsteilung stark anwachsender Gesundheitsberufe und den steigenden Erwartungen der Patienten – und all das bei zunehmender medialer Berichterstattung. Diese enorm dynamischen globalen Trends lassen die Wirtschaftswissenschafter und Wirtschaftspolitiker jubeln, weil sie unaufhaltsame Wachstumskräfte für einen Wirtschaftszweig darstellen – würde dieser nicht zu 70 % von öffentlichen Mitteln finanziert und würden die budgetären Spielräume nicht zunehmend enger.

Die Dynamik der Medizin eilt den Wachstumsmöglichkeiten der öffentlichen Haushalte davon; das ist das Finanzierungsproblem unseres öffentlichen Gesundheitswesens schon jetzt und für die Zukunft schlechthin.

Die Verrechtlichung der Medizin

Das Ärztegesetz lautet (§ 22 Abs 2): „Der Arzt ist verpflichtet, jeden von ihm in ärztliche Beratung oder Behandlung genommenen Gesunden und Kranken ohne Unterschied der Person gewissenhaft zu betreuen. Er hat hierbei nach Maßgabe der ärztlichen Wissenschaft und Erfahrung sowie unter Einhaltung der bestehenden Vorschriften das Wohl der Kranken und den Schutz der Gesunden zu wahren."

Diese Bestimmung, die zivilrechtlichen Haftungsregeln aus dem Behandlungsvertrag und die strafrechtlichen Haftungstatbestände fragen nicht nach den Kosten einer medizinischen Behandlung: Sie verlangen – ohne diesbezügliche Rücksichtnahme – vom Arzt die Kenntnis des aktuellen Standes der medizinischen Wissenschaft und damit seine permanente Fortbildung, die fachgerechte Behandlung bzw. die entsprechende Zuweisung an oft sehr teure Spezialuntersuchungen und Therapien und die Qualitätskontrolle seiner Leistungen.

Diesen rechtlichen Grundforderungen nach Anwendung der optimalen Medizin – koste sie, was sie wolle – werden in weiten ärztlichen Tätigkeitsgebieten hingegen finanzielle und rechtliche Grenzen gesetzt, die immer mehr zu Tage treten und Konflikte entstehen lassen: Es sind dies der Spitals- und der Krankenkassenbereich.

Nur ein Beispiel für den ersteren: Die Rufbereitschaft ist zweifellos kein Akt der medizinischen Qualitätssicherung. Und bei den Krankenkassen, die vom Gesetz her nur für die ausreichende und zweckmäßige, das Maß des Notwendigen nicht überschreitende Krankenbehandlung zuständig sind, tritt die finanzielle Beengtheit – und damit der Unterschied zwischen dem medizinisch Möglichen und Machbaren und dem nach dem Kassenrecht Erlaubten – immer mehr zu Tage.

Einige Beispiele: Die Behandlungsrichtlinie des Hauptverbandes, Überweisungsbeschränkungen, die Negierung der Pflichtleistung Hauskrankenpflege, die Behinderung der Gruppenpraxen, das Nachhinken des medizinischen Leistungskataloges, das sich anhand des Empfehlungstarifes der ÖÄK zeigt, etc.

Im Einzelfall wurde der Konflikt zwischen dem medizinisch Notwendigen und dem kassenrechtlich Erlaubten vor einigen Jahren durch höchstgerichtliche Entscheidungen des OGH gelöst. Auch der Kassenarzt darf außervertragliche Leistungen am Versicherten erbringen und sich honorieren lassen. Der Patient hat gegenüber seiner Krankenkasse einen Kostenerstattungsanspruch, wenn die Behandlung notwendig war.

Zum wichtigen Thema wird dies dann werden, wenn die kassenmedizinischen Leistungen und das gesamtmedizinische Leistungsangebot immer mehr auseinandergehen.

Diese Entwicklung wird vom Recht gefördert, denn es gehört seit Jahren zu den maßgeblichen Nebenverpflichtungen aus dem Behandlungsvertrag, daß der Arzt seinem Patienten eine umfangreiche Aufklärung zukommen lässt. Diese betrifft nicht nur die Diagnose, sondern vor allem natürlich auch die Therapie, und nicht nur die der Kassenmedizin. Damit wird oft der heikle Grat zwischen der Mündigkeit und der Unsicherheit des Patienten beschritten. Patientenrechte und verschuldensunabhängige Arzthaftung sind bereits zu problematischen Schlagworten geworden, weil sogar diejenigen, die sie pausenlos verwenden, ohne von der geltenden Rechtslage eine zu Ahnung haben, nicht wissen, was sie mit ihren

Schlagworten tatsächlich wollen und welchen Schaden sie damit auslösen können: ein immer gesteigerteres Anspruchsdenken an die Medizin und folglich deren Ausweichen in eine Defensivmedizin oder forensische Medizin, d. h. in die an sich nicht notwendige, somit unnötig teure, der Absicherung des Arztes dienende Diagnostik und Therapie.

Eine schwer überblickbare Judikatur und juristische Literatur hat sich als Folge unzähliger Gesetze, Verordnungen und sonstiger Rechtsvorschriften breitgemacht. Rechtsberatende Berufe haben dieses Feld als einkommens- und profilierungsträchtig erkannt. Und dort, wo es noch Regelungslücken gibt, rufen Ärzte selbst nach deren Schließung. Mit einem Wort: Das Gesundheitswesen ist überreguliert worden, und das schadet ihm, seinen Ärzten und Patienten.

Die Verpolitisierung und Institutionalisierung der Medizin

Die Verpolitisierung der Medizin ist in Österreich besonders ausgeprägt. Sie beginnt mit einem geradezu sankrosankten Föderalismus und Regionalismus: So haben wir z. B. allein in Niederösterreich 23 verschiedene öffentlich-rechtliche Krankenhausträger; 80 in ganz Österreich. Wir haben 24 Krankenversicherungsträger, eine unüberschaubare Gesetzgebung (z. B. zehn Krankenanstaltengesetze!) und eine hypertrophe Verwaltung auf Bundes-, Landes-, Gemeinde- und Sozialversicherungsebene.

Dazu kommt ihre unglückselige Verpolitisierung, ja geradezu Ideologisierung der Medizin, vor allem von seiten der österreichischen Sozialdemokratie, ihrer Gewerkschaften, Arbeiterkammern, Gebietskrankenkassen und des Hauptverbandes der österreichischen Sozialversicherungsträger. Ihre eigene Selbstverwaltung ist für sie ein sozialpolitisches Tabu, obwohl sich immer mehr die Frage aufdrängt, ob diese gewerkschaftlichen Selbstverwalter zur Führung von Milliarden-Betrieben – und das sind die Krankenkassen heute nun einmal – tatsächlich geeignet sind. Jedenfalls bestätigen die Erfahrungen gewerkschaftlicher Einflußnahme, wie wir sie aus der Verstaatlichten Industrie, der ÖBB, dem Konsum etc. kennen, die Infragestellung ihrer Kompetenz im Bereich der Krankenversicherungsträger.

Folgende Frage drängt sich auf: Wozu gibt es eine politische und personell sehr aufwendige Führungs- und Entscheidungsstruktur in den Krankenkassen, wo es dort doch keine wesentlichen politischen Entscheidungen zu treffen gilt, weil diese bei Regierung, Parlament und Landesregierung liegen? So wurden z. B. mit der Artikel-15a-Vereinbarung zur Spitalsfinanzierung die Zahlungen der Krankenkassen auf deren Wunsch an die Spitäler pauschaliert und damit ihr gesundheitspolitisches Mitspracherecht für den Spitalsbereich zumindest relativiert. Würde nicht die Ebene der – generell gutdotierten, aber derzeit nicht immer entsprechend qualifizierten – leitenden Angestellten genügen? Wäre der Selbstverwaltung nicht eine Art Aufsichtsrat – der überdies weitaus kostengünstiger wäre – vorzuziehen? Es ist nicht Wesenselement eines Pflichtversicherungssystems, eine Selbstverwaltung haben zu müssen!

Nationalheiligtum ist das Sachleistungssystem, d. h. der Krankenschein ohne Selbstbehalt und Sachleistungsgrenze für alle, unabhängig vom jeweiligen Einkommen.

Der Föderalismus und Regionalismus benutzt seine Gesundheitseinrichtungen zur partei- und personalpolitischen Profilierung und Machtausübung und negiert seit Jahren die Krankenanstaltenpläne des Bundes, nicht aber dessen Milliardenzuschüsse.

Politische Systeme verderben die Menschen, wenn sie zu deren Ausnützung verleiten, egal ob es sich um Versicherte oder Leistungserbringer im Gesundheitswesen handelt. Die Verantwortung tragen dann weniger diese Menschen als vielmehr diejenigen, die Systemerzeuger und -bewahrer sind.

Die Gebote

Die unumstößliche Medizinethik – das erste Gebot

- Aus dem hippokratischen Eid:
  „Meine Anordnungen will ich geben nach meinem Können und Wissen zum Nutzen der Leidenden."
  „In welches Haus ich auch immer kommen mag, betreten will ich es zum Nutzen der Leidenden."

- Aus der Deklaration von Helsinki (1964):
  „Die Erhaltung und Wiederherstellung der Gesundheit soll oberstes Gebot ärztlichen Handelns sein."
  „Der Arzt soll bei der Ausübung seiner ärztlichen Tätigkeit ausschließlich im Interesse des Patienten handeln."
- Aus der Deklaration von Lissabon (1981):
  „Ein Arzt soll immer auch angesichts faktischer, ethischer oder rechtlicher Schwierigkeiten seinem Gewissen folgen und nur dem Wohl des Patienten dienen."
- Aus der Genfer Deklaration (1983):
  „... jedem einzelnen die bestmögliche Hilfe zu leisten oder zu vermitteln."
  „... daß kein Mensch, weder Arzt noch Patient, kein Angehöriger und keine Institution, über Wert und Unwert menschlichen Lebens zu befinden hat."

Daraus folgt zwangsläufig das generelle ethische Gebot, die Möglichkeiten und Leistungen der modernen Medizin möglichst allen Menschen – unabhängig von ihrer Person, ihrer sozialen oder gesellschaftlichen Stellung, ihrer Herkunft und ihren finanziellen Möglichkeiten – zur Verfügung zu stellen.

Die notwendige Versachlichung – das zweite Gebot

Wir müssen davon ausgehen, daß die Gesundheitspolitik – jedenfalls in den nächsten Jahren – nationalstaatliche Angelegenheit bleiben wird. Die innerstaatliche Umsetzung des ungeheuren medizinischen Leistungsangebotes und dessen Selektion hinsichtlich seiner Geltung und Anwendung im Rahmen der Solidargemeinschaft muß als rein sachpolitische Aufgabe gesehen werden, keinesfalls als ideologische, parteipolitische, kompetenzpolitische oder die einer rein pragmatischen, egoistischen Interessensverfolgung. Selbst wenn man die Gesundheitspolitik auf reine Sachpolitik zur Ordnung des öffentlichen Gesundheitswesens reduziert, bleibt sie immer noch eine ungemein schwierige, aber in diesem Fall von manchen traditionellen oder politisch opportunistischen Belastungen befreite Aufgabe der Gemeinschaft. Da ist kein Platz mehr für ideologische Altlasten, für klassenkämpferische Verteilungsambitionen, für parteipolitische Profilierungsbedürfnisse und schon gar nicht für reine Oppositionspolitik. Auch nicht für föderalistische oder zentralistische Prestige-Standpunkte oder privilegierte Interessenvertretungen. Wer Verantwortung für die Bevölkerung übernommen hat, muß sich dieser Aufgabe ohne Voreingenommenheiten widmen und einen Konsens über die sachpolitische Vorgangsweise finden – mit dem ausschließlichen Ziel, eine möglichst hochwertige und gleichzeitig leistbare Medizin möglichst allen Landsleuten zugute kommen zu lassen.

Und noch ein Argument für die Einkehr der Sachlichkeit in unsere Gesundheitspolitik: Der Verfassungsgerichthof prüft in den letzten Jahren zunehmend Gesetze nicht nur auf ihr verfassungsgemäßes Zustandekommen, sondern auch inhaltlich, u. a. nach dem Sachlichkeitsgebot.

Die erforderliche Rationalisierung – das dritte Gebot

Dafür brauchen wir keine Gesamt- oder Totalreform unseres Gesundheitswesens, sondern nur seine – allerdings eilige – Weiterentwicklung durch die Behebung von nüchtern und sachlich aufzufindenden Schwachstellen. Auch hier ist eher die rein pragmatische Vorgangsweise als die Theorie angebracht, denn die Schwäche unserer gesundheitspolitischen Diskussionen besteht ja u. a. darin, daß zu viele Diskussionsteilnehmer zu viele, zu unterschiedliche, zu punktuelle und zu unkoordinierte Vorschläge einbringen. Für unsere gesundheitspolitischen Diskussionen gilt seit vielen Jahren das Sprichwort: „Das Bessere ist der Feind des Guten." Oder: „Weniger wäre mehr."

Die Schwachstellen und Prioritäten lassen sich anhand weniger Eckdaten finden. Ihre Beseitigung bzw. Weiterentwicklung sollte unter rein funktionellen Rationalisierungsaspekten in Angriff genommen werden; verwiesen wird dazu auf das Kapitel „Die Medizin als Großbetrieb".

Ein Vergleich der Fallwerte (das ist das durchschnittliche Kassenarzthonorar pro Patient und Abrechnungszeitraum) aus 1998 spricht Bände: Dem durchschnittlichen Fallwert eines Ambulanzpatienten von 2.212 Schilling stehen 493 Schilling bei Ärzten für Allgemeinmedizin, 642 Schilling bei Fachärzten und 599 Schilling bei technischen Fächern gegenüber. Die Notwendigkeit von Rationalisierungsmaßnahmen liegt hier auf der Hand, und solche Maßnahmen sind Aufgabe einer reinen Sachpolitik.

Betrachtet man dazu noch die durchschnittlichen Spitalskosten pro stationärem Patient, die 1998 45.000 Schilling ausgemacht haben (in Wien sogar 65.000), und bedenkt, daß nicht wenige stationäre Fälle bei entsprechender Voraussetzung auch ambulant versorgt werden könnten, so liegt die Lösung auf derselben Ebene. Sie ist um so dringender, als wir eine Einweisungsquote von 23 % der Bevölkerung – und damit einen europäischen Spitzenwert – haben. Diese Zahlen zeigen Schwachstellen und Prioritäten zugleich auf: 22 Millionen Pflegetage, 2,2 Millionen Spitalspatienten, 900.000 Operationen, über 5 Millionen Ambulanzfälle lassen doch keine Zweifel zu, wo erste und wichtigste Ansatzpunkte für strukturverändernde Maßnahmen zu setzen sind: bei der Spitalsentlastung, bei der Ausweitung der Leistungskapazitäten des ambulanten Sektors durch Gruppenpraxen, bei der Anstellung von Ärzten bei Vertragsärzten der sozialen Krankenversicherung in der Kassenmedizin, bei ambulanten Bereitschaftsdiensten und Notdiensten, bei Hauskrankenbehandlung, Präventiv- und Zuwendungsmedizin, bei der interdisziplinären Zusammenarbeit der Gesundheitsberufe etc.

Mit Hilfe eines Fünfjahresvertrages zwischen allen Hauptverantwortlichen des Gesundheitswesens – Bund, Länder, Sozialversicherungen und Ärztekammern – könnten derartige Umstrukturierungsmaßnahmen und so eine Neuordnung unseres Gesundheitswesens bewältigt werden. Einen derartigen Vertragsentwurf hat die Österreichische Ärztekammer erstellt und wird ihn im Herbst den zuständigen politischen Verantwortungsträgern vorstellen.

Ein weiteres Problem sind unsere Ärztezahlen. Rein statistisch gesehen kommt ein Arzt auf 332 Österreicher! Diese Situation hat nichts mehr mit Chancengleichheit in der Bildungspolitik zu tun. Hier wäre es ein Gebot der Sachlichkeit und überdies naheliegend, strikte Zugangsbeschränkungen zum Medizinstudium zu schaffen; einfach deshalb, um zwei Effekte, die bereits eingetreten sind, zu bekämpfen: teure, aber unnützerweise ausgebildete Ärzte sowie ein Zuviel an Medizin.

Zum Kapitel Rationalisierung gehört wohl auch die Frage, ob wir nicht vielleicht doch der eigentlichen Aufgabenstellung unseres Gesundheitswesens, nämlich der Krankenbehandlung der Menschen, zu viele Geldmittel entziehen, indem wir sie politischen und bürokratischen Ebenen und Einrichtungen zuführen – was vielleicht in diesem Ausmaß nicht erforderlich ist. Mit all den erwähnten Rationalisierungsmaßnahmen könnte man das Gesundheitswesen zwar nicht auf Dauer sanieren, aber Milliardenbeträge einsparen und effizienter verwenden.

Die alternative Systemfrage – das vierte Gebot

Die Beantwortung dieser Frage liegt nicht darin, unser System der Pflichtversicherung a priori durch die Versicherungspflicht (analog dem KFZ-Versicherungssystem) ersetzen zu wollen. Aber die selbstkritische Frage nach den Schwachstellen unseres System und den Möglichkeiten ihrer Beseitigung ist – jenseits von partei- oder interessenpolitischen Standpunkten und Voreingenommenheiten – geboten und dringend. Einige Beispiele dieser Schwachstellen wurden aufgezeigt (übertriebener Regionalismus und Föderalismus; unüberschaubare Finanzierungswege; Trennung statt Integration des Spitals- und ambulanten Sektors, wofür die soziale Krankenversicherung als Financier beider Bereiche prädestiniert gewesen wäre, aber das Gegenteil geschehen ist; hypertrophes soziales Krankenversicherungssystem samt politischen und bürokratischen Folgekosten mit unübersehbaren Leistungs- und Honorierungsmängeln; Verrechtlichung der Medizin etc.). Sie abzubauen bedeutet keine Infragestellung unseres Krankenversicherungssystems, sondern brächte lediglich bessere Ordnung und Organisation unseres Gesundheitswesens mit sich.

Das Versäumnis, sich diese Frage zu stellen bzw. sie zu beantworten, wird zur tatsächlichen Krise des Pflichtversicherungssystems führen. Zielsetzung eines jeden Versorgungssystems darf nicht seine Unantastbarkeit, sondern muß seine Kunden-, d. h. Patientennähe sein. In unserem Fall hieße das: organisierte und strukturierte medizinische Leistungserbringung durch mehr Fachärzte vor Ort, z. B. in Gruppenpraxen; besserer Nacht- und Wochenenddienst; mehr Zeit für den Patienten und die Medizin; mehr Betreuung und Service, z. B. im Pflegefall etc.

Das alles mag à la longue mit mehr direkten Kosten für den Patienten verbunden sein, doch der Weg führt vom mündigen Patienten zum mündigen Versicherten, der im Gesundheitswesen eigene Entscheidungen treffen kann.

Die ultimative Prioritätenfrage – das letzte Gebot

Wenn wir uns eines Tages die Frage stellen müssen, welche Art von Medizin in welchem Ausmaß von der Solidargemeinschaft der Beitrags- und Steuerzahler finanziert werden kann, ist dies weniger eine Infragestellungrage unseres Systems als eine Fragestellung, die ihm Rahmen unseres Systems beantwortet werden muß. Und sie ist weniger eine politische als eine funktionelle Fragestellung. Überdies fragt es sich, ob man dieses Thema unbedingt mit dem politisch aufgeladenen Schlagwort der „Rationierung“ belasten muß, wie wir das so gerne tun, um uns das politische Leben noch schwerer zu machen. Besser und treffender wäre es, den Begriff „Prioritätensetzung“ zu verwenden.

Tatsache ist, daß in etlichen europäischen Ländern – in manchen öffentlich, in manchen insgeheim und eher versteckt und verschreckt – die Diskussion stattfindet, wie viel und welche Medizin Gegenstand des öffentlichen Gesundheitswesens ist bzw. sein kann. In Österreich führen wir diese Diskussion praktisch gar nicht. Sie ist auch wahrscheinlich noch nicht notwendig, wenngleich es alarmierende Hinweise in unserem Gesundheitswesen gibt – und das nicht erst seit kurzem:

Wir sollten nicht die Augen verschließen vor recht langen Wartezeiten gewisser Patienten für Herz- oder Hüftoperationen; vor chefärztlichen Genehmigungen und Selektionen bei bestimmten Behandlungsmethoden; vor Honorarbegrenzungsregelungen in unseren Kassenverträgen – die natürlich Auswirkungen auf die Behandlung haben können –; vor dem oft jahrelangen Fehlen moderner medizinischer Methoden in unseren Kassenverträgen, obwohl diese auch von Kassenärzten beherrscht, angeboten und natürlich auch von bestimmten Patienten in Anspruch genommen werden. Ebenso gibt es Medikamente, die nicht auf Kosten der sozialen Krankenversicherung verschrieben werden können und deshalb nicht allen Patienten zugänglich sind, aber dennoch ihre Wirksamkeit haben.

Wir müssen darauf achten, daß die notwendigen Rationalisierungen – also das Sparen am Unnützen – nicht in unerwünschte Rationierungen – nämlich das Kürzen des medizinisch Sinnvollen – umschlagen. Wir können nicht einfach die Ärzte in die Doppelrolle als Heiler und Sparkommissare des öffentlichen Gesundheitswesens drängen.

Es darf nicht so weit kommen, daß Ärzte vor oder gar während der Behandlung eines Patienten nicht an dessen Gesundheit, sondern an strikt vorgegebene Budgets bzw. ihre Kassenhonorare denken müssen. Unser Gesundheitswesen kann und soll weiterhin die soziale Gegenwelt zum Berufsleben bleiben, wie dies der Medizinethiker Dieter Birnbach bezeichnet; eine Gegenwelt, in der man, im Krankenhaus oder in der Arztpraxis, der Utopie der klassenlosen Gesellschaft am nächsten gekommen ist.

Überall, fast in allen Lebensbereichen, akzeptiert man soziale Unterschiede. Im Gesundheitswesen nicht. Egal, wie viel jemand in die Krankenkasse einzahlt, heraus bekommt jeder das gleiche. Dieser Grundsatz soll zwar weiterhin aufrecht bleiben, wird aber nicht bedeuten können, daß jeder oder alle alles bekommen können, was die Medizin zwar zu leisten, die Solidargemeinschaft aber nicht mehr zu finanzieren vermag.

Es wird also nicht um Rationierung im Sinne von individuell differenzierter medizinischer Behandlung aus wirtschaftlichen Gründen gehen dürfen, aber auf jeden Fall wird es in Zukunft auf generelle Schwerpunkt- oder Prioritätensetzungen im sozialmedizinischen Bereich ankommen. Diese können auch erreicht werden, indem man bestimmte Methoden zur Prioritätenfindung anwendet, wie z. B. die QUALY-Methode (Quality Adjusted Life Years Saved), die danach fragt, wie viel es kostet, mit einer bestimmen Therapie ein qualitätsvolles, also menschlich würdevolles Lebensjahr zu gewährleisten. Eine teure Behandlung, die viele Lebensjahre rettet, ergibt demnach einen hohen QUALY; eine Therapie, die den Fortschritt einer Krankheit nur leicht verzögert, das Leben also nur kurze Zeit verlängert, ergibt einen niedrigeren QUALY und müßte deshalb nicht unbedingt von der Solidargemeinschaft finanziert werden. Diese Methode ist zwar eine wissenschaftliche, es ist aber nicht immer leicht zu bestimmen, wie ein qualitätsvolles Lebensjahr tatsächlich aussieht.

Eine unproblematischere Methode – jedenfalls für die Patienten, nicht unbedingt immer für Ärzte – ist die Methode der „evidenzbasierten Medizin“. Ihr zufolge sollen nur solche Medikamente, Diagnosen oder Operationen zugelassen sein, deren ausreichende Wirksamkeit in zuverlässigen Studien nachgewiesen wurde. Auf dieser Basis sollen medizinische Standards entwickelt werden, an die sich die Ärzte jedenfalls in der Sozialmedizin zu halten haben. Eine unbeschränkte Therapiefreiheit für Ärzte würde es dann allerdings nicht mehr geben.

Wir werden auch eine Diskussion darüber führen müssen, ob öffentliche Ausgaben im Ausmaß von 6 % Anteil am Bruttonationalprodukt tatsächlich die sozial- wie wirtschaftspolitisch verträgliche Obergrenze sind. Ebenso wird man den derzeit geltenden Krankenversicherungsbeitrag der Pensionisten in Frage stellen müssen.

Wenn wir uns also eines Tages fragen, wie viel von welcher Medizin sich Solidargemeinschaft leisten kann, so scheint auch hier Sachlichkeit das oberste Gebot zu sein. Denn es wird wohl die Aufgabe der Solidargemeinschaft bleiben, die existenzielle, die lebensrettende, die teure, kurz, die sogenannte Spitzenmedizin und die diagnostische Medizin auf allen Ebenen für alle Bevölkerungskreise im gleichen Maße zugänglich zu halten. Die funktionelle Zuordnung (mit Ausnahme der Diagnostik) ist die stationäre Medizin, und findet man diesen – natürlich fließenden – Abgrenzungsmodus, so wird vielleicht die Finanzierung einer anderen, billigeren und für breitere Bevölkerungskreise leistbareren Medizin politisch nicht mehr so schwierig sein.

Abschließend noch ein Gesichtspunkt: In einer Zeit, die durch Flexibilität, Internationalisierung, Globalisierung und Zentralisierung, also durch enorme Dynamik und Veränderung in der Wirtschaft, in der Arbeitswelt, in den gesellschaftlichen Verhältnissen und in der Politik gekennzeichnet ist; wo also große anonyme, nicht mehr durchschau- und berechenbare Kräfte wirken, die von der nationalen Politik nicht mehr beeinflußbar sind und viel Unsicherheit im Menschen auslösen; in einer Zeit, die von so wenig Rücksichtnahme auf den Einzelnen und den Anderen gekennzeichnet ist, in einer solchen Zeit sollten doch einige Bereiche des menschlichen und gesellschaftlichen Lebens Sicherheit bieten. Unsere Medizin, die zwar die Dynamik der Globalisierung mitzumachen hat, sollte in einem Gesundheitswesen verankert sein, das von einem nationalen politischen Konsens getragen wird. Nur so kann sie unserer Bevölkerung die Gewißheit und Beruhigung geben, daß alle Verantwortlichen im Gesundheitswesen nicht das Eigen-, sondern das Gesamtinteresse in den Vordergrund stellen – und somit ein Bereich der Sicherheit für unsere Landsleute sein.

Abschied vom Verbändestaat

Harald Steindl

Ein letztes Halleluja

Am 7. Juli 2000, abends kurz vor halb acht, lag Wehmut über dem Plenum des Nationalrats. Abgeordnete aller Parteien nahmen mit berührenden Gesten und Lobeshymnen Abschied vom Vorsitzenden der Präsidentenkonferenz der Landwirtschaftskammern Rudolf Schwarzböck. Der auch international geschätzte Bauernvertreter nutzte die feierliche Stimmung, um nachdrücklich an den Grundkonsens der österreichischen Agrarpolitik zu erinnern, die Landwirtschaft durch einen gesamtgesellschaftlichen Ansatz multifunktional abzusichern, d. h. nicht nur ökonomisch auf die Agrarproduktion zu reduzieren. Er hege als „leidenschaftlicher Sozialpartner" die Überzeugung, daß die Interessenvertreter dem Parlament angehören sollten. Diese Verankerung fördere die Suche nach tragfähigen Kompromissen. Denn als Abgeordneter habe man einen direkteren Zugang zu den Problemen anderer Berufsgruppen und „gewinne so einen besseren Blick auf das Wohl des Ganzen".

Der Rückzug des erfolgreichen Funktionärs wurde von den Medien in enger Verbindung mit den zeitgleichen Veränderungen an der Spitze der Wirtschaftskammer Österreich gesehen. Am 27. Juni 2000 endete – unter grandiosen Würdigungen – nicht nur die zehnjährige Präsidentschaft Leopold Maderthaners, auch Generalsekretär Günter Stummvoll legte seine Funktion in der Kammerorganisation zurück und wechselte in eine parlamentarische Spitzenposition. Beinahe schlagartig hatte sich damit das politische Bild der Sozialpartner in der Öffentlichkeit verändert. Sind ihnen nach dem Scheitern der SPÖ bei der Regierungsbildung die Hebel der Macht entglitten?

Die Kernmannschaft der neuen Koalition (W. Schüssel, A. Kohl, M. Bartenstein, S. Riess-Passer, T. Prinzhorn und P. Westenthaler) wurde im Chor mit vielen Journalisten nicht müde, mit erkennbarer Genugtuung auf diesen symbolträchtigen Abgang hinzuweisen. Die Sozialpartnerschaft alter Prägung stehe vor einer Zäsur, sie müsse sich neuen Aufgaben und Herausforderungen stellen. Es sei hoch an der Zeit, daß sich auch die SPÖ aus der Geiselhaft ihrer Gewerkschafter befreie. Aus Kreisen der Industrie und dem Wirtschaftsflügel der FPÖ wurde sehr rasch eine vom Kärntner Grenzgänger approbierte Formel kolportiert:

„Österreich neu regieren, heißt, ohne Sozialpartner zu agieren."

Denn diese, so der kritische Kommentar, „hätten in den letzten Jahren auch nicht mehr viel zusammengebracht." Parlament und Regierung müßten sich endgültig aus der lähmenden Bevormundung emanzipieren: *Speed kills!*, lautete die revolutionäre Botschaft, die ÖGB und AK – jäh ihrer Bastionen und informellen Netzwerke in den Ministerien, Höchstgerichten, Universitäten, Staatsbetrieben, in der Nationalbank, im ORF, in den Kulturinstitutionen, den Fonds und Förderungseinrichtungen beraubt – fürchten sollten.

Eric Frey, der Leiter des Wirtschaftsressorts des „Standard", hielt am 11. Juli 2000 seine Leichenrede: Der „Tod des Austro-Korporatismus" sei die „große wirtschaftspolitische Chance". Der „Entzug des Vetorechts der Sozialpartner" stelle den entscheidenden Einschnitt dar, „der den Stilwechsel der schwarz-blauen Regierung so bedeutsam" mache. Die Ergebnisse einer solchen „Dampfwalzenpolitik" mögen schmerzhaft und mitunter unausgewogen sein, das Ende des Konsenszwanges eröffne erstmals einen Weg, „rationale Wirtschaftspolitik auch dann durchzusetzen, wenn dabei wohlerworbene Rechte betroffen sind". Die aktuelle Plakatkampagne der FPÖ liefert dazu die Kampfansage: „Wir lassen uns nicht bremsen!"

Vom Mythos zum Logos?

Die Sozialpartnerschaft zählt – wie die Schicksalsgemeinschaft der Lagerstraße, die Rettung der Industrie vor Demontage durch Nationalisierung, die Neutralität und die Flüchtlingshilfe beim Ungarnaufstand – zu den identitätsstiftenden Gründungsmythen der

Zweiten Republik. In ihrer Blütezeit in den siebziger und achtziger Jahren stand sie als „Nebenregierung“ und Instrument der Krisenbewältigung (Ölpreisschock 1973, Niedergang der Verstaatlichten Industrie) und Inflationsbekämpfung in hohem Ansehen. Politologen aus aller Welt studierten Österreichs *Mixed Economy* als Musterbeispiel des Neokorporatismus. Dem Traum von einer Insel der Seligen folgte mit der Budgetkrise 1995 und dem ersten Sparpaket Vranitzkys ein mühsames Erwachen. ÖGB und AK konnten gravierende Einschnitte in Sozialleistungen und eine substantielle Pensionsreform 1997 noch verhindern; mit ihrer harten Linie untergruben sie das dünne Fundament der Großen Koalition.

Aus den geheimen Archiven des Bundeskanzleramtes ist der Wortlaut einer von den Gründervätern der Zweiten Republik beschworenen, mündlich an spätere Politikergenerationen tradierten Präambel zur Bundesverfassung überliefert, die der Legende nach folgenden Wortlaut haben soll: „Die Förderung des gesellschaftlichen Fortschritts liegt in den Händen der Sozialpartner. Gesetzgebung und Vollziehung des Bundes und der Länder haben ihre Beschlüsse und Entscheidungen danach zu richten.“

Im Vorfeld des EU-Beitritts, im Spätherbst 1992, entschlossen sich die Spitzenvertreter, die Grundsätze der Zusammenarbeit und die spezifische Kultur der Konfliktaustragung in einer Vereinbarung festzuhalten und der Öffentlichkeit zur Kenntnis zu bringen:

„Sozialpartnerschaft ist gekennzeichnet durch eine besondere Art der Gesprächs- und Verhandlungskultur und durch die Bereitschaft der beteiligten Verbände, Kompromisse nach außen und innen durchzustehen und unterschiedliche Interessen unter Bedachtnahme auf mittelfristige gemeinsame Ziele und gesamtgesellschaftliche Interessen zu vertreten. Dies bedingt eine permanente Gesprächsbasis und einen laufenden Informationsaustausch.“

Diese „Zauberformel österreichischer Nachkriegspolitik“ scheint an Autorität und Einfluß verloren zu haben. Sie ist ins Gerede gekommen. Bei Teilen der Regierung stößt sie auf Ablehnung. Den juristischen Legitimitätsstiftern und Chefideologen des Austro-Korporatismus ist es bis heute nicht gelungen, dem hemdsärmeligen Pragmatismus der Funktionäre ein theoretisches Fundament von intellektueller Faszination und Überzeugungskraft zu unterlegen. Konnte man sich in den Jahrzehnten des Wirtschaftswunders noch mehr oder weniger glaubhaft auf das Konzept der Sozialen Marktwirtschaft berufen, das dann in der Folge zum Austro-Keynesianismus pervertiert wurde, so fehlt seit Josef Rieglers Vision einer öko-sozialen Revitalisierung des Erbes von Erhard bis Kamitz jeder anspruchsvolle Versuch, den österreichischen Weg einer *Mixed Economy* bzw. der Kunst des kleinsten gemeinsamen ordnungspolitischen Nenners, des Durchwurstelns, Nachvollziehens, des *„muddling through"*, analytisch zu erfassen und theoretisch zu überhöhen.

Der blindwütige Aktionismus der diversen Sparpakete entbehrt jeden Ansatzes einer vernünftigen Erklärung. Die Traditionalisten aus dem sozialdemokratischen Umfeld stammeln „Kaufkraft, Kaufkraft, Kaufkraft" und fürchten sich vor den Folgen des EU-Beitritts, der Globalisierung und des technologischen Wandels beinahe zu Tode, während neoklassisch geschulte Ökonomen sich an der Wiederkehr ihrer ewigen Wahrheiten berauschen und glücklich darüber sind, daß sich die Welt wieder mit ihren einfachen Formeln abbilden läßt: „Im Sturmschritt zurück ins 19. Jahrhundert!" (E. Streißler) Sie erinnern damit auf fatale Weise an den Habitus juristischer Dogmatiker, die mit naiver Ungebrochenheit landauf, landab verkünden, das geltende Arbeits-, Bürgerliche, Handels- bzw. Wirtschaftsrecht halte Lösungen bereit, um die schrille Welt neuer Phänomene mit herkömmlichen Mitteln in den Griff zu bekommen. Probleme der In-vitro-Fertilisation, des Internet, der Weltraumfahrt, der Patentierung des Genoms, der Digitalisierung und Vernetzung etc. ließen sich mit der Lehre von Titulus und Modus ebenso erfassen wie einst im Naturrecht die Begründung der Elternschaft: Die Ehe liefert den juristischen Titel und die Zeugung bildet den Modus.

Jenseits von Österreich

Der jüngste Schock über den unerwarteten Sturz von den Regierungsbänken in die Opposition sitzt tief. Rächt sich aus Sicht von AK und ÖGB, daß alle Bemühungen, die Rolle der Sozialpartner in der Verfassung festzuschreiben, gescheitert sind? Das politische Agieren der Arbeitnehmerorganisationen wäre gewiß einfacher, ihr Auftreten geordneter, wenn es spätestens am Vorabend des EU-Beitritts gelungen wäre, die Rechtsstellung der Interessensvertretungen nach Muster des Sozial-ökonomischen Rates der Niederlande auch in der Konstitution zu verankern: Ohne Verrechtlichung und ohne Verbändegesetz kein Halt in der neoliberalen Brandung. Dem Zwang zum Konsens fehlt die Geschäftsgrundlage. Wer sich allerdings auf Dauer in einer „Verfassungsruine“ (Klecatsky) eingenistet hat, der sollte sich über Sturm- und Wasserschäden nicht wundern.

Endet mit dem mehr oder minder freiwilligen Exodus wichtiger Interessenvertreter tatsächlich eine Ära – ein Nachbeben des Wahlergebnisses vom 3. Oktober 1999 –, oder ziehen die Sozialpartner nur personelle Konsequenzen aus der Tatsache, daß der Nationalrat nicht mehr das zentrale Forum politischer Willensbildung darstellt? Macht es noch Sinn, Kraft und Energie im Hohen Haus zu bündeln, wenn die lebenswichtigen Entscheidungen andernorts – in Brüssel, Straßburg, Luxemburg, Genf (WTO), Frankfurt am Main (EZB) bzw. auf Tagungen Europäischer Räte – getroffen werden? Erfolgreiche Lobbyisten aus Landwirtschaft, Handel und Industrie haben längst auf die Verlagerung der Gewichte reagiert und internationale Netzwerke aufgebaut. Wozu Ressourcen aller Art in der Heimat investieren, wenn bindende Beschlüsse bereits gefallen sind und der österreichische Gesetzgeber nur noch nachvollziehen, die Regierung bloß umsetzen darf? Sind die Akten auf der internationale Bühne bereits geschlossen, dann offenbart ein verspätetes Veto die eigene Ohnmacht.

Hanspeter Hanreich hat den Verlust an Einflußmöglichkeiten im Zuge der EU-Integration eindrucksvoll beschrieben: Die EU habe sich eine strategische Mitkompetenz auf vielen Feldern gesichert, die ihr Gestaltungsmacht durch Regelung der Grundsätze verschaffe. Die Annäherung der beiden dominierenden Rechtskulturen, des kontinentaleuropäischen *Ius Commune* und des angelsächsischen *Case Law*, fördere den Abschied vom klassischen Gesetzesmodell in Richtung finaler Programmierung. Man verzichte zunehmend auf umfassende Regelung und vereinbare nur noch bestimmte Ziele, etwa die Einführung des Euro. Die Europäischen Institutionen kennen keine den österreichischen Sozialpartnern vergleichbare Lobbyingstrukturen. Der gesetzlich vorgeschriebene Interessenausgleich, die zentrale Legitimationsgrundlage der Kammerorganisation, stößt auf Unverständnis. Damit wird es zu einer Überlebensfrage, ob und wie es der WKÖ gelingt, sich in die bestehenden europäischen Interessenverbände einzubringen und effizientes Lobbying im Spannungsfeld von europäischer Integration und nationaler Rechtspolitik zu betreiben.

Neben den skizzierten Deutungsmustern „Vertreibung" und „Auswanderung" gibt es noch eine dritte radikale Alternative: „Wandel der Agenden". Ausgelöst durch die dramatischen Veränderungen der Rahmenbedingungen – Übergang zur Wissensgesellschaft, Öffnung Osteuropas, EU-Beitritt, Globalisierung, technologischer Fortschritt, Kommunikationsrevolution einerseits und Überalterung, Individualisierung, Werteverfall, Mobilität, Migrationswellen, Umweltverschmutzung andererseits – sind die traditionellen Träger der Sozialpartnerschaft, und mit ihnen alle Berufs- und Interessensvertretungen, vor völlig neue Aufgaben gestellt.

Die Institutionen stehen unter ungeheurem Druck, weil es für diese Herausforderungen weder geeignete Analyseinstrumente noch eingespielte Reaktionsweisen gibt. WIFO-, IHS- und Beiratsstudien hinken der Dynamik im Zeichen der *New Economy* häufig hinterher. Nicht Handlungsspielräume sind auszuloten, sondern Optionen zu erfinden. Die alten eingefahrenen Reflexe und Rituale taugen nicht mehr; „Zukunftspartnerschaft" lautet die heiße Devise. Es heißt Abschiednehmen von den starren Regelungen und einheitlichen Arbeitsbedingungen, von der Verteilung des Produktivitätszuwachses. Gefragt sind innovative Antworten auf die großen gesellschaftlichen Probleme, die Mitwirkung an einer angebotsorientierten Steuerung des Modernisierungsprozesses und die visionäre Umgestaltung des politischen und administrativen Betriebssystems.[1] Die Unternehmen erwarten eine Vorreiterfunktion ihrer Interessensvertretungen, die Arbeitnehmer wünschen Gewerkschaften, die sich den neuen Realitäten nicht verweigern, sondern durch strategische Neuausrichtung ihre sozialen und wirtschaftspolitischen Kompetenzen (wieder)gewinnen, „mitten im Leben" stehen, statt sich mit markigen Sprüchen ins ideologische Schneckenhaus (‚Wer, wenn nicht wir, stoppt die Gier?') zu flüchten.

In weiten Kreisen der Bevölkerung keimt eine verwirrende Vermutung: Der vielbeschworene „Sprung über den eigenen Schatten" könnte angesichts des grundstürzenden Wandels in Staat, Wirtschaft und Gesellschaft noch zu wenig ambitioniert sein. Jeremy Rifkin hat dazu die Diagnose gestellt: Die jüngsten wissenschaftlichen Erkenntnisse aus den Bio-, Kommunikations- und Nanotechnologien wirken schockartig auf Gesellschaften, Kulturen, Wertordnungen und Wirtschaftssysteme, da diese völlig unvorbereitet mit den Folgen konfrontiert werden. Sein Urteil klingt verheerend: Noch nie in ihrer Geschichte war die Menschheit so schlecht auf diese Umbrüche vorbereitet, noch nie waren ihre Institutionen für den Transformationsprozeß so unzureichend gerüstet.

Widernatürliche Zumutungen

Der steile Anstieg der Lebenserwartung ist ein eindrucksvolles Beispiel für den radikalen Wandel der Agenden. Was bedeutet es für eine Gesellschaft, wenn ein wachsendes Heer von Rentnern in Singlehaushalten lebt und die Ausgaben für medizinische Versorgung und Pflege rapide steigen, wenn diese ältere Generation von immer weniger Berufstätigen betreut und erhalten werden muß? Welche Folgen hat die Vergreisung für die unternehmerische Dynamik des Landes, für Wirtschaftswachstum, internationale Konkurrenzfähigkeit und Innovationskraft? Die Gewerkschaften müßten über Bevölkerungspolitik, lebensbegleitendes Lernen, Flexibilisierung der Arbeitsmärkte, soziale Netzwerke, Kostensenkung und Qualitätssicherung im Gesundheitswesen, Förderung von Unternehmensgründungen, Kapitalbildung in Arbeitnehmerhand, über Produktivitätssteigerungen und Leistungsanreize statt über Umverteilung, Verbot von Überstunden und die Senkung der Arbeitszeit nachdenken und Anstöße aufgreifen, wie sie etwa im Blair-Schröder-Papier oder im bundesdeutschen Bündnis für Arbeit, Ausbildung und Wettbewerbsfähigkeit angelegt sind.

Als weiteres Exempel ist die Bildungsproblematik zu nennen. Das überkommene Schul- und Universitätssystem vermag weder Schlüsselfertigkeiten wie Arbeitsmethoden, multimediale Ausdrucksformen und Kooperationsbereitschaft, noch ganzheitliche Sichtweisen von Institutionen, Unternehmen und Prozessen zu vermitteln – von der Fähigkeit „Lernen zu lernen" ganz zu schweigen. Statt Neugierde und Freude werden Frust und Widerwillen geweckt. Wer Absolventen mit allen erdenklichen Schikanen verärgert, darf sich nicht wundern, wenn die Universitäten als unreformierbar und im Kern verrottet gelten. Wer – wie die Ärztekammer – Maturanten wider besseres Wissen mit Horrorzahlen und Gruselgeschichten vor einem Medizinstudium warnt, nimmt in Kauf, die Wertschätzung der Heilberufe nachhaltig im öffentlichen Bewußtsein zu schädigen. Statt die idealistische Bereitschaft junger Menschen zu fördern und Begabungen nachzuspüren, wird systematisch verunsichert.

Die zentrale Mission unserer Bildungsinstitutionen müßte schon heute die Suche nach Talenten, die Weckung aller Potentiale, die Eröffnung von Entwicklungsperspektiven bis hin zum Karriere-Coaching sein. Dem drohenden Facharbeitermangel kann nur durch Radikalreformen im Ausbildungsbereich, wie dies jüngst VW mit der Abschaffung der Lehrwerkstätten gezeigt hat, begegnet werden. *Training on the job* ist die zeitgemäße Antwort auf die als Sackgasse erkannte Verschulung. Erfahrungsorientierte, kundenzentrierte Lehr- und Lernmethoden gelten auch in der Weiterbildung als Erfolgsrezepte. Noch fehlt es – trotz WIFI und bfi, Donau-Universität Krems, Open University und Fernstudienzentren – an breitgefächerten Angeboten mit modularem Aufbau und neuesten Lerntechnologien. Die traditionellen Universitäten gelten weltweit als wenig geeignete Träger für praxisbezogenen Unterricht, der Handlungs- und Entscheidungskompetenz vermittelt. Es ist deshalb ein Gebot der Stunde, daß die Sozialpartner, wie sie dies bereits im Fachhochschulsektor geleistet haben, diese Lücke füllen.

Der Umbau der österreichischen Verwaltung, insbesondere die Neugestaltung der föderalen Strukturen, bedarf ebenso der aktiven Vorbereitung und Unterstützung durch Exponenten der Sozialpartnerschaft. Viele Staatsaufgaben könnten kostengünstig und bürgernah auf Angehörige der Freien Berufe ausgelagert werden. Der allgemeine Zugang zu *E-Government* (www.help.gv.at) läßt sich mit Hilfe von Terminals in Schreibwarenläden, Trafiken, Tankstellen etc. bewerkstelligen. Selbst das Jahrhundertprojekt der Reform des Bundesstaates könnte erfolgreich im Zuge der anstehenden Veränderungen der Organisation der Wirtschaftskammern erprobt werden. Auch Prinzipien des *New Public Management* sind besonders gut zur Verwirklichung in Einrichtungen der Selbstverwaltung geeignet. Positive Erfahrungen lassen sich durch Diskussionsrunden, über Internet-Plattformen, auf Enqueten usw. austauschen. Der beste Weg eines Know-how-Transfers führt über gemeinsam betriebene und von Privatwirtschaft, öffentlichem Dienst und Non-profit-Organisationen beschickte Aus- und Weiterbildungseinrichtungen. Es ist dringend an der Zeit, für einen regen Ideenfluß in *Centers of Excellence* zu sorgen.

Völlig überfordert scheinen die österreichischen Sozialpartner mit dem wohl wichtigsten Projekt des kommenden Jahrzehnts, dem Mentalitätenwandel in weiten Kreisen der Bevölkerung, zu sein. Wenn es nicht gelingt, einen neuen Gründergeist zu wecken und damit die unternehmerische Basis aufzufrischen, dann sind Zerfall und Niedergang vorprogrammiert. Die *New Economy* wird von innovativen, risikofreudigen und hochmotivierten Jungunternehmern dominiert. Da sie in allen Schichten und Berufskreisen zu entdecken sind, fällt dem öffentlichen Dienst, den Landwirtschaftskammern, Gewerkschaften und Arbeiterkammern, aber auch den Schulen, Universitäten, Kirchen, Sportverbänden, Vereinen und lokalen Gemeinschaften eine beinahe widernatürliche, weil ihrem traditionellen Selbstverständnis zutiefst fremde Aufgabe zu. Wer sich in Zeiten des Wandels nur mit sich selbst, den überkommenen Agenden, dem Schutz der Besitzstände und der Pflege der Rituale beschäftigt, hat sich bereits selbst aufgegeben.

Zum Zukunftspotential der Sozialpartner

Am besten auf derartige Zumutungen sind die Interessenverbände in der Land- und Forstwirtschaft vorbereitet. Rund zwei Drittel aller Bauern sind nur noch im Nebenerwerb tätig, d. h. ihr Hof verfügt über Einkünfte aus anderen Quellen, wie Tourismus, Handel und Gewerbe; häufig stehen einzelne Familienmitglieder auch in einem Arbeitsverhältnis. Diese Betriebsform nimmt den sogenannten *Portfolio Worker* als Prototyp künftiger Arbeits- und Lebensweisen in Ansätzen vorweg.

Bauernbund und Landwirtschaftskammern mußten sich bereits Ende der siebziger Jahre von der Zielsetzung verabschieden, einen Kernbestand von Vollerwerbsbauern durch Strukturpolitik erhalten zu können. Sixtus Lanner hat dies früh erkannt und den neuen Bauernstolz folgendermaßen umschrieben: „Wer seine Produkte veredelt und nicht nur austauschbare Massenware anbietet, wird sich bald eine sichere Marktnische schaffen können. Gefragt ist das Besondere, das Unverwechselbare, d. h. Unternehmerische. Wer sich rechtzeitig ein zweites berufliches Standbein aufbaut und sich nicht in eine oft nicht mehr aufrechtzuerhaltende Scheinwelt zurückzieht, wird auch in seinem Zweitberuf Freude und Erfüllung finden."[2] Nicht in ständischer Sozialromantik, sondern in einer auf Nachhaltigkeit gerichteten Politik für den ländlichen Raum, in wohlverstandener Partnerschaft und in regionaler Eigenständigkeit liege die Zukunft.

Diesen Aufbruch ins Unternehmertum lassen allerdings viele Angehörige und Standesvertreter der Freien Berufe vermissen. Obwohl diese Gruppen überwiegend akademisch gebildet sind und damit zu den Höchstqualifizierten im Lande gehören, lehnen viele Funktionäre einen offenen Wettbewerb untereinander und die Zusammenarbeit in Gesellschaften ab. Die Zeichen der Auflösung und Erosion sind auch hier unübersehbar. Global agierende *Law Firms*,

Steuerberatungs- und Wirtschaftsprüfergesellschaften sind in Verbindung mit bekannten Unternehmensberatungen die Vorreiter der *Knowledge Economy* [3]. Sollten sich Österreichs Anwälte, Wirtschaftstreuhänder, Architekten und Ingenieurkonsulenten, Ärzte und Pharmazeuten diesen Tendenzen weiterhin verschließen, dann treiben sie heimische Exporteure in die Hände internationaler Großkanzleien, versagen dem Mittelstand dringend benötigtes Know-how beim Weg in die mitteleuropäischen Reformstaaten und verhindern die Eroberung neuer Märkte.

Von jähen Implosionen bis hin zur Selbstauflösung sind in erster Linie jene Kammern bedroht, die gemäß dem berufsständischen Modell des 19. Jahrhunderts Selbständige und Berufsanwärter bzw. Dienstnehmer umfassen. Erfahrungsgemäß läßt sich nur so lange Solidarität erzeugen, wie der Preis für ökonomische Ineffizienz in Gestalt überhöhter Kosten und bescheidenen Services der Allgemeinheit aufgebürdet werden kann. Erzwingt der Wettbewerb, z. B. durch globale Online-Dienste, *Call-Center*, Hauszustellungen, *E-Commerce* etc. drastische Preissenkungen, dann sind Gebietsschutz, Zugangsregeln und Vorbehaltsrechte obsolet. Die Pharmaindustrie hat heute schon, etwa bei der Heimdialyse, die Wahl, ihre hochwertigen Produkte selbst in Form von *Managed-Care*-Lösungen direkt dem Patienten durch angestellte Ärzte und Pflegekräfte zu erbringen, oder dem Kranken den beschwerlichen und teuren Transport in das nächstgelegene Spital zuzumuten. Während *E-Health* und Internet-Apotheken Bewegung in starre Vertriebskanäle bringen, streiten sich Ärztekammer und Pharmazeuten um eine bescheidene Ausweitung der Beratungsbefugnisse und Dienstleistungen. Statt die jüngsten Trendmeldungen über die Nutzungsgewohnheiten im Internet zu bejubeln („*More consumers are searching for health care information than for pornography*"), werden Verbote und Zugangsbeschränkungen gefordert.

Große interne Spannungen bis hin zu Abspaltungstendenzen wurden von der Kammer der Wirtschaftstreuhänder berichtet. Äußerer Anlaß war der Fall des Akademikerprivilegs im Zuge des Erlasses eines neuen Berufsrechts und der Einbeziehung der Selbständigen Buchhalter. Die Wirtschaftsprüfer sondierten eine Trennung von den Steuerberatern nach deutschem Muster. Die Wiederbelebung des altehrwürdigen Buchhaltergewerbes durch eine Novelle zur Gewerbeordnung ist ein *Best-Practice*-Modell für eine angebotsstimulierende Deregulierung. Binnen Jahresfrist haben sich über 1.800 Selbständige bzw. Gewerbliche Buchhalter zur Gründung eines Unternehmens entschlossen, die Hälfte davon Frauen. Dieses zusätzliche Angebot sollte nicht nur die Preise senken, sondern auch kleineren Betrieben und Landwirten fernab der Städte zugute kommen.

ÖGB und AK müssen sich mit den dramatischen Veränderungen in der Arbeitswelt auseinandersetzen. Die klassenbildenden Faktoren von anno dazumal (Proletarisierung, gemeinsames Schicksal, übergreifende Erfahrungen, homogene Interessen, Polarisierung, politisches Bewußtsein und emanzipatorische Ziele) bewirken keine Solidarität. Atypische Arbeitsverhältnisse, neue Selbständigkeit, Leiharbeit etc. rücken das sogenannte Normalarbeitsverhältnis, das die Grundlage für Entlohnung, Arbeitszeit, Urlaub, Kündigungsschutz, soziale Sicherung und Weiterbildung liefert, immer mehr in den Hintergrund. Von einheitlichen Arbeitsbedingungen, die durch Kollektivverträge für ganze Branchen festgelegt werden, kann längst keine Rede mehr sein. In den USA ist bereits heute ein Drittel der arbeitsfähigen Bevölkerung als selbständiger Werkunternehmer tätig bzw. nur temporär beschäftigt.

Individualisierung und Segmentierung schwächen in Verbindung mit dem Niedergang bestimmter Industriezweige die Organisationskraft der Gewerkschaften. Viele Berufsgruppen, darunter bekannte Vorkämpfer für Streikrecht und Arbeitsschutz, wie die Drucker, Grubenarbeiter etc., sind ausgestorben. Seit die Fließbandarbeit in den großen Fabriken durch *Just-in-time*-Fertigung ersetzt worden ist, werden Arbeitslöhne nicht mehr nach einem bestimmten Takt bezahlt. Die Politologen sprechen von einer postfordistischen Produktionsweise, welche sich den traditionellen Handlungsmustern gewerkschaftlicher Vertretung entziehe. Nach Gudrun Biffl könne die Zunahme externer Erwerbsrisiken durch Globalisierung und technologischen Wandel die Bedeutung der Sozialpartner noch erhöhen. Dazu müßten ÖGB und AK bereit sein, die mikroökonomischen Veränderungen mitzutragen, um eine Verschärfung sozialer Konflikte zu vermeiden; d. h. Gewerkschaften und Betriebsräte sind gefordert, den Anpassungsprozeß gemeinsam mit dem Management aktiv in Angriff zu nehmen und zu zielstrebigen Agenten des Wandels zu werden.

Auch die Wirtschaftskammern sind in einer heiklen Lage. Auf der einen Seite verfügen sie über Mitglieder, die höchst erfolgreich auf schwierigen Märkten agieren und fieberhaft bemüht sind, ihre Konkurrenz zu überflügeln, d. h. zu den Besten der Welt zu gehören. Auf der anderen Seite stehen tausende kleinerer und mittlerer Unternehmen mit dem Rücken zur Wand. Der Interessenausgleich erfordert im nationalen Umfeld eine Rücksichtnahme auf Nachzügler, auf Unternehmen in absterbenden Branchen, in Randlage und mit schlechter Kapitalausstattung. Solidarität läßt sich trotz Pflichtmitgliedschaft nicht erzwingen, sie muß von der Überzeugung getragen sein, gemeinsam bessere Lösungen durchsetzen zu können, als dies im Alleingang möglich erscheint. Letzten Endes liegt in diesem Kommunikationsauftrag die zentrale Führungsaufgabe der Leitungsgremien auf Bundes- und Landesebene, die Mitverantwortung der Expertenstäbe. Sie haben Szenarien zu entwickeln und strategische Konzepte zu erstellen, die Antworten auf die großen Themen der Zeit, auf aktuelle Problemstellungen und mittelfristige Herausforderungen enthalten. Die Wirtschaftskammern machen nicht nur tagtäglich Zukunft, sie haben die tauglichsten Wege auch im Dialog mit den Sozialpartnern, mit Regierungsstellen, Universitäten und Forschungseinrichtungen, mit Parlamentariern, internationalen Behörden, mit den Institutionen der Europäischen Union, in erster Linie aber im Gespräch und in der Auseinandersetzung mit den eigenen Mitgliedern zu erkunden und zu erproben, d. h. Zukünfte zu (er)finden und zu festigen.

Eine Mission von brennender Aktualität.

Markierungen

1. Die klassischen Formen berufsständischer Interessenvertretung haben sich überlebt. Österreichs Sozialpartner sind in Moment des Übergangs zur Wissensgesellschaft auf der Suche nach einer neuen Agenda („*How can we lead the revolution?*“).
2. Die Regierungskoalition aus ÖVP und FPÖ mißtraut den Fähigkeiten zur Problemlösung und spricht den Verbänden den Willen und die Kraft zu substantiellen Reformen ab.
3. Die äußeren Zeichen der Schwäche sind Ausdruck eines Funktionsverlustes durch EU-Beitritt und Globalisierung und des Bemühens um Reorientierung, d. h. die Notwendigkeit zur strategischen Neupositionierung als Träger des Transformationsprozesses auf volkswirtschaftlicher, aber auch betrieblicher Ebene.
4. Das künftige Terrain der Sozialpartner liegt einerseits in einer mittel- bis langfristigen Ordnungspolitik und andererseits im *Change Management* und Know-how-Service (Beratung, Aus- und Weiterbildung, Wissenslogistik, Forschung).
5. Senkung der Transaktionskosten durch Flexibilisierung, Deregulierung, Entbürokratisierung, Privatisierung und *New Public Management* werden im Mittelpunkt der Aktivitäten stehen. *Social Entrepreneurship* gewinnt an Bedeutung.
6. An die Stelle ritualisierter Sitzungen in Beiräten und Kommission werden Formen lernender Organisationen treten; Vorsitzende bzw. Präsidenten haben sich in *Chief Intelligence Officers* zu verwandeln; aus nationalen Partnerschaften antagonistischer Verbände werden sich weltweit kooperierende Netzwerke und *Think Tanks* entwickeln.
7. Wenn Information zur Bringschuld und Kommunikation zur zentralen Führungsaufgabe wird, dann zählen mehr denn je persönliche Faktoren wie Charisma, Überzeugungskraft, Internationalität, Glaubwürdigkeit, Offenheit, Beharrlichkeit, Loyalität, Lernbereitschaft und visionäre Kompetenz.
8. Die Wünsche, Anregungen und Ideen der *Stakeholder* (Mitglieder, Klienten, Kunden, Lieferanten, Mitarbeiter, Geschäftspartner, politische Parteien, freie Verbände) bekommen dank Internet und UMTS ein hohes – bestimmendes – Gewicht.

9. Die losen Bande der vier Sozialpartner werden sich vielfältig neu verknüpfen, sie werden Staatsaufgaben (Arbeitsmarktservice, Universitäten, Infrastruktur, Forschung und Technologie) an sich ziehen, politische Projekte moderieren und das Umsetzungscontrolling arrangieren, kurzum: variantenreich Zukünfte gestalten.

Literaturverzeichnis

Arbeitsgemeinschaft für wissenschaftliche Wirtschaftspolitik (Hg.): Wieviel Staat, wieviel privat?; Wien 1998 Beirat für Wirtschafts- und Sozialfragen: Wirtschaftspolitische Handlungsspielräume; Wien 1998

Biffl: Der Arbeitsmarkt der Zukunft – Implikationen für die Sozialpartnerschaft, in: Karlhofer, Tálos (Hg.): Zukunft der Sozialpartnerschaft; Wien 1999, S. 191-213

Hanreich: Lobbying im Spannungsfeld von europäischer Integration und nationaler Rechtsentwicklung, in: BMJ (Hg.), Rechtsprechen in Europa; Wien 1998, S. 103-109

Hanreich, Steindl: Wirtschaftsrecht in der New Economy, Wirtschaftspolitische Blätter 1 (2000)

Hesselbein, Goldsmith, Somerville (Hg.): Leading beyond the Walls; San Francisco 1999

Karlhofer, Tálos (Hg.): Zukunft der Sozialpartnerschaft; Wien 1999 (mit umfassender Literaturdokumentation)

Dies.: Sozialpartnerschaft unter Druck. Trends und Szenarien, in: Pelinka, Plasser, Meixner (Hg.): Die Zukunft der österreichischen Demokratie; Wien 2000

Kettl: The Global Public Management Revolution; Washington, D.C. 2000

Klecatsky: Sozialpartnerschaft und Verfassungsrecht, in: Pichler, Quené (Hg.): Sozialpartnerschaft und Rechtspolitik; Wien 1990, S. 93-102

Mitterlehner, Kyrer (Hg.): New Public Management; Wien 1997

Mitterlehner, Hammerer (Hg.): Sozialpartnerschaft 2000; Wien 1999

Lanner: Der Stolz der Bauern; Wien 1996

Leitl: Nur Mut!; Wien 2000

Pelinka, Plasser, Meixner (Hg.): Die Zukunft der österreichischen Demokratie; Wien 2000

Pichler, Quené (Hg.): Sozialpartnerschaft und Rechtspolitik; Wien 1990
Rifkin: Das Ende der Arbeit und ihre Zukunft; Frankfurt/M. 1997
Ders.: Das biotechnische Zeitalter; München 2000
Steindl: Austria 2.0 – auf der Suche nach einem neuen Betriebssystem, in: Payrleitner (Hg.): Aufbruch aus der Erstarrung; Wien 1999
Steindl: Glanz und Elend der Freien Berufe, in: Wirtschaftspolitische Blätter 4 (1999)

Die immer neuen und alten Aufgaben Österreichs in Mitteleuropa Perspektiven der österreichischen Mitteleuropapolitik

Erhard Busek

Die Donau hat für Österreich über die Jahrhunderte mythologische Bedeutung gewonnen. In der Bundeshymne besingen wir das „Land am Strome", der Donauwalzer hat es zur inoffiziellen Nationalmelodie gebracht. Von Wien ist die Rede als der „Donaumetropole", wenngleich die Stadt gar nicht wirklich an der Donau liegt; zur Darstellung der Geschichte greifen wir auf die Donaumonarchie zurück und meinen dabei eigentlich Mitteleuropa. Für gewöhnlich nimmt man es auch gar nicht so genau, wenn man vom Donauraum spricht, weil etwa die Tschechen selbstverständlich dazugezählt werden, die weit und breit keine Donau haben, notfalls auch noch Südpolen oder Slowenien – wobei man sich damit behelfen kann, daß es Flüsse gibt, die immerhin in die Donau münden.

Auch politisch ist der Boden, der sich um die Donau spannt, ein weites Feld. Heute ist es die Zentraleuropäische Initiative mit Österreich, Italien, Ungarn und Jugoslawien, die ursprünglich entlang der Donau entstanden ist; auch die Tschechoslowakei hat sich bald eingefunden. Mittlerweile sind es 16 Staaten, die bis Weißrußland reichen und auf diese Weise versuchen, in diesem von Geschichte und Politik oft arg mitgenommenen Raum eine Synthese herzustellen.

Auch die Mythologie, die sich aus der Geschichte herausgebildet hat, ist reich an Donau-Bezügen. Die Nibelungen zogen der Donau entlang Attila entgegen; Rüdiger von Bechelaren (Pöchlarn) war offensichtlich eine Art Donaugraf; die Babenberger haben ihre Verwaltungszentren entlang der Donau bis nach Wien vorgeschoben. Um den Raum wurde stets recht heftig gestritten, wobei die

Přemysliden, die Luxemburger, das Haus Anjou und natürlich die Habsburger eine große Rolle spielten. Die Türken kamen entlang der Donau herauf. Der Prinz Eugen wieder „ließ schlagen eine Bruck'n, daß man konnt' hinüberrucken" gegen Belgrad – womit wir schon mitten in der aktuellen Situation sind: Die Donau tritt oft erst durch die Zerstörung ihrer Brücken in unser Bewußtsein; oder durch den Aufschrei, daß es so gut wie keine Transporttätigkeit mehr entlang dieses Flusses gibt.

Was kann ein Fluß bedeuten? Zunächst stellt er einmal einen Transportweg dar, und als solcher hat auch die Donau in der Geschichte eine große Rolle gespielt hat. Das Salz kam an ihr entlang, wie der Salzgries in Wien erkennen läßt; das Stapelrecht wurde ausgeübt, wovon das Geschäftsviertel des I. Bezirks genauso Zeugnis gibt wie die Ruprechtskirche, die die Schritte der Christianisierung entlang der Donau aufzeigt. Daß die Wasserversorgung auch mit dem Fluß verbunden ist, ist uns schon weniger bewußt, weil wir längst alle möglichen Systeme entwickelt haben, die uns heute unbemerkt versorgen. Weiter unten an der Donau wird die ökologische Herausforderung sichtbar, mit der wir uns heute konfrontieren müssen. In diesem Jahrhundert ist der Donaustrom auch zur Energiequelle geworden, wobei wir längst vergessen haben, daß die Kriegsproduktion der Hermann-Göring-Werke seinerzeit die eigentliche Motivation war. Daß aber Wasserkräfte auch zu einer politischen Herausforderung werden können, haben uns Hainburg, Gabčíkovo und Nagymáros ganz deutlich gezeigt.

Vieles könnte man auch zur kulturellen Bedeutung der Donau sagen; denn ein Fluß kann trennen – als Grenze – oder verbinden und überbrücken. Marc Aurel hat sich hier aufgehalten, um den eindringenden Markomannen und Quaden die Stirn zu bieten; die Architekten Fellner und Helmer haben ihre 42 Opernhäuser entlang der Donau gebaut, als Symbol einer gemeinsamen Kultur. Eben diese Donau ist zugleich Grenze und Verbindung; das läßt sich entlang des Flusses sehr deutlich beobachten. Uns sind Brücken selbstverständlich geworden, Rumänien und Bulgarien hingegen verbindet nur eine einzige. Ein Fluß kann auch eine Herausforderung für Wahnsinnstaten darstellen – wie etwa den Kanal, den Ceauşescu zur Verkürzung des Donauweges gebaut hat und der heute de facto ohne Funktion ist.

Als die Donaumonarchie zu Ende ging, wurde der Fluß erst so recht zum politischen Problem. Vor dem Ersten Weltkrieg waren – mit zeitlichem Unterschied – zwei Imperien für die Donau verantwortlich: das Reich der Habsburger und der Padischah in Istanbul. Die Donaukommission verdankt ihre Entstehung der Friedensschlüsse nach dem Ersten Weltkrieg. Die Donaudampfschiffahrtsgesellschaft (DDSG) wurde bereits damals zum Problem; früher hatte sie ohne Schwierigkeiten alle Länder der Monarchie verbunden, heute existiert sie nicht mehr. Bald nach dem Fall des Eisernen Vorhangs im Jahre 1989 begann sich um diese Donau herum einiges an Problemlösungswillen zu entwickeln, etwa in Form der Zentraleuropäischen Initiative und der Visegrád-Staaten. Einmal mehr wurde damit die Bedeutung dieses Raumes für Europa signalisiert.

Die Gemeinsamkeit des Raumes ist unseren Nachbarn entlang der Donau, bedingt durch den Eisernen Vorhang, viel mehr bewußt, als das heute bei uns der Fall ist. Die Zugehörigkeit Österreichs zum Westen hat dazu geführt, daß ein Großteil unserer Bevölkerung das Gefühl verloren hat, unsere Nachbarn entlang des Stromes gingen uns etwas an. Ich beobachte mit Interesse und auch mit Sorge, daß man in anderen Ländern über eben diese Gemeinsamkeit oft mehr weiß als etwa unsere junge Generation. Es hat sich im Gegenteil sogar eine gewisse Ablehnung breitgemacht, die in der Diskussion um die Osterweiterung der Europäischen Union deutlich zutage tritt. Hier stoßen wir auf mangelndes Verständnis in der Nachbarschaft, denn unsere Nachbarn fühlen sich uns offenbar viel näher als wir uns ihnen. Die Ungarn bezeichnen die Österreicher als „Schwäger“ und verstehen daher die Härte einer Schengen-Grenze nicht recht.

Oft scheint auch unser Blick auf die Problematik verstellt, denn sonst würden wir uns massiv dafür einsetzen, daß die Slowakei in die erste Reihe der Beitrittsländer zur Europäischen Union rückt, weil wir unmittelbar davon betroffen sind. Aber offensichtlich ist für uns heute Mallorca noch immer näher als Bratislava. Das ist der Unterschied zur Generation meiner Großeltern, ja sogar meiner Eltern, für die die Fahrt mit der Preßburger Bahn an einem Sonntag zur Jause noch eine Selbstverständlichkeit gewesen ist.

Die Kosovo-Krise hat aber dazu geführt, daß uns dieser Raum wieder bewußter wird, auch wenn der Kosovo weit von der Donau entfernt liegt: Er ist nur eine Flugstunde entfernt. Die innere Verbindung des Raumes mit den umliegenden Regionen und die Verschränkung der Probleme machen den Donauraum erneut sensibel. Er unterscheidet sich vom Balkan und und wäre viel eher zur Europäischen Integration geeignet als Südosteuropa. Da ich in diesem Raum zu tun habe, weiß ich, wie sehr man darauf Wert legt, nicht mit Südosteuropa verwechselt zu werden. Schon wir sind nicht von Metternichs Wort „Der Balkan beginnt am Rennweg" erbaut, und umso weniger sind es die Ungarn, Slowenen und Kroaten.

Ein Wort zur Situation Südosteuropas: Um eine langfristige Perspektive der Integration werden wir dort nicht herumkommen. Die aber wird nur möglich sein, wenn wir den Donauraum so rasch als möglich miteinbeziehen und als einen Teil Europas betrachten. Ehrlicherweise muß gesagt werden, daß die Kenntnisse der Problematik nicht allzu tief sind, was uns so manche Diskussion oder gar ein Blick in die Medien zeigt. Offensichtlich müssen wir hier Europa wieder begreifen lernen, nicht nur in der Geschichte, sondern auch in der Aktualität. Da nützt auch eine Nostalgie nichts, die sich darüber freut, daß Nepomukstatuen auf den Brücken stehen und Dreifaltigkeitssäulen und Barockkirchen genauso dazugehören wie eine bestimmte Art von Küche, die im Donauraum zu Hause ist. Um es kurz zu machen: Es gibt eine europäische Verantwortung für diesen Raum, und erst recht eine österreichische.

Was sind die Hindernisse auf diesem Weg? Zunächst einmal die notwendige Transformation, die ihre Zeit braucht. Anzunehmen, daß es ausreicht, ein paar Gesetze zu ändern, die Demokratie einzuführen und die freie Marktwirtschaft zu erklären, greift gegenüber den Veränderungen eines halben Jahrhunderts, die schließlich auch in den Menschen vorgegangen sind, entschieden zu kurz. Einerseits ist Geduld erforderlich, andererseits aber auch ein gewisser Druck auf unsere Nachbarn, den Mut zur Veränderung zu haben. Wir sollten allerdings nicht mit den Fingern zeigen, denn auch wir haben für so manche Veränderung lange gebraucht – man denke nur an unsere Nachkriegsgeschichte oder etwa an die Verstaatlichte Industrie.

Ein zweites Problem stellt die Vorstellung dar, daß es ein Europa der verschiedenen Geschwindigkeiten gibt. Die Gefahr ist sehr groß, daß aus einem *opting out* erst recht wieder neue Trennlinien entstehen, die etwa mit „Schengen-Land“ oder „Euro-Land“ schon längst gegeben sind, aber trotzdem überwunden werden müssen. Auch von Kerneuropa, vom Europa der konzentrischen Kreise, von Achsen und einigen anderen Einteilungsgesichtspunkten ist die Rede.

Was wir brauchen, ist – um die Sprache der Europäischen Union zu verwenden – ein *regional approach*. Dieser Bezug zur Region braucht aber auch einen Advokaten und einen Dolmetscher. Beides im vorliegenden Fall zu sein, wird Österreich nicht erspart bleiben. Wer sonst soll sich dazu bereitfinden, wenn nicht wir, die wir an der Donau liegen. Manchmal glaube ich wahrzunehmen, wie offenbar der Rhein-Main-Donau-Kanal dazu führt, daß das Interesse jener, die am Rhein situiert sind, vor allem im Ökonomischen massiver gewichtet wird. Das aber hieße eine alte österreichische Aufgabe verkennen.

Ein weiteres Problem ist zweifellos auch der in diesem Raum vorhandene Nationalismus. Es ist eine irrige Annahme, daß es sich dabei um einen neuen Nationalismus handelt. Es ist vielmehr jener alte Nationalismus, der aus dem 19. Jahrhundert auf uns gekommen ist, zu Kriegen, Vertreibungen und zum Holocaust geführt hat und vom Kommunismus vorübergehend auf Eis gelegt wurde, weil eine internationalistische Ideologie sich offiziell keinen Nationalismus leisten konnte. In Wirklichkeit war er auch dort vertreten, nur eben unterdrückt. Umso heftiger kommt er jetzt wieder zum Vorschein, wie wir schmerzvollerweise an Jugoslawien sehen, aber auch an der Separation der Tschechen von den Slowaken. Möglicherweise ist Desintegration eine Vorbedingungen zur Integration, jedenfalls aber eine Aufforderung, diese in Gemeinsamkeit zu bewältigen. Dort ist die Rolle der Kultur anzusiedeln.

Ein zusätzliches Hindernis besteht nun in der Existenz einer den

Aufgaben bisher nicht gewachsenen Verwaltung und im Mangel an finanziellen Mitteln. Mich ärgert, daß seit 1989 immer von einem „Marshallplan" geredet wird, de facto aber nichts geschehen ist. Das Beispiel von 1948 greift auch zu kurz, denn damals ging es um die Umstellung einer Kriegswirtschaft samt allen Zerstörungen. Heute ginge es eher um Expertise, *soft loans* und *revolving funds*, also jene Investitionshilfen und Fonds, die wir in Österreich kennen und die eigentlich Erfolg versprächen.

Selbstverständlich birgt auch der Donauraum eine Fülle von ökonomischen und ökologischen Aufgaben, die wiederum eine große Chance für Österreich bergen. Ausgangsproblem ist hier sicher der Umstand, daß es entlang der Donau eine Reihe von Staaten gibt, die in der ersten Reihe für den Beitritt zur Europäischen Union stehen; andere stehen in der zweiten Reihe und wieder andere werden erst von dem profitieren, was schon lange *regional approach* genannt wird, sich aber am schmerzvollen Kosovo-Konflikt erst entfaltet. Generell muß man aber den Donauraum als Ganzes sehen, denn in ihm liegen auch die wirtschaftlichen Chancen Österreichs – aber nicht nur unsere Chancen, sondern auch die Chancen all jener Staaten, die gegenwärtig die Ostgrenze der EU bilden.

Das positive Ergebnis des EU-Beitritts ist, daß wir Österreicher wieder lernen, nicht nur Verantwortung für uns, sondern auch für andere zu haben und zu übernehmen. Das ist ein ungeheuer wichtiger Vorgang, der zu einer qualitativen Veränderung unserer Befindlichkeit führt. Wir waren ohnehin in Gefahr, durch eine bestimmte Auffassung der Neutralität in eine Lage zu kommen, die Carl Schmitt einmal für die Schweiz mit dem Ausdruck einer „durch Neutralität verstärkten Schicksalslosigkeit" beschrieben hat. Gleich was mit der Neutralität nun geschieht, die Mitgliedschaft in der EU verhindert eine solche Entwicklung, die letztlich dazu führen kann, daß man auf der Landkarte der Faktizität gar nicht mehr existiert und selbst das Gefühl hat, für nichts mehr verantwortlich zu sein.

1989 ist nicht nur das *Annus mirabilis* der europäischen Geschichte, sondern auch ein Jahr des Wandels für Österreich. Noch haben wir unseren Platz in der natürlichen Geographie Europas nicht wiedergefunden. Zu stark hat die politische Geographie durch die Ost-West-Teilung unsere Situation bestimmt. Es mutet mich eigentümlich an, wenn ich in den österreichischen Nachbarländern manchmal erlebe, daß für die gemeinsame Monarchie – nicht die Staatsform – mehr Empfinden in jenen Ländern vorhanden ist, die zum Sowjetblock gehört haben, als bei uns in Österreich. Dort erinnert man mich daran, daß es offensichtlich in der Monarchie eine Zeit gegeben hat, zu der wir auskömmlich miteinander leben konnten, was uns heute angesichts der Schwierigkeiten, mit dem „Fremden", dem „Anderssein" umzugehen, gar nicht so leicht fällt.

Es soll keine Nostalgie aufkommen: Auch die Monarchie hat es nicht geschafft, und darin liegt ja schließlich eine der Wurzeln ihres Untergangs. Und doch scheint sich niemand darüber bewußt zu sein, daß wir durch unsere Teilnahme an diesem Staat auch Verantwortung für andere übernommen haben. Wir dürfen nicht vergessen, daß etwa die Serben in der Kraina von den Habsburgern als Bollwerk gegen das Osmanische Reich angesiedelt wurden, ein Umstand, der bis heute Konsequenzen hat. Vielleicht sollten wir uns den historischen Kontext mehr vergegenwärtigen, ohne jedoch jene Zeiten wiederzubeleben, die leicht zu Gespenstern werden können.

Seit 1989 ist Europa wieder möglich geworden, denn vor 1989 hat es eigentlich nicht existiert. Die Folge des Zweiten Weltkrieges war, daß der eine Teil über den Atlantik hinweg mit einer Supermacht freiwillig verbunden war, der andere wiederum weniger freiwillig im Einflußbereich einer anderen Supermacht gelegen ist. Europa konnte sich weder um seine Identität bemühen noch sein eigenes Schicksal bestimmen. Diese Entwicklungen haben nicht nur Veränderungen für Österreich, sondern auch für die gesamte Europäische Union bewirkt – Veränderungen, die eigentlich noch nicht voll begriffen, geschweige denn bewältigt sind.

Welche Veränderungen sind es, denen Österreich, und damit auch Europa, ausgesetzt ist? Ich möchte zehn Punkte nennen, von denen ich glaube, daß sie eine beachtliche Relevanz haben, ohne Anspruch auf Vollständigkeit zu erheben.

1. Die politische Geographie Europas beginnt sich der natürlichen Geographie wieder anzugleichen. Um es an einfachen Beispielen sichtbar zu machen: Die Wiener etwa müssen wieder lernen, daß Prag eine Stadt im Nordwesten und nicht im „Osten“ ist, wie eine Mehrheit von ihnen heute immer noch sagt. „Osten“ wird als geographisch-politischer Begriff verwendet, der noch dazu nicht sehr freundlich gemeint ist. Ebenso haben wir Österreicher zu begreifen, daß es von Wien an unsere Westgrenze – etwa Buchs in der Schweiz – genauso weit ist wie nach Uschgorod. Bei Uschgorod muß allerdings hinzugefügt werden, daß dieser Ort in der Ukraine liegt. Wenn man dann noch zu Bedenken gibt, daß aller Voraussicht nach das künftige Schicksal der Ukraine für uns von größerer Bedeutung sein wird als das der Schweiz, erregt man immer noch Erstaunen. Die Schweiz hat ihr Problem mit Europa, aber Europa hat ein Problem mit der Ukraine und dessen demokratischer, wirtschaftlicher und sozialer Entwicklung. Auf schmerzliche Weise haben wir gelernt, daß es von Wien nach Innsbruck genauso weit ist wie von Wien nach Sarajevo, denn alles, was dort geschehen ist, war für uns durch Flüchtlinge, Migration und Militär von Bedeutung.

2. Wir müssen die Wirklichkeit der Nachbarn zur Kenntnis nehmen: Der Eiserne Vorhang brachte es mit sich, daß wir eine nur sehr partielle Wahrnehmung unserer Nachbarn hatten. Wohl blieben trotz des Kommunismus die Ungarn für uns präsent, was sich aber in der Tschechoslowakei, im Tito-Jugoslawien oder „weiter hinten“ getan hat, blieb uns verborgen. Die Vielfalt der slawischen Völker zu begreifen, steht noch vor uns, ist aber von europäischer Relevanz, denn noch ist kein Land mit einer slawischen Sprache und Kultur Mitglied der Europäischen Union.

3. In der näheren Umgebung Österreichs – und damit der EU – sind 21 neue Staaten entstanden (wenn man die zentralasiatischen Republiken als solche akzeptiert). Das hat nicht nur die Landkarte verändert, neue Hauptstädte entstehen lassen und zur Errichtung vieler neuer Botschaften geführt, sondern schlichtweg eine andere Landschaft ergeben. Hier findet zweifellos ein Desintegrationsprozeß statt, von dem noch offen ist, ob er ein

Gemeinsames zerstört oder vielleicht mehr Integration ermöglicht. Im wesentlichen ist es – historisch gesehen – die Auflösung der Pariser Vorortverträge von 1919, die für unsere westeuropäischen Freunde manchmal schwer zu akzeptieren ist.

4. Veränderung des Sicherheitsparadigmas: Die Ost-West-Teilung hat zu einem Denken in Militärblöcken geführt. Dieses Denken hat sich aus der Öffentlichkeit noch nicht ganz verabschiedet, doch die Konflikte von heute sind international, wie Bosnien-Herzegowina, Kosovo und Tschetschenien ganz deutlich zeigen. Europa hat dafür noch kein Instrumentarium entwickelt. Die NATO ist in einem langsamen Umbau begriffen, wobei die *Partnership for Peace* sicher ein Schritt nach vorne ist, aber sicher keine definitive Form, mit der Sicherheitsfrage in Europa umzugehen.

5. Die *Finalité d'Europe*: War es früher ein Spiel der Intellektuellen, sich die Frage zu stellen, wie weit Europa reicht, so stehen wir heute in der Tat vor dem Problem, der Möglichkeit einer weiteren europäischen Integration Grenzen setzen zu müssen. Eine Diskussion darüber findet nicht statt – wobei es sich nicht nur um ein geographisches, sondern um ein geistig-kulturelles Problem handelt. Die Intellektuellen Europas – ich sage das sehr kritisch – sind uns hier eigentlich ihren Dienst noch schuldig geblieben. Außer pessimistischen Sichtweisen wie Hans Magnus Enzensbergers „Aussichten auf einen Bürgerkrieg" oder vereinzelten Stellungnahmen wie Peter Handkes Büchlein über Serbien steht der Diskurs darüber noch aus.

6. Europäische Trennlinien: Die Veränderung in unserer Nachbarschaft verlangt von uns, daß wir uns mit echten und vermeintlichen Trennlinien beschäftigen. Ich meine zum Beispiel die alte, oft bemühte Trennlinie zwischen Rom und Byzanz, zwischen Katholiken und Protestanten einerseits und der Orthodoxie andererseits, aber auch die zwischen Westen und Osten, und natürlich die zwischen Arm und Reich. Gegenwärtig neigen wir dazu, solche Trennlinien zu vertiefen. Eine Strategie zur Überwindung ist bisher nicht erkennbar.

7. Gibt es einen neuen Nationalismus? Davon ist im Zusammenhang mit manchen Strömungen in den Transformationsstaaten oft die Rede. Ich glaube, daß diese Beurteilung nicht fair ist, denn auch der Westen Europas hat eine Reihe von ähnlichen Problemen – wie etwa das Baskenland, Nordirland und andere – nicht verkraftet. Wir können Südtirol auf der positiven Seite der Bilanz anführen; aber zweifellos gibt es eine durchgehende Tendenz, sich der Probleme mit Populismus zu entledigen. Dazu gehört die Wanderungsfrage ebenso wie die Staatsbürgerschaftspolitik.

8. Die europäischen Veränderungen finden mitten im Prozeß der Globalisierung statt, der ja Europa nicht für sich allein bestehen läßt, sondern den Kontinent nicht nur wirtschaftlich und sozial, sondern auch ökologisch und politisch voll betrifft. Die Tendenz zur *fortress Europe*, zur Festung Europa, ist nur damit zu erklären, daß man Einflüsse von außen abschirmen will. Solches Verhalten verkennt aber völlig, daß die Globalisierung längst Wirklichkeit ist und von Tag zu Tag fortschreitet. Die Frage ist, wie wir damit umgehen und welche Rolle Europa sich selbst dabei zumißt. Europa ist ja schließlich durch Einflüsse von außen zu dem geworden, was es heute ist. Die Renaissance wäre nicht möglich gewesen, wenn nicht die arabische Welt die griechisch-römische Antike überliefert hätte. Die Erkenntnisse in Mathematik und Chemie wären ohne Indien und den Vorderen Orient wieder nicht möglich gewesen. Die Einflüsse in Philosophie und Theologie sind ebenso mannigfaltig. Und schließlich ist das Schießpulver zwar in China erfunden, aber erst in Europa mörderisch angewandt worden.

9. Nicht nur im Falle Österreichs führt die Entwicklung zu einer neuen Rolle des Kleinstaates. Waren wir auch für eine gewisse Zeit hoffnungslos abgeschlagen und ohne Chancen, so gibt uns die Europäische Integration und die gewachsene Anzahl von Kleinstaaten die Möglichkeit, mehr als bisher auf das Geschehen Einfluß zu nehmen. Man muß es aber tun, und sich innerhalb der EU Freunde schaffen. Warum sollten es nicht jene Beitrittskandidaten sein, die wie wir kleine Länder in einer gemeinsamen

Region mit gemeinsamer Geschichte, aber auch mit gemeinsamen Chancen und Risiken sind?

10. Warum überhaupt Europa? Für die Generation nach dem Zweiten Weltkrieg war völlig klar warum, und Winston Churchill hat es in seiner Rede an der Universität Zürich 1946 formuliert: Es ging darum, eine bleibende Friedensordnung zu etablieren, da der Versuch nach dem Ersten Weltkrieg gescheitert war. Man wollte den deutsch-französischen Konflikt, der für Jahrhunderte unseren Kontinent bestimmt hat, beenden – was zweifellos auch gelungen ist. Ein weiteres Motiv war sicher die kommunistische Herausforderung, und diese wiederum mit einer der Gründe für das Engagement der USA im europäischen Integrationsprozeß. Es galt, die Stärke und Widerstandsfähigkeit der freien Demokratien zu festigen. Beide Begründungen sind längst Teil einer Erfolgsstory; der jeweilige Anlaß ist aber heute entweder weggefallen oder hat sich über die Generationen verändert und ist nicht mehr relevant. Heute ist es meines Erachtens die Globalisierung, die uns als Motiv dienen muß. Europa muß nicht nur hier seine Rolle bestimmen, sondern auch wettbewerbsfähig, gestaltend und erkennbar bleiben. Damit verbunden ist aber auch der Auftrag, dem vielfältigen Bild Europa einen Rahmen zu geben. Gegenwärtig konzentriert sich die europäische Integration auf Wirtschaft und Technologie, Verwaltung und Organisation. Das ist aber ein Europa „oben ohne". Ich meine das natürlich nicht im Sinne der Bademode, sondern im Hinblick auf die Gemeinsamkeiten in der historischen und kulturellen Erfahrung. Wer die Artikel 126, 127 und 128 im Vertrag von Maastricht ließt, merkt, mit wieviel Ängstlichkeit die Nationalstaaten einem Zusammenwirken in den Bereichen Bildung, Kunst und Wissenschaft gegenüberstehen. Europa wird aber nur entstehen, wenn unter weiterer Beachtung der Vielfalt auch an die Gemeinsamkeit gedacht wird.

Größere Perspektiven bieten die Erklärungsversuche der Zukunft, die gegenwärtig angeboten werden. Nach 1989 hat etwa Francis Fukuyama mit seinem „Ende der Geschichte" quasi den ewigen Frieden in Aussicht gestellt; Samuel Huntington hat mit dem *„Clash of Civi-*

lisations" eine andere, höchst kontroverse Perspektive geboten. Hier werden die diversen kulturellen Konflikte auf dieselbe Ebene gebracht wie etwa das Weltbild des Kalten Krieges. Ronald Reagan hat die Unterscheidung von *good guys* und *bad guys* souverän genug beherrscht, um jedenfalls die Sowjetunion als *evil empire* bezeichnen zu können. Heute sind wir gleichermaßen *good* and *bad guys*, und in mancher Beziehung ist das *evil empire* überall. Die Situation Europas läßt sich leichter mit dem Begriffen „Kosmos" und „Chaos" beschreiben. Zweifellos gibt es einen neuen Kosmos, eine neue Ordnung, ja einen neuen Glanz des Kontinents. Es gibt aber auch das Chaos, jedenfalls jene neue Unübersichtlichkeit, die eine Fülle von Institutionen mit sich gebracht hat. Wer kann auf Anhieb alle Mitglieder des Europarates nennen, wer die der OSCE; wer ist in der Lage, zu begründen, warum in der Economic Commission for Europe of the United Nations (UNECE) die Zentralasiatischen Republiken nach wie vor ebenso vertreten sind, wie sie es in der OSCE sind?

Für Österreich ist jetzt entscheidend, auf die Dauer nicht Ostgrenze der Europäischen Union zu bleiben. Die Erweiterung würde uns diese Last nehmen, wobei wir auch die historische Erfahrung gemacht haben, daß Ostgrenze zu sein nicht immer förderlich für unser Land war. Für die Erweiterung sprechen auch unsere wirtschaftlichen und kulturellen Beziehungen, deren Beschaffenheit immer wieder die Frage aufwirft, ob Wien die westlichste Stadt des Ostens oder die östlichste Stadt des Westens sei.

Die Sicherheit nach innen und außen wird besser garantiert sein, wenn wir den Weg der Erweiterung gehen. Wem das alles noch nicht genügt, dem sei auch noch ein moralisches Argument an die Hand gegeben: Die Transformationsländer in unserer Nachbarschaft haben sich aus eigener Kraft auf den Weg zur Demokratie gemacht und ungeheure interne Veränderungen durchgeführt, und die soziale Geduld mancher Bevölkerungsschichten ist unendlich zu bewundern. Wir haben gegenüber diesen Ländern eine moralische Verpflichtung als Europäer und als Demokraten, die wir durchaus in die Waagschale werfen sollten, um dem natürlichen Egoismus, der uns in dieser Diskussion auch beherrscht, ein gerechtes Gegengewicht zu geben.

Sicher gibt es auch eine Reihe von Argumenten, die gegen eine Erweiterung sprechen. Ich sehe es nicht als meine Aufgabe an, diese anzuführen, weil ich glaube, daß der Zukunftsaspekt Europa zu wichtig ist, um sich in solchen Fragen zu verlieren. Außerdem werden sie ohnehin aus den verschiedensten politischen Ecken ständig gestellt. Viel wichtiger wäre es, die uns neuerdings beschleichende Ängstlichkeit, wie sie etwa an der recht vordergründigen Frage nach einer Bezeichnung für die europäische Währung sichtbar wurde, zu verbannen. Was wir brauchen, ist ein handfester Dialog über Europa selbst; über seine Befindlichkeit und seine Zukunft; über seine Verfassung, aber auch über seinen geistigen Hintergrund. Nicht von ungefähr wird in dieser Zeit eine dem Vater der Europäischen Einigung, Jean Monnet, zugeschriebene Äußerung oft unterschlagen: „Müßte ich Europa noch einmal gründen, würde ich es durch die Kultur tun." Das gemeinsame Europa ist viel weiter gediehen, als wir uns darüber Rechenschaft ablegen.

Eines brauchen wir aber bei aller Rationalität auch für dieses Europa, nämlich die großen Erzählungen. Mit Untersuchungen und Statistiken, mit komplizierten Vertragsmechanismen und Konferenzen allein können wir dieses neue Europa nicht schaffen. Die Gestaltung der Welt ist durch Geschichten und Erzählungen geschehen, aus denen auch Europa schließlich hervorgegangen ist. Es waren die Mythen und Sagen der griechisch-römischen Literatur, die Erzählungen und Zeugnisse der Bibel, aber auch die Epen und Sagen der nationalen Literaturen, die gemeinsam, einander ergänzend und durchdringend, in ungeheuer vielen Metaphern und Metamorphosen die Grundmuster menschlicher Existenz umrissen haben. In ihnen tritt eine große Integrationsfähigkeit zutage, deren Wirksamkeit zur abendländisch-westlichen, zur europäischen Kultur geführt hat.

Darum ist uns heute in vielem die geistige Ordnung abhanden gekommen, das Vertrauen in das Leben und der Optimismus der Jugend. Denken wir doch daran, welch bildende Kraft der Faust-Mythos, der des Don Juan, die Figur des Don Quixote, aber auch die der Jeanne d'Arc hatten. Jede Nation kann solche Erzählungen und Figuren ihr eigen nennen. Es kann keine Einheitserzählung geben, sondern nur eine Vielfalt von Erzählungen, aus der eine gemeinsame Erzählung wird. Nur so kann eine gemeinsame Geschichte – nicht eine einheitliche Geschichte – überhaupt zustandekommen. Zum Gelingen einer gemeinsamen Geschichte gehört das gegenseitige Übernehmen unserer verschiedenen Geschichten. Niemand in Europa kann sagen, er verfüge über die „einzig wahre" Geschichte. Das haben Hitler und Stalin getan. Eine solche Behauptung ist immer gegen Europa und seine Kultur gerichtet. Wir haben in diesem Jahrhundert genug leidvolle Erfahrungen mit jenen Erzählern gemacht, die uns eine „einzig wahre" Geschichte erzählen wollten. Erweitern wir also Europa, nicht nur auf der Landkarte und nicht nur um Staaten, Institutionen und Kompetenzen, sondern auch im Geiste und im Herzen. Schließlich ist ja der Mythos von Europa auch als Liebesgeschichte überliefert …

Wenn ich zum Abschluß ein Wort von Karl-Markus Gauß zitiere, könnte man meinen, er übertreibe, aber die Ereignisse der letzten Jahren geben ihm recht: „Die Donau ist ein Experiment, das die ganze Welt beeinflußt – was hier scheitert, mag überall scheitern, was hier Erfolg hat, gibt Hoffnung für jeden anderen Platz der Erde." Das gilt insbesondere für Österreich, die Region, in der wir zu Hause sind.

Europa zwischen Zentralismus und Subsidiarität

Maria Duftner

Die Volksabstimmung

Im Juni 1994 entschied die österreichische Wählerschaft über den Beitritt zur Europäischen Union (EU). Nicht etwa der Beitrittsvertrag stand zur Abstimmung, sondern eine Ermächtigung der Bundesregierung und des Präsidenten zum Abschluß eines Staatsvertrags. Obwohl von Seiten der Opposition und von Verfassungsrechtlern demokratiepolitische und verfassungsrechtliche Bedenken über die Art und Weise der Volksabstimmung geäußert wurden, entschied sich die Große Koalition für diesen Weg.

Vor dem Hintergrund einer massiven Pro-EU-Kampagne der Regierung und der Unterstützung durch das größte Printmedium stimmte die überwältigende Mehrheit der Wahlberechtigten dieser Ermächtigung zu. Somit wurde Österreich am 1. Jänner 1995 Mitglied der EU – ein Umstand, der den vorläufigen Endpunkt einer bereits 1947 begonnenen Westintegration Österreichs darstellt. Der Beitritt zur Europäischen Union brachte und bringt viele wirtschaftliche, politische und gesellschaftliche Veränderungen mit sich. Gerade die bevorstehende EU-Erweiterung könnte von Österreich als große Chance genutzt werden, um eine entscheidende integrationspolitische Funktion in der Gemeinschaft zu übernehmen. Diese erneute Möglichkeit zur Öffnung werden wir jedoch nur nutzen können, wenn wir die formellen und informellen Vorgangsweisen der EU noch besser verstehen lernen.

Mit der vollständigen Eingliederung Österreichs in die Gemeinschaft wurde ein Teil der nationalstaatlichen Souveränität freiwillig abgegeben. Europäisches Recht, welches innerhalb der vertraglich festgelegten Befugnisse gesetzt wird, genießt Vorrang gegenüber dem nationalen Recht. Ein weiteres supranationales Merkmal der Union sind die von den Mitgliedsstaaten unabhängigen Organe: Kommission, Europäisches Parlament (EP), Rechnungshof und Europäischer Gerichtshof (EuGH).

Die Institutionen

Von den Mitgliedstaaten unabhängige Institutionen

Die Europäische Kommission (vgl. Art. 211 EGV) versteht sich aufgrund ihres Initiativmonopols in der Gemeinschaft als deren Motor. Ihre Aufgabe ist es nicht, das Interesse der Mitgliedstaaten zu vertreten, sondern das der Gemeinschaft. Die 20 Kommissionsmitglieder handeln unabhängig und frei von parteilichem Einfluß; dies beeidigen sie vor ihrem Amtsantritt. Fälschlicherweise wird oftmals behauptet, der von Österreich entsandte Kommissär hätte nationale Interessen zu vertreten. Deswegen wird er manchmal als Verräter bezeichnet.[1] Das eigentliche Organ zur Sicherung von mitgliedstaatlichen Interessen ist der Rat, in dem die jeweils zuständigen Minister der Mitgliedstaaten zusammentreffen.

Die zweite bedeutende Aufgabe kommt der Kommission bei der Kontrolle der ordnungsgemäßen Anwendung des Gemeinschaftsrechts durch die Mitgliedstaaten zu (zentrale Kontrolle). Sie kann als Hüterin der Verträge gegen Staaten ein Vertragsverletzungsverfahren (vgl. Art. 226 EGV) beim EuGH einleiten. Bei schweren Verstößen gegen das Wettbewerbsrecht können Bußgelder verhängt werden. Bevor es letztendlich zu einem Vertragsverletzungsverfahren kommt, bemüht sich die Kommission bei Vorverhandlungen gemeinsam mit dem Nationalstaat, eine einvernehmliche Lösung des Problems zu finden.

Erläßt der Rat Vorschriften, so hat er der Kommission grundsätzlich die Durchführungsbefugnisse zu erteilen (vgl. Art. 202 EGV). Um dabei die Kommission einer nationalstaatlichen Kontrolle zu unterziehen, wurden die sogenannten Komitologieausschüsse (vgl. Beschluß des Rates 87/373/EWG) eingerichtet. Hier verhandeln Vertreter der Kommission, nationalstaatliche Beamte und etwaige Experten über zu beschließende Maßnahmen. Die Zahl der Ausschüsse ist nicht klar bestimmbar, Schätzungen zufolge könnten es um die 1.000 sein. Sie tagen unter Ausschluß der Öffentlichkeit; Informationen über die Verhandlungsinhalte sind eigentlich nur über Interviews zu bekommen. Das Europäische Parlament wird überhaupt nicht eingebunden.

Aufgrund mangelnder Transparenz und demokratischer Legitimation wurde der oben genannte Beschluß durch einen neuen (vgl. 1999/468/EG) ersetzt. Darin ist vorgesehen, das EP über die Tätigkeiten der tagenden Ausschüsse regelmäßig zu informieren. Außerdem hat die Kommission für einen öffentlichen Zugang der Dokumente zu sorgen. Weiters soll eine Liste der Ausschüsse im Amtsblatt der Union veröffentlicht werden. Überdies hat die Kommission ab dem Jahr 2000 einen Jahresbericht über die Arbeit der Ausschüsse zu erstellen. Dadurch könnte eine gewisse Transparenz hergestellt werden. Allerdings fehlt es größtenteils noch an demokratischer Legitimation, zumal das EP nach wie vor noch keine entscheidenden Mitbestimmungsrechte hat.

Das Europäische Parlament ist durch die Direktwahl seiner 626 Mitglieder das EU-Organ mit am meisten Legitimation. Es verfügt aber erst seit den Verträgen von Maastricht und Amsterdam über einen erheblichen Einfluß bei der Rechtssetzung; allerdings nur in der ersten Säule der Union, die sich aus Euratom, EGKS und EG zusammensetzt. In den Bereichen der Gemeinsamen Außen- und Sicherheitspolitik (GASP) sowie der polizeilichen und justiziellen Zusammenarbeit (PJZ) sind die Mitwirkungsrechte des EP äußerst marginal, zumal diese beiden Säulen intergouvernmental organisiert sind. Das Verfahren der Mitentscheidung nach Art. 251 EGV ist nun das bedeutendste. Mit ihm kann das EP jeden Rechtsakt zu Fall bringen. Es wird unter anderem in Bereichen des Binnenmarkts, der transeuropäischen Netze, der Bildung, der Forschung und der technologischen Entwicklung angewandt.

Das Kooperationsverfahren nach Art. 252 EGV kommt seit Amsterdam nur mehr in den Bereichen der Wirtschafts- und Währungsunion zum Tragen. Die geringfügigste Bedeutung kommt dem EP beim Konsultationsverfahren zu. Hier hat das EP lediglich das Recht der Stellungnahme. Allerdings wird auch dieses Verfahren immer mehr an Bedeutung verlieren, da der Ruf nach einer Demokratisierung der Union lauter wird. Vor allem das EP und die Kommission wollen die Europäische Union bürgernäher und transparenter gestalten. Eine zunehmende Parlamentarisierung der Union wird mit einem weiteren Verlust der nationalstaatlichen Souveränität einhergehen, da sie einen Zuwachs von Mehrheitsentscheidungen zur Folge hat. Dieser Umstand könnte schließlich als ein weiterer Schritt in Richtung Staatswerdung interpretiert werden. Daß sich die Begeisterung der Mitgliedstaaten dabei in Grenzen hält, liegt auf der Hand.

Wie auch nationalstaatliche Parlamente verfügt das EP über Kontroll- und Haushaltsbefugnisse. Es ist bemächtigt, Untersuchungsausschüsse gegenüber ihm rechenschaftspflichtigen Gremien einzusetzen. Die Kommission kann ohne die Zustimmung des EP nicht ernannt werden. Das EP hat weiters das Recht, einen Mißtrauensantrag gegenüber der gesamten Kommission einzubringen. Die Prüfung der Monats- und Jahresberichte dient zur weiteren Kontrolle der Exekutive. Die Abgeordneten können außerdem schriftliche sowie mündliche Anfragen im Rahmen der Plenartagungen an die Kommission stellen.

Der Haushaltsplan der Union tritt erst mit der Unterzeichnung der EP-Präsidentin in Kraft. Der Ausschuß für Haushaltskontrolle wacht über die korrekte Verwendung der Finanzmittel, der Rechnungshof der EU überprüft weiters die Rechtmäßigkeit der Ein- und Ausgaben. Die Eigenmittel der Union setzen sich aus a) Zöllen, die an den EU-Außengrenzen erhoben werden, b) Agrarabschöpfungen auf eingeführte Erzeugnisse aus Drittstaaten, c) aus einen prozentualen Anteil der nationalstaatlichen Mehrwertsteuer und d) einer BSP-Abgabe der Mitgliedstaaten, die die maximale Grenze von 1,27 % eines nationalstaatlichen Bruttosozialproduktes nicht überschreiten darf, zusammen.

Die europäische Integration wurde und wird besonders von einem Organ vorangetrieben: dem Europäischen Gerichtshof. Ihm gehören 15 Richter und 8 Generalanwälte an. Seine Aufgaben betreffen die Auslegung und Wahrung des Primär- wie Sekundärrechts. Seine Entscheidungen haben meist Präzedenzfallwirkung, weswegen sie mit Spannung erwartet werden. Eines seiner bekanntesten Urteile erfolgte im Fall Cassis de Dijon. Der EuGH kam hierbei zu dem Schluß, daß Waren, die bereits in einem Mitgliedstaat eingeführt wurden, auch in anderen Unionsländern vertrieben werden dürfen. Dieses Urteil war ein entscheidender Schritt zur Verwirklichung des einheitlichen Binnenmarktes.

Österreich bekam die Wirkung von EuGH-Urteilen dieses Jahr zu spüren. Spätestens seit dem Beitritt zur Union war klar, daß die

Getränkesteuer dem Gemeinschaftsrecht widerspricht. Doch die österreichische Bundesregierung wollte lieber das Urteil des EuGH abwarten, in dem das längst Erwartete durch die Vorabentscheidung nur bestätigt wurde (Rs C-437/97). Natürlich hat Österreich die Zeit bis zur Urteilsverkündung nicht konstruktiv genützt und nach einer anderen, effektiven und befriedigenden Lösung gesucht. Statt dessen wurde in einer fieberhaften Aktion die Mehrwertsteuer auf Aufgußgetränke und Speisen schmerzlich erhöht.

Das oben genannte Vorabentscheidungsverfahren ist eines der wichtigsten Instrumente, um europäisches Recht durchzusetzen. Dabei handelt es sich um eine dezentrale Kontrolle, denn der EuGH ist auf die Gerichte[2] der Mitgliedstaaten angewiesen. Falls Beamte oder Richter der Staaten glauben, das nationale Recht widerspricht dem Gemeinschaftsrecht, können sie den Fall dem EuGH zur Vorabentscheidung vorlegen. Letztinstanzliche Gerichte haben bei Zweifel die Pflicht zur Vorlage. Dies setzt jedoch eine genaue Kenntnis des Europarechts voraus, die bei dieser komplexen, schnellebigen Materie und der oft mangelnden Ausbildung durchaus bezweifelt werden kann.

Von den Mitgliedstaaten abhängige Organe

Der Rat der EU ist das Organ zur Wahrung der mitgliedstaatlichen Interessen; ihm gehören ausschließlich Regierungsvertreter an. Einige Länder haben sogar die Möglichkeit, die zuständigen Minister bei Verhandlungen und Abstimmungen zu binden. Besonders stark ist dieses Instrument in Österreich ausgeprägt (vgl. Art. 23e B-VG).

Der Rat ist das maßgebliche Rechtssetzungsorgan in der Union. Er ist für die Abstimmung der Wirtschaftspolitiken der Mitgliedstaaten zuständig, besitzt Entscheidungsbefugnis und kann der Kommission Durchführungsbefugnisse erteilen (vgl. Art. 202 EGV). Falls in den Verträgen nicht anders vorgesehen, beschließt der Rat mit einfacher Mehrheit. In der Regel wird ein Beschluß mit qualifizierter Mehrheit gefaßt, wobei die Stimmen gewogen werden. Gerade diese Mehrheitsbeschlüsse im Rat sind ein weiteres Merkmal für Supranationalität: Hier ist keine Gleichheit der Staaten, wie im herkömmlichen Völkerrecht, gegeben. Besonders im Hinblick auf die bevorstehende Erweiterung wird zu überlegen sein, welche Politiken Einstimmigkeit bzw. eine Mehrheit im Rat erfordern, um die Europäische Integration künftig weiter voranzutreiben.

Der Öffentlichkeit wird der Zugang zu den Ratsverhandlungen verwehrt, und auch der Zugang zu Dokumenten kann unter Angabe von Gründen verweigert werden. Zumeist erfolgen auch die Abstimmungen im Rat mündlich, was eine Kontrolle durch die nationalstaatlichen Parlamente erschwert. Angesichts der Tatsache, daß der Rat der Hauptgesetzgeber in der Union ist, wäre eine transparentere Vorgehensweise nur zu befürworten. Dies könnte jedoch nur der Rat selbst ändern, zumal die Mitgliedstaaten nach wie vor noch Herren der Verträge sind.

Eine besonders wichtige Aufgabe innerhalb des Rates kommt dem Ausschuß der Ständigen Vertreter (COREPER) zu. Hier wird auf Botschafter- und Stellvertreterebene die gesamte Ratstätigkeit inhaltlich und formal vorbereitet, Rechtsakte also, über die im Rat nur mehr abgestimmt wird. Dem COREPER unterstehen wiederum Arbeitsgruppen, die ähnlich wie die Komitologieausschüsse aus nationalen Beamten und etwaigen Experten zusammengesetzt sind. Auch hier gibt es nur begrenzte Möglichkeiten des öffentlichen Einblicks.

Dem Europäischen Rat gehören die Staats- und Regierungschefs der Mitgliedstaaten und – anders als im Rat der EU – auch der Präsident der Kommission an. Sie werden noch von den Außenministern und einem weiteren Kommissionsmitglied unterstützt. Hier treffen also die Interessen der Gemeinschaft wie die der Staaten aufeinander, wobei die Nationalstaaten eindeutig in der Mehrzahl sind.

Der Europäische Rat ist sozusagen das Leitgremium der Union. Hier werden Impulse und Leitlinien für die Zukunft gesetzt bzw. beschlossen, die schließlich vom Rat und in weiterer Folge von der Kommission umzusetzen sind. Die Verhandlungen werden ebenfalls hinter verschlossenen Türen geführt. Auch diese Verhandlungspapiere sind der Öffentlichkeit nur begrenzt zugänglich.

Eines der genannten Exekutivorgane als alleinige europäische Regierung zu bezeichnen, ist nicht möglich, zumal sie alle gewisse Regierungsmerkmale tragen. Die Kommission verfügt momentan nur im Bereich der Wettbewerbs-, Agrar- und Handelspolitik über maßgebliche Entscheidungsbefugnisse. Die Gewalten in der Gemeinschaft sind nicht geteilt. Gesetzesinitiativen können nur von der Kommission ausgehen, die letzte Entscheidung fällt der Rat, und irgendwo dazwischen redet noch das Parlament mit. Das Prinzip der *checks and balances*, das unerläßlich für ein funktionierendes Gemeinwesen ist, wurde in der Union nur äußerst mangelhaft ausgestaltet. Nur der Bereich der Judikative ist klar abgegrenzt: Hier liegt die Kompetenz eindeutig beim EuGH.

Aufgrund des Prinzips der begrenzten Einzelermächtigung verfügt die Union über keine umfassende Staatsgewalt. Die Gemeinschaft darf nur dann tätig werden, wenn ihr die Befugnisse im Rahmen der Verträge zugewiesen wurden. Allerdings besteht aufgrund der meist allgemein gehaltenen Formulierungen ein weiter Interpretationsrahmen, der mit Hilfe des EuGH untermauert werden kann. Die Europäische Union verfügt auch nicht über eine „Kompetenz-Kompetenz“, d. h. sie ist nicht bemächtigt, selbständig Aufgaben und Befugnisse ihrer Organe festzulegen. Die Mitgliedstaaten sind nach wie vor Herren der Verträge, sie können die Verträge nach Art. 48 EUV jederzeit ändern. Die nationalstaatliche Souveränität in der Europäischen Union wird jedoch insofern beschränkt, als mittlerweile viele verschiedene Akteure an der Rechtssetzung wie letztlich auch an Vertragsänderungen durch Interessenartikulation beteiligt sind.

Das dynamische Mehrebenensystem

Einer verabschiedeten EU-Maßnahme sind komplexe Verhandlungen in den unterschiedlichsten Gremien der Gemeinschaft vorausgegangen. Selten kann nachvollzogen werden, von wem die Initiative letztendlich ausgegangen ist und ob die verabschiedete Maßnahme überhaupt noch den damaligen Vorstellungen Rechnung trägt.

In Brüssel gibt es ein dichtes Netzwerk von unterschiedlichen Akteuren, die alle versuchen, Einfluß auf die Organe der Gemeinschaft zu nehmen. Große Unternehmungen, NGOs (Non Governmental Organizations), europäische Gewerkschaftsverbände und

Interessenvertretungen sowie die Regionen und Länder der Staaten haben durch ihren Lobbyismus erheblich an Bedeutung und Macht in Europa gewonnen. Besonders die unterschiedlichen Sozialpartner werden in den Gesetzgebungsprozeß einbezogen, um etwaige Konflikte zu unterbinden.

In institutionalisierter Form werden auch über den Wirtschafts- und Sozialausschuß (WSA) und über den Ausschuß der Regionen (AdR) Interessen artikuliert. Beide sind beratende Organe und setzten sich aus 222 Vertretern zusammen. Sie haben diverse Anhörungsrechte und geben Stellungnahmen ab. Vom Wirtschafts- und Sozialausschuß werden in etwa zwei Drittel der Stellungnahmen berücksichtigt.[3]

Im Wirtschafts- und Sozialausschuß treffen Vertreter von Arbeitgebern, Arbeitnehmern, Landwirten, Klein- und Mittelbetrieben, Genossenschaften, Vereinen, Familien usw. zusammen und tauschen Meinungen entsprechend ihrem Fachwissen aus. Der WSA versteht sich selbst als „das Sprachrohr der organisierten Bürgergesellschaft" und möchte den Bürgern eine möglichst breite Mitwirkung und Einbeziehung in den Gesetzgebungsprozeß ermöglichen. Die Mitglieder werden jedoch, wie im Ausschuß der Regionen, nicht direkt gewählt.

Der Ausschuß der Regionen ist ebenfalls ein beratendes Organ und verfügt über das Recht der Anhörung und der Stellungnahme in verschiedenen Bereichen. Seine Aufgabe ist es, die Wahrung des Subsidiaritätsprinzips (Art. 2 EUV, Art. 5 EGV) sicherzustellen und Interessen der Gemeinden und Regionen zu artikulieren.

Die oben genannten Ausschüsse dienen wie die Ratsgruppen und die Komitologieverfahren zum Informationsaustausch zwischen Zentrum und Peripherie. Auf diesen Austausch sind besonders die Institutionen der Union angewiesen. Nur wenn die untersten Verwaltungsebenen die zentralen Abläufe verstehen und mitbestimmen können, werden diese auch umgesetzt bzw. ihre Nichtumsetzung dem EuGH unterbreitet. Andererseits sind die EU-Organe handlungsunfähig, wenn Informationen der Basis nicht zum Zentrum vordringen. Ohne diesen Austausch könnten keine entsprechenden Maßnahmen gesetzt werden. Ein Zusammenspiel der untersten mit obersten Ebene der Union ist ganz entscheidend für den europäischen Integrationsprozeß.

In der Europäischen Union ist eine hohe Spezialisierung, ähnlich dem amerikanischen Verfahrensmodell, erkennbar. In bestimmten Politikfeldern werden ganz gezielt Experten, transnationale wie transgouvernmentale Akteure, gehört und einbezogen, um zu einer gemeinsamen Problemlösung zu gelangen. Dies bedeutet insbesondere für die Mitgliedstaaten: Je besser die entsandten Vertreter mit den Verfahren und dem Funktionieren des komplexen Policy-Netzwerks in der Union betraut sind, je höher das technische und wissenschaftliche Know-how, desto effektiver sind Interessen durchzusetzen. Der Einfluß von politischen Akteuren hängt nicht primär von deren Größe und Macht ab, sondern auch von den Fähigkeiten, sich in den EU-Netzwerken organisieren und artikulieren zu können.

Mit der Dauer einer Mitgliedschaft in der EU wächst auch das Wissen über den Betrieb und die notwendigen Organisations- und Verhandlungsformen. Allerdings ist es notwendig, daß die Mitgliedstaaten, und insbesondere Österreich, ganz gezielt Experten ausbilden. Es muß eine gewisse Bereitschaft vorhanden sein, mehr technisches und wissenschaftliches Know-how, fernab von Parteibüchern, in die Politik zu tragen, um eine konstruktive Mitbestimmung in der Union zu erreichen. Eine gezielte Auseinandersetzung mit bestimmten Politikbereichen in sogenannten *Think Tanks* wird künftig für politische Akteure unerläßlich sein.

Durch dieses Mehrebenensystem in der Union kommt es ebenso zu einer Zentralisierung wie zu einer Dezentralisierung. In den äußerst komplexen Verhandlungsprozessen werden die unterschiedlichsten ökonomischen, rechtlichen und politischen Aspekte diskutiert, die jeweilige subnationale, nationale oder supranationale Interessen widerspiegeln. Es wird versucht, in Zusammenarbeit mit den Mitgliedstaaten – deren Vertreter äußerst eng mit den Kommissionsbeamten zusammenarbeiten – und anderen politischen Akteuren Probleme gemeinschaftlich zu lösen. Je nach Entwicklungsstadium des laufenden Entscheidungsprozesses wechselt die Gewichtung der beteiligten Akteure. Hier primär von zentralisierten Entscheidungen zu sprechen, ist in Anbetracht des komplexen Mehrebensystems nicht möglich; allerdings werden zu viele Verhandlungen auf informellem Weg geführt, wodurch demokratische Kontrolle und Legitimation nicht möglich bzw. nicht gegeben ist.

Dieses System ist insofern dynamisch angelegt, als die gemeinschaftlichen Politikbereiche ständig ausgedehnt werden. Allein die Tagesordnungen der Plenarsitzungen des Europäischen Parlaments spiegeln diese Ausweitung wider. Auch die zunehmende Spezialisierung in den diversen Fachausschüssen ist ein Zeichen für die wachsende Dynamik in der Gemeinschaft. So haben in den letzten Jahren die verbindlichen Entscheidungen der EU kontinuierlich zugenommen, wodurch sich der gemeinsame Besitzstand (*acquis communautaire*) ständig erweitert.

Neben den EuGH-Entscheidungen wird auch die Produktion von sogenanntem *soft law* angewandt, um gemeinschaftliche Politikbereiche auszudehnen. Stellungnahmen und Empfehlungen von seiten des Rats oder der Kommission sind zwar nicht rechtsverbindlich, aber rechtserheblich, insofern sie Voraussetzungen für späteres verbindliches Handeln bilden. Auch die Weiß- und Grünbücher bilden eine Basis für spätere Rechtsetzung.

Wurde nach diesen komplexen Verhandlungen schließlich der Rechtsakt erlassen, folgt der nächste Schritt im Politikzyklus: die Umsetzung in nationales Recht. Handelt es sich um eine Verordnung, ist eine solche nicht nötig, da diese Durchgriffswirkung besitzt. Bei der Implementation spielen der Nationalrat (NR) bzw. die nationalstaatlichen Parlamente eine entscheidende Rolle. Besonders in Österreich hat der NR weitreichende Mitbestimmungsrechte (Art. 23e B-VG), die jedoch nur unzureichend genutzt werden, zumal personelle Ressourcen und Know-how fehlen. Oftmals entsteht ein sehr allgemein gehaltenes Gesetz, auf dessen Basis dann ministerielle Verordnungen erlassen werden. Hierbei ist der Nationalrat jedoch nicht mehr eingebunden.

Im neunten Protokoll des Unionsvertrages wird versucht, die Bedeutung der Rolle der nationalstaatlichen Parlamente in der Europäischen Union hervorzuheben. Sie sind de facto kaum in den Gesetzgebungsprozeß der Union eingebunden, wodurch sich das schon erwähnte Demokratiedefizit der Gemeinschaft nochmals vergrößert. Nach wie vor ist es den Mitgliedstaaten überlassen, wie die Parlamente in den Rechtssetzungsprozeß einbezogen werden. Das ist insofern nicht unproblematisch, als die Parlamente die eigentlichen Legislativorgane der Nationalstaaten sind und ihr Mitwirken unerläßlich für eine korrekte und demokratisch legitimierte Implementierung ist.

Doch nicht nur die Einbeziehung von nationalen Parlamenten ist ein entscheidender Faktor für eine Demokratisierung innerhalb der Union. Die Institutionen selbst müssen demokratischer und transparenter gestaltet werden. Die europäischen Bürger sollen die Möglichkeit haben, den Meinungsbildungsprozeß in der Gemeinschaft nachzuvollziehen. Die Entscheidungsabläufe in Europa sollten über eine mediale Öffentlichkeit – die ein entscheidendes Instrument in einer Demokratie darstellt und der Meinungsbildung dient – erlebbar gemacht werden. Mangel herrscht in diesem Zusammenhang nicht an Medien, sondern an einer europäischen Berichterstattung, die auch interne Abläufe berücksichtigt. Die mediale Berichterstattung kann als Spiegelbild der demokratischen Qualität eines Landes bzw. einer Gemeinschaft betrachtet werden.

Die Zukunft?

Besonders im Hinblick auf die bevorstehende Erweiterung ist fraglich, ob das jetzige Institutionengefüge – bei einer Mitgliederzahl von über 20 – ein effektives Handeln gewährleisten kann, und wie lange technokratisches Regieren ohne eine verstärkte Einbeziehung des europäischen Bürgers legitim sein kann.

Die Rede des deutschen Außenministers Joschka Fischer – als Privatperson – hat eine längst fällige öffentliche Debatte über die Zukunft der Europäischen Union ausgelöst. Seine Ideen über eine europäische Föderation haben besonders in Frankreich für heftige Reaktionen gesorgt. Dabei ist es fraglich, ob Begriffe, die aus einem nationalstaatlichen Kontext entstanden sind – wie Föderation, Volk, Staat usw. – überhaupt auf die Union angewandt werden können. Die Union ist bisher weltweit die einzig existierende supranationale Organisation, in der einerseits neue Formen von Herrschaft entstehen, die sich aus inner- und außereuropäischen Traditionen zusammensetzen, und die andererseits dem Einfluß neuer Ideen offen steht.

Joschka Fischer schlägt eine europäische Regierung vor, die sich entweder aus den nationalen Regierungen oder aus der bisherigen Kommissionsstruktur mit einem Präsidenten bildet. Eine demokratische Legitimation wäre nur durch eine direkte Wahl gewährleistet, und Henry Kissingers Frage „Wenn ich mit Europa reden will, wen soll ich anrufen?" könnte klar beantwortet werden. Mit einem Präsidenten, der Entscheidungsbefugnisse besitzt, kann die Union auch international handlungsfähiger werden. Ein Umfunktionieren des Rates zu einer europäischen Regierung wäre angesichts der bisherigen Intransparenz dieser Institution äußerst bedenklich. Dabei könnte durchaus auch die innerstaatliche demokratische Legitimation mit kritischem Auge betrachtet werden.

Ähnlich dem amerikanischen Modell schlägt Joschka Fischer ein Zweikammernsystem vor, das einerseits die Bürger und andererseits die Nationalstaaten vertreten soll – wobei eine Kammer aus Abgeordneten der Nationalparlamente bestehen soll, um einen Informationsaustausch zwischen Zentrum und Peripherie gewährleisten zu können. Hierbei stellt sich die Frage, inwieweit diese doppelte Arbeit effektiv erfüllbar ist und ob nicht die Herausbildung von europäischen Parteien zu favorisieren wäre. Es wäre mit Sicherheit auch interessant, über ein Dreikammernsystem, also aus Bürgern, Nationalstaaten und Regionen, nachzudenken.

Auf jeden Fall ist klar zu regeln, für welche Politiken die Nationalstaaten bzw. die Union zuständig sein sollen. Die abstrakte Formulierung des Subsidiaritätsprinzips in den Verträgen ist vollkommen unzureichend und unverständlich für den Bürger. Eine Verfassung hätte unter anderem die Aufgabe, Europa dem Bürger zu öffnen und es ihm näher zu bringen, wie es schon in Art. 1 EUV vorgesehen ist. Doch das komplexe und intransparente Entscheidungssystem macht es dem europäischen Bürger nicht einfach, die technokratischen Vorgänge in der Gemeinschaft zu verstehen und nachzuvollziehen. Wenn Entscheidungen möglichst bürgernah getroffen werden sollen, heißt das nicht nur, nationalen Beamten die Möglichkeit der Artikulation zu geben, sondern auch dem Bürger das Recht, diese zu wählen und Einblicke in die Verhandlungen zu bekommen.

Die Idee einer politischen Avantgarde in Europa, die besonders von Frankreich und Deutschland favorisiert wird, ist eine durchaus realistische Vorstellung. Sie spiegelt auch den Unwillen der Nationalstaaten wider, Souveränität abzugeben. Schon die Wirtschafts- und Währungsunion sowie das Schengen-Abkommen werden bzw. wurden zuerst nur von einzelnen Staaten eingeführt. Jeder EU-Staat hat später die Möglichkeit, beizutreten, wenn die notwendigen Voraussetzungen erfüllt sind und der politische Wille vorhanden ist.

Die ursprüngliche Vision von vor 50 Jahren war es, Europa friedlich zu einigen. Ein Europa der zwei oder mehreren Geschwindigkeiten birgt hohen Konfliktstoff in sich. Dem Entstehen einer zweiten Klasse von europäischen Ländern, die die notwendigen sozioökonomischen Bedingungen nicht erfüllen, um zur Avantgarde zu gehören, wäre damit Tür und Tor geöffnet. Eine solche Spaltung der Gemeinschaft ist wohl kaum mit dem europäischen Gedanken zu vereinbaren.

Ein Integrationsmotor für Europa ist mit Sicherheit notwendig, vor allem bei einem Anstieg der Mitgliederzahl. Nur warum sollten dies zwei oder mehrere Nationalstaaten sein, und nicht eine europäische Institution, die von den europäischen Bürgern dazu legitimiert wurde? Ihr können immer noch starke nationalstaatliche und andere Interessen gegenüberstehen, die durch ein System von *checks and balances* von Regierung, Parlament und Gerichtshof abgesichert werden. Der einzelne kommt in der Diskussion über die Zukunft der Europäischen Union viel zu kurz, zumal Nationalstaaten keinen weiteren Souveränitätsverlust hinnehmen wollen, der aber unweigerlich mit einer Demokratisierung bzw. Parlamentarisierung einhergeht. Wird also der Souverän einer europäischen Verfassung der Nationalstaat oder der europäische Bürger sein?

Literatur

Antalovsky, Melchior, Puntscher Riekmann (Hg.): Integration durch Demokratie, neue Impulse für die Europäische Union; Marburg 1997

Demke: Die Implementation von EG-Umweltpolitik in den Mitgliedstaaten, S. 72-124; Baden Baden 1994

Filzmaier, Plasser: Die amerikanische Demokratie; Wien 1997

Held: Democracy and the Global Ordner, from the Modern State to Cosmopolitan Governance; Politiy Press 1995, S. 141-283

Ismayr (Hg.): Die politischen Systeme Westeuropas; Opladen 1999

Jachtenfuchs, Kohler-Koch: Regieren im dynamischen Mehrebenensystem, in: Jachtenfuchs, Kohler-Koch (Hg): Europäische Integration; Opladen 1996

Marks, Hooghe, Blank: European Integration from the 1980s: State Centric vs. Multi-level Governance, in: Journal of Common Market Studies; September 1996

Puntscher Riekmann: Theorien des Staates: supranationale und nationale Regime; Vorlesung an der Universität Wien im Wintersemester 1998/99

Puntscher Riekmann: Implementierung des EG-Rechts; Vorlesung an der Universität Wien im Sommersemester 2000

Rohde, Lorenzmeier: Europarecht; Wien 1999

Schmidt: Liberalisierung in Europa; Frankfurt 1998

Siedentopf: Umsetzung und Anwendung des Gemeinschaftsrechts in den Mitgliedstaaten, in: Siedentopf,Magiera: Die Zukunft der Europäischen Union; Berlin 1997

Thun-Hohenstein, Cede: Europarecht; Wien 1999

Das Recht der Europäischen Union:
http://europa.eu.int/eurlex/de/index.html

Homepage des Ausschusses der Regionen: http://www.cor.eu.int

Homepage des deutschen Außenministeriums:
http://www.auswaertiges-amt.de

Homepage der Europäischen Union:
http://europa.eu.int/index-de.htm

Homepage der Europäischen Kommission:
http://europa.eu.int/comm/index-de.htm

Homepage des Europäischen Parlaments:
http://www.europarl.eu.int/sg/tree/de/default.htm

Homepage des österreichischen Parlaments: http://www.parlinkom.gv.at

Homepage des Europäischen Rat: http://ue.eu.int/de/summ.htm

Homepage des Wirtschaft- und Sozialausschusses: http://www.ces.eu.int

Wir werden nie mehr unserer Zeit voraus sein! Wenn die Beschleunigung der Geschwindigkeit an ihre Grenzen stößt

LUCAS SCHNEIDER-MANNS-AU

„Je beschleunigter die Bewegung, desto schneller vergeht die Zeit und um so bedeutungsloser wird die Umwelt; eine Ortsveränderung ist nur noch ein schlechter Scherz, deshalb der Spruch: ‚Die kürzesten Reisen sind die besten'! Der Passagier ist, wie der Abgeschiedene, nicht mehr von dieser Welt, und sofern man die Freiheit der Bewegung als erste, vorrangige Freiheit einstuft, kann die Freisetzung der Geschwindigkeit, die Freiheit, die Geschwindigkeit verschafft, auch als Ende aller Freiheiten gelten." (Paul Virilio: Der negative Horizont)

Als ich mich bereit erklärte, diese Zeilen zu schreiben, wußte ich, daß mir für dieses Unterfangen das Wesentlichste fehlte: Zeit. Denn eigentlich sollte ich neben meiner Arbeit doch wieder meine zweitbesten Freunde treffen (die besten Freunde treffe ich noch ab und zu), und hatte ich mir nicht vorgenommen, mehr Zeit mit meinem Neffen oder meinen Eltern zu verbringen? Nun, ich nehme nicht an, ein Einzelfall zu sein, sondern diesbezüglich ganz einfach im Trend der Zeit(knappheit) zu liegen.

Gehetzt drehen wir täglich unsere Runden, rastlos eilen wir immer weiter voran, ohne uns darüber bewußt zu sein, was uns auf der uns zur Verfügung stehenden Zeit-Reise zu Getriebenen werden läßt. Das Finden zu uns selbst wird immer schwerer, zu sehr bestimmt die gesellschaftliche Allgegenwart von Zeit unser Ordnungsprinzip. Die Verdichtung der Zeit ist charakteristisch für den Lebensstil des neu anbrechenden Jahrtausends. Wir begreifen Zeit als konkrete Wirklichkeit und schreiben ihr eine Existenz jenseits unserer Wahrnehmung zu: der Zeit-Raum, die Zeit-Spanne, der Zeit-Punkt, das (Internet-)Zeit-Alter.

Wir versuchen alles, was innerhalb von 24 Stunden machbar erscheint, in unseren Zeitplan einzubeziehen, oder, anders gesagt, wir üben uns in der Maximierung der Zahl der Bedürfnisbefriedigungs-Akte pro Zeiteinheit, so daß jedes Individuum als Konsument die Beschleunigungsmuster der Gesellschaft reproduziert. Da sind jene Tätigkeiten, die unabdingbar scheinen: Arbeitsweg, Arbeit, Einkaufen, Essen, Schlafen. Des weiteren muß noch Zeit gefunden werden für die Familie, die Freunde, die Hobbies, die Weiterbildung und – in der zeitgeistigen Gesellschaft der „Schönmenschen" – den Sport. Die Augenblicklichkeit beherrscht das Netz und unser Gefühlsleben. Wer in unserer Gesellschaft bestehen will, dem bleibt keine Zeit zum Rasten. Oder anders formuliert: Wir sind an die Grenzen der Zeit gestoßen. Die Technologien rund um das Internet haben uns dazu verholfen.

Wer macht die Zeit?

Im in der Nähe von Paris gelegenen Bureau International des Poids et Mesures werden weltweite Daten über die Zeit zusammengetragen und statistisch zusammengefaßt. Das Ergebnis ist die genaue Zeit. In der Vergangenheit wurde die Zeit größtenteils mit Hilfe der Astronomie bestimmt. Die Erde dreht sich einmal täglich um sich selbst – einen relativen Bezugspunkt haben wir somit schon seit Jahrtausenden.

Heute kommt die Zeit hauptsächlich aus Amerika, direkt aus den militärischen Hochsicherheitsfestungen, die rund um die Atomuhren errichtet wurden. Die dortige Zentraluhr stimmt sich mit fünfzig weiteren Cäsiumuhren rund um die Welt ab. Gemeinsam zählen sie die verstreichenden Sekunden und kommunizieren permanent miteinander über Glasfaserkabel. Warum nun gerade die mit dieser Hochtechnologie meßbar gewordene Nanosekunde so wichtig ist, zeigt sich an der immer stärker zunehmenden Kommunikation via Satellit. Egal, ob man in einem mit GPS (Global Positioning System) gesteuerten Flugzeug sitzt oder ob man mit einem Segelboot die Karibik durchkreuzt – die Kommunikation via Satelliten erfordert die genaue Kenntnis der Zeit.

Einen neuen Standard in Sachen Zeitmessung kreierte erst unlängst der Schweizer Uhrenhersteller Swatch. Mit „Swatch.beat" führte das für sein gutes Marketing bekannte Unternehmen die Internet-Zeituhr ein. Diese „Internet-Time" unterteilt den Tag in tausend Schläge („Beats"). Jeder dieser Beats entspricht einer Minute und 26,4 Sekunden. Da die Firmenzentrale von Swatch nicht in Greenwich, England, sondern im schweizerischen Buel liegt, startet der Internet-Tag natürlich um genau 0:00 BMT („Buel Mean Time"). Von diesem neuen Nabel der Zeitrechnung ausgehend, ist die Internet-Zeit an jedem Ort der Welt gleich, denn der Cyberspace hat keine Zeitzonen. Nicholas Negroponte, Direktor des Medienlabors am Massachusetts Institute of Technology (MIT) und Propagandist dieser neuen Zeitmessung, ist schon heute der Überzeugung, daß die Internet-Time in Zukunft für viele Leute die Echtzeit darstellen wird. Lassen wir uns also – zeitlich gesehen – überraschen.

Wer hat die Macht über die Zeit?

Die Zeit als gesellschaftliche Vereinbarung war in den vergangenen Jahrhunderten immer Gegenstand der Macht. Die Festlegung von Terminen und Fristen galt als meßbares Insignium von Macht, absolute Zeitsouveränität korrespondierte mit absoluter politischer Souveränität. Neben dem natürlichen Rhythmus der Tages- und Jahreszeiten waren es der Staat und die Kirche, die den zeitlichen Rahmen der vom Volk durchzuführenden Tätigkeiten vorgaben. Die von der Kirche eingeführte und heute vom Staat gesetzlich garantierte Sonntags- und Feiertagsruhe bildete neben Wahl- und Steuerabgabeterminen ein Zeitkorsett, wobei sich die Machtverschiebung zwischen Kirche und Staat über die Jahrhunderte anhand des Wegfalls von so gut wie fast allen kirchlichen Feiertagen gut ablesen läßt.

An die Stelle der alten Instanzen traten die Medien, indem sie Erscheinungs- und Sendetermine vorgaben. Unter dem Zeitaspekt bedeutet diese Entwicklung eine Anbindung der politischen Zeitordnung an die von den Medien vorgegebene Wirklichkeit. Zum einen richtet sich die Politik an den zeitlichen Fixpunkten der Medien aus (Nachrichtensendungen oder Erscheinungstermine von Printmedien), zum anderen werden politische Entscheidungen dem Erwartungsdruck der Medien ausgesetzt. Der auf das bloße

Konsumentendasein reduzierte Bürger erwartet prompte Entscheidungen und Erklärungen. Wenn politische Themen nicht innerhalb einer kurzen zeitlichen Frist gelöst werden, beginnt der Grad der öffentlichen Aufmerksamkeit zu sinken. Bei den zu passiven Konsumenten gestempelten Bürgern sinkt automatisch die Bindung an Parteien oder politische Programme, und die Zahl der Wechsel- oder Nichtwähler steigt. Dies wiederum führt zu einem rascheren Wechsel von parlamentarischen Mehrheiten. Als Folge dieser Entwicklung wird der Druck auf die Politiker erhöht, indem sie ihre politische Arbeit medial – mit Hilfe von *Spin Doctors* – inszenieren müssen, um kurzfristige Erfolge zu erzielen. Als Folge dieses medialen „Kurzzeitdenkens" steigt die Beschleunigung politischer Prozesse.

Wie verändert sich nun eine Politik, die unter Zeitdruck steht? Vereinfacht dargestellt könnte man sagen: Sie bedient sich politischer Symbolhandlungen und beliefert Zeitungen, Radio- oder Fernsehsendungen mit perfekt inszenierten „Neuigkeiten".

Der Zeitwahn kam langsamen Schrittes – für die Politik dennoch überraschend

Begonnen hat die Bewegungsablaufmaximierung bei industriellen Fertigungsprozessen mit der Erfindung der Dampfmaschine im 19. Jahrhundert. Erst wesentlich später, als die Industrielle Revolution und mit ihr auch eine kulturelle Revolution des 19. Jahrhunderts stattfand, erkannte auch die Politik die Bedeutung dieser Erfindung für die Gesellschaft.

Parallelen zum Internet sind dabei erkennbar und alles andere als zufällig: Galt das Internet anfangs als Netzwerk für Akademiker und Freaks, so zählt es heute zu den *hot issues* unserer Gesellschaft. Dennoch beschäftigte und beschäftigt sich die Politik – außer bei verbalen Themenbesetzungszwängen durch die politischen Standesvertreter – kaum mit den Veränderungen, welche die eng mit dem Internet verbundenen Technologien mit sich bringen.

So wurde zum Beispiel seitens der Politiker kaum in Betracht gezogen, daß die neu entstandenen Kommunikations- und Informationstechnologien zwangsläufig neue Arten der Entwicklung, Distribution und Anwendung mit sich bringen. Die mittlerweile bereits seit über fünf Jahren andauernde Diskussion um die Transformation unseres Gesellschaftsbildes hin zu einer Informationsgesellschaft bietet somit noch immer keine befriedigenden Lösungen beziehungsweise Schlüsse.

Die Mitte der neunziger Jahre von hervorragenden PR-Spezialisten inszenierten Grundsatzerklärungen der Vereinigten Staaten (Gore) und der Europäischen Union (Bangemann) sind im Nachhinein als verbale Luftblasen zu werten. Zwar brachten sie ein Thema an die Öffentlichkeit, das seit diesem Zeitpunkt nicht nur die amerikanische, sondern auch die europäische Öffentlichkeit erfaßt hat, Stellungnahmen zu diesem Thema lesen sich jedoch bis dato wie die neuesten Kochrezepte, die saisonal verändert werden können. Dem Rezipienten dieser Wortmeldungen treten Fachbegriffe entgegen, die die Veränderungen seines Umfeldes kaum oder nur unzureichend erklären. Viel zu undurchsichtig sind die Erläuterungen der Folgen dieser Transformation, die von mittlerweile fast allen Wissenschaftern als eine der maßgeblichsten gesellschaftlichen Revolutionen angesehen wird.

Die Koppelung zweier Basisinnovationen, der Mikroelektronik und der Glasfasertechnik, trug zur massiven Verbesserung der technischen Infrastruktur bei. Sie bildete die wichtigste Grundlage für Investitionen und neue Arbeitsplätze. Als Voraussetzung mußten sämtliche Formen von Kommunikation in einen Code von Nullen und Einsen, den Binärcode, gebracht werden.

Die bislang vorherrschende Trennung von Produktion, Distribution und Konsumation wird mit Hilfe der genannten Technologien langfristig obsolet. Das Aufkommen einer produktivitätsintensiven Gesellschaft wurde mit Hilfe der Informatik ermöglicht. Als Konsequenz dieser Produktivitätssteigerung ist eine wesentliche Effizienzsteigerung bei geringerer Arbeitszeit zu erkennen. Der über wirtschaftlichen Erfolg oder Mißerfolg entscheidende „Rohstoff" der Zukunft heißt Information.

Wie hilflos die Politik den Veränderungen des Internet-Zeitalters gegenübersteht, spiegelt sich sehr deutlich in der Thematisierung der Arbeitszeiten wider. Denn wie sonst soll man die Diskussionen rund um die Flexibilisierung der Ladenschlußzeiten interpretieren, wo es doch in einem weltweiten Netzwerk weder Tag und Nacht, geschweige denn Sonn- und Feiertage gibt. Das Internet verhält sich da nämlich im Sinne Karls V., in dessen Reich die Sonne nie unterging, oder, anders gesagt: Die faktische, durch technologische Hilfsmittel erzeugte Macht siegt über nationale Rahmenbedingungen.

Die exponentielle Beschleunigung der Marktdurchdringung

Damit Technologieanwendungen den weltweiten ökonomischen Durchbruch schaffen, bedarf es einer kritischen Anzahl von Anwendern. Diese wird von der Ökonomie auf 40 Millionen Endgeräte oder Anwender festgelegt. Dauerte es beim Telefon und beim Radio noch gute 40 Jahre, so verdoppelte sich die Geschwindigkeit der „kritischen Marktdurchdringung" bei Fernsehen und Videorecorder auf 20 Jahre. Eine weitere Potenzierung der Geschwindigkeit setzte beim World Wide Web ein. Innerhalb von nur fünf Jahren surften mehr als 50 Millionen Internetanwender durch ein neuerschaffenes, weltweites Informationsnetz.

Neben der Geschwindigkeit, mit der sich dieses Netz ausbreitet, hat das Internet noch ein weiteres wichtiges Merkmal: Es repräsentiert gegenwärtig das erste demokratische Medium, da es – durch den Wegfall von bislang die Medien beherrschenden Knappheiten in Form von Frequenzen oder Seitenumfängen – eine *Multipoint-to-multipoint communication* ermöglicht. Das bislang den Herrschenden vorbehaltene Monopol der Verteilung von Information ist mit dem Internet gefallen. Jedem ist es mittlerweile möglich, sein eigener Verleger zu sein. Mehr noch, kommuniziert werden kann in Bild, Schrift und Ton – ein Umstand, den es bislang nicht gab. Nur das kreative Pouvoir des einzelnen bildet die Grenze des Machbaren, nicht jedoch die Kosten der Veröffentlichung.

„Reaktionsagitator" – ein neuer Managertyp entsteht

Wir werden nie wieder unserer Zeit voraus sein – vielleicht ist das die Erkenntnis aus der lange Jahre dahinschleichenden und nun für alle spürbar vollzogenen gesellschaftlichen Revolution, die uns in das Informationszeitalter gehievt hat. Das Internet und die damit zusammenhängenden Technologien (z. B. E-Mail) haben uns dazu verdammt, permanent der Zeit hinterherzuarbeiten.

Tagtäglich strömt eine Unmenge von Informationen auf uns ein, die darauf wartet, umgehend be- und verarbeitet zu werden, sozusagen in Echtzeit. Wir befinden uns an der Schwelle zum *„Real-Time-Information-Age"*. Das wiederum hat das Heranwachsen einer neuen Managergeneration zur Folge, der Generation der „Reaktionsagitatoren". Ihr hervorstechendstes Merkmal und ihre wichtigste Qualität zugleich ist ihre Kommunikations-Besessenheit. Mit ihrem Laptop verbringen sie mehr Zeit als im direkten Gespräch. Aufgrund der Ortsunabhängigkeit ihres Arbeitsplatzes geben sie ihre Anweisungen mittels E-Mail – die Zeit, eine Sekretärin zu administrieren, fehlt ihnen. Das E-Mail übernimmt ihre Kommunikation mit dem Rest der Welt. Die „Reaktionsagitatoren" arbeiten viel, und das meist in Branchen, die sich im Aufbau befinden und somit wenig Sicherheit bieten. Sie schlafen wenig, was wiederum dazu führt, daß sie sich selten bis gar nicht auf die gegenwärtigen Pensionsreformdiskussionen einlassen, da ihr Lebensstil ohnehin für eine geringe Lebenserwartung steht.

Diese von der *New Economy* geschaffenen Manager sind jene neue Zeitbeschleuniger, von denen wir gegenwärtig tagtäglich in den Wirtschaftsseiten aller Periodika lesen. Denn sie haben die Zeit im Griff. Für sie ist es selbstverständlich, daß der Arbeitstag 16 Stunden hat – bei ihnen verschwimmen die Begriffe Arbeit und Freizeit, ihre Jobs sehen sie weniger als Beruf, sondern vielmehr als Berufung, und der Wille zur Veränderung bestimmt ihr Handeln. Das Alter dieser Innovatoren wird permanent niedriger, ihr Wissen hingegen steigt umgekehrt proportional. Sie haben während ihrer Studienzeit sicherlich kaum Zeit in öffentlichen Bädern verbracht, sondern sich häufiger beim Ausfüllen von Formularen zur Beantragung eines Stipendiums für ein Auslandssemester wiedergefunden. Mit

24 bereiteten sie sich bereits auf ihren Master of Business Administration (MBA) vor. (Allerdings ist gerade in letzter Zeit zu bemerken, daß auch der MBA nicht mehr als Basis für eine rasche Karriere angesehen wird, denn er nimmt mindestens 16 Monate in Anspruch, Zeit, die diese Manager nicht haben.)

Vorbei sind auch die Zeiten, als die Gehaltsspirale sich mit dem Lebensalter nach oben schraubte. Waren es bis vor ein paar Jahren noch die Vierzigjährigen, die am Zenit ihrer Karriereleiter angekommen waren, so befinden sich heute immer mehr Dreißigjährige bereits auf dem Höhepunkt ihrer Laufbahn; ja sogar Twens werden in die Geschäftsführer-Etagen von Großunternehmen geholt. Im Amerika des beginnenden 21. Jahrhunderts liest man immer häufiger von Internet-Millionären, die gerade einmal der Pubertät entkommen sind.

Vom Entscheidungsträger zum „Entscheidungstreffer"

Die Pioniere oder Soldaten des Internet-Zeitalters sind mit einem Ziel aufgebrochen: Sie wollen die möglichst rasche ökonomische Unabhängigkeit erlangen, die es dem Individuum erlaubt, dem tagtäglich wachsenden Arbeitsdruck zu entkommen. Denn nicht nur das Arbeitspensum ist in den letzten Jahren dramatisch angestiegen, auch der sogenannte Output hat sich enorm erhöht. Die Anforderungen an Personen in Führungspositionen haben sich verändert. Konnte man noch bis vor einigen Jahren von Entscheidungsträgern sprechen, so muß der Manager in der *New Economy* eher als Entscheidungstreffer bezeichnet werden. Denn der Faktor Zeit, und nicht das eingesetzte Kapital hat den größeren Einfluß auf Erfolg oder Mißerfolg; oder, anders gesagt: Die Zeit bestimmt den Wert des Geldes.

Das Kapital ist durch die Digitalisierung mobil geworden. Nicht mehr die Unternehmen verändern ihre Standorte, sondern Server werden von einem Land in das andere transferiert. Diese Entwicklung untergräbt immer massiver die Fähigkeiten nationaler Staaten, durch Steuern und Abgaben einen gesellschaftlichen Chancenausgleich zu organisieren. Auch nationale Gesetzgebungen werden durch das Internet unterlaufen. Selbst wenn das Internet keinen rechtsfreien Raum darstellt, so läßt sich in ihm die Einhaltung von Regeln schwer überprüfen.

Hier tritt nun ein weiteres Element, das unter der wirtschaftlichen Beschleunigung „leidet", zutage: Die Politik benötigt, um Entscheidungen treffen zu können, Zeit – die ihr aber aufgrund der tatsächlichen Geschwindigkeit, die ihr die Wirtschaft vorlebt, nicht immer gegeben ist. Als Beispiel bietet sich hier das immens wichtige Thema rund um den Rechtsraum Internet an. Wie bereits erwähnt, hat das Internet seinen „Durchbruch" innerhalb von nur vier Jahren geschafft – gerade einmal eine Legislaturperiode Zeit für Entscheidungsfindungen in der Politik. Hier wird bildhaft nachvollziehbar, daß die durch das Internet entstandenen Entscheidungserfordernisse nicht mit den sich täglich ändernden Markterfordernissen Schritt halten können. Mit der wachsenden Zahl von Entscheidungserfordernissen dringt die demokratische Notwendigkeit zur Regulierung der *New Economy* in die politischen Entscheidungsprozesse ein.

In Hinblick auf die sich dramatisch verändernde Gesellschaft und auf das mögliche Konfliktpotential sowie die zeitliche Reichweite von Entscheidungen erscheint jedoch die Rückgewinnung von Zeit für das Aushandeln von politischen Rahmenbedingungen als notwendig. Der technische – und damit zusammenhängend der gesellschaftliche – Wandel darf nicht schneller voranschreiten, als er im Rahmen eines demokratischen Diskurses noch sinnvoll behandelt werden kann. Neben dieser Zeitknappheit gilt es überdies, das die politischen Entscheidungsprozesse bestimmende Spannungsverhältnis zu überwinden. Politik muß sich möglichst lange die Möglichkeit offenhalten, die Argumente der anderen Fraktionen sowie die der Opposition zu berücksichtigen. Politik beruht auf zyklischen Entscheidungen, wohingegen der technische Fortschritt von der Fähigkeit abhängt, immer wieder neue Entscheidungen und damit zusammenhängende Zielvorgaben zu fällen.

Die Politik muß in einer Zeit der Beschleunigung versuchen, die Gestaltungsmacht wieder zurückzugewinnen. Dazu benötigt sie Experten zum Einholen von Meinungen und Expertisen. Um aber trotzdem der Notwendigkeit des „raschen Handelns" entsprechen zu können, müssen Entscheidungen dezentralisiert und somit wieder demokratisiert werden. Denn nur, wenn durch das Konzept einer stärkeren Demokratisierung von Entscheidungen die Geschwindigkeit aus den Veränderungsprozessen genommen wird, kann die Gesellschaft als Ganzes ihren Einfluß auf den Prozeß der Beschleunigung zurückgewinnen.

Das Zeitalter der Nanosekunde hat schon lange begonnen. Damit haben wir den meßbaren Höhepunkt der Geschwindigkeit erreicht. Die modernen Zeitmesser hingegen entfernen sich täglich von unserer Alltagserfahrung – wir sind an den Grenzen unserer Möglichkeit von Zeitmessung angekommen; oder, wie es Milan Kundera formulierte: „Die Geschwindigkeit ist die Form der Ekstase, mit der die technische Revolution den Menschen beschenkt hat." Und dieses Geschenk gilt es anzunehmen, denn viel Zeit zur Anpassung wird uns nicht zur Verfügung stehen.

Österreichs Strukturprobleme – eine unendliche Geschichte?

HANS IGLER

Österreich am Wendepunkt

Österreichs wirtschaftspolitische Erfolge in der zweiten Hälfte des 20. Jahrhunderts sind unbestritten – doch unbestreitbar ist auch eine über die letzten Jahrzehnte angehäufte Staatsschuld von knapp 2.000 Milliarden Schilling. Eine rund 30 Jahre währende, politisch und sozialpartnerschaftlich getragene Kultur der Problemverschiebung auf die nächsten Generationen, eine ungeschriebene Wirtschaftsverfassung, die dem privaten Unternehmertum miß- und dem Staat als Unternehmer bedingungslos vertraute, ein gesellschaftliches Klima, das den Konsens allzu oft zum Dogma erhob – all das sind Rahmenbedingungen, unter denen uns die österreichische Erfolgsgeschichte trotzdem gelang. Der positive und konstruktive Konflikt mußte zu oft dem teuren Kompromiß weichen.

Man kann es auch anders sagen: Österreich hatte in der Vergangenheit große Problem mit dem Zulassen von Wettbewerb in seinen vielfältigen Facetten und Erscheinungsformen: in der Politik, in der Kultur und vor allem in der Wirtschaft.

Die von der österreichischen Öffentlichkeit und Politik stets wohlwollend gepflegte päpstliche Insel-Metapher steht paradigmatisch für das alte Österreich der vergangenen Jahrzehnte. Doch mit einem gestrigen Insel-Denken, das die politischen und wettbewerblichen Geschehnisse rundherum ignoriert und das bisherige Österreich-Programm unter der Devise „Weiter so wie bisher!" fortschreiben will, ist schon lange mehr kein Staat (Österreich) zu machen. Die Liberalisierung des Wirtschaftsgeschehens und vor allem der Finanzmärkte im globalen Kontext, die Transnationalisierung in Zusammenhang mit der europäischen Integration oder die enorme Schubkraft der neuen Informations- und Kommunikationstechnologien sind die neuen Motoren einer Entwicklung, die das herkömmliche nationalstaatliche Denken und Handeln und damit das herkömmliche Österreich-Denken in Frage stellen. Nicht zu vernachlässigen ist auch der gesellschaftliche Prozeß der Individualisierung, der in ein neues, vom Konsum bestimmtes Selbstbewußtsein der Menschen gemündet hat.

All diese Entwicklungen haben einen vollkommen neuen Kontext für Österreich geschaffen, der die Forderung nach einem „Österreich Neu" begründet und unterstreicht. Österreich hat sich mit seinem EU-Beitritt auf den Weg in eine neue Kultur des produktiven Wettbewerbes und der Offenheit gemacht; angekommen sind wir dort – aufgrund unserer hausgemachten Strukturprobleme – allerdings noch nicht.

Der Reformstau Ende der neunziger Jahre

Dieser äußerte sich vor allem darin, daß 1998 ein allmähliches Absinken der Standort- und Wettbewerbsposition Österreichs als junges Vollmitglied der EU und EWU innerhalb des europäischen Konzertes festzustellen war. Ein strukturpolitischer Nachholbedarf zur Standorts- und Wettbewerbssicherung Österreichs zeichnete sich deutlich ab, da der hohe Lebensstandard in den achtziger und neunziger Jahren durch dramatisch zunehmende öffentliche Verschuldung gestützt worden war. Nach erfolgreichem Beitritt zur Europäischen Währungsunion stand Österreich vor der Aufgabe, auf nationalstaatlicher Ebene zwei gegensätzliche Probleme ohne Neuverschuldung zu lösen, nämlich
a) die auch Österreich betreffende europäische Beschäftigungskrise von 20 Millionen Arbeitslosen zu bekämpfen, und
b) die EU-Kriterien budgetärer Ordnung des Stabilitäts- und Wachstumspaktes von Maastricht einzuhalten.

Im Sommer 1998 zeigte die rot-schwarze Regierung nach zögerlichen Reparaturmaßnahmen, die den EWU-Beitritt ermöglicht hatten, trotz des Wahltermins 1999 eine gewisse Selbstzufriedenheit und hielt sich hinsichtlich einer nationalen Anstrengung zur Lösung dieser Doppelherausforderung zurück. Das wiederum war zurückzuführen auf eine Überbewertung positiver makro-ökonomischer Daten, stabile Kosten, eine niedrige Inflation, die hohe Qualifikation der Arbeitskräfte und Marktzugewinne im befreiten Mitteleuropa. Der Rückgang der österreichischen Standortposition innerhalb der europäischen Gemeinschaft – insbesondere im Vergleich zu Finnland, Schweden und Irland – wurde von einer Minderheit von Wirtschaftsforschern und Wirtschaftswissenschaftern auf folgende Faktoren zurückgeführt: eingeschränkte Risikoneigung; Vorliebe des Österreichers zu Beschäftigung in geschützten und pragmatisierten Sektoren; Rückstand bei modernen Schlüsselindustrien; unterentwickelte Eigenvorsorge mittlerer und höherer Einkommensstufen und teilweise irrationale Technologieaversion.

Bedenklich war auch die Spitzenposition Österreichs hinsichtlich kurzer Lebensarbeitszeit, Frühpension oder Frühinvalidität, hoher Feiertagszahlen mit Fenstertagen, relativ hoher Staatsabgabenquote im Verhältnis zum Bruttonationalprodukt, häufiger Langzeitstudien mit vielen Frühabbrechern sowie seine Schlußlichtposition bei Einsatz der Aktie zur Finanzierung alter und neuer Industriesegmente.

Der Gegensatz zwischen hohem Lebensstandard und politischer Selbstzufriedenheit einerseits und den oben angeführten Warnzeichen andererseits wurde durch die Broschüre „Österreich: Von Krähwinkel nach Europa?“ mit dem Ziel eines politischen Nachdenkprozesses thematisiert: Andere EU-Staaten, z. B. Holland, Finnland und Irland, hatten die Doppelherausforderung von Beschäftigungsausweitung und EWU-bedingter Budgetordnung mehr oder weniger erfolgreich in Angriff genommen und den Konsens der Wähler gefunden. Österreich hingegen hatte aufgrund seiner durch die Sozialpartnerschaft verwässerten Reparaturprogramme versäumt, durch eine strukturelle Umschichtung der öffentlichen Haushalte jenen budgetären Spielraum zu suchen, der

a) die Erfüllung der budgetären EU-Verpflichtungen,
b) am Ende des Weges die steuerliche Entlastung des Leistungs- und Dienstleistungssektors und
c) die Mittel zur Beschaffung neuer Infrastrukturaufgaben und zur Ausnützung der informationstechnischen Revolution ermöglichen sollte.

Man erinnere sich an die Zunahme der Frühpensionen nach

dem gescheiterten Reformansatz der neuen Regierung Klima in Rust (1997). Standortsichernde Beschäftigungspolitik mit EWU-bedingter Budgetordnung zu kombinieren, erfordert ein einschneidendes Reformkonzept, das über die periodischen Budgetreparaturen (vulgo Sparpakete) hinausgeht – eine Herausforderung für die Sozialpartner. Notwendig war vielmehr die Kombination einer Befreiung der Güter-, Arbeits- und Finanzmärkte von aktivitätshemmenden Verkrustungen einerseits mit einem strukturellen Ausgabenumbau des überregulierenden und umverteilenden Verwaltungsstaates andererseits.

Diese Verbindung von leistungsorientierter Wettbewerbsstärkung und gradueller, aber nachhaltiger Reduzierung der Staatsausgaben soll mittelfristig jenen budgetären Freiraum erzielen, der notwendig ist, um durch Steuerentlastung des Leistungssektors beschäftigungspolitisch wirksam sein zu können. Vor der lautstarken Vorbereitung einer Steuerreform und der familienpolitischen Förderung vor der Wahl 1999 sollte im Sommer 1998 die Infragestellung von „Krähwinkels Weg nach Europa" die Notwendigkeit einer vorhergehenden Sparoffensive gegen überzogene Verwaltungs- und Transferkosten anmahnen.

Der Wahlkampf 1998/99 entbehrte der Visionen wirtschaftlich erfolgreicher Nachbarstaaten: Die Reparaturbemühungen der Regierung waren nicht in ein gesellschaftspolitisch überzeugendes Ziel von Österreichs Europarolle eingebettet. Beschäftigungspolitische Liberalisierung und Sparmaßnahmen hätten eine nationale Kraftanstrengung der Regierung bzw. der Sozialpartner erforderlich gemacht, die mehr als eine Legislaturperiode beansprucht hätte; unter anderem ein Durchkämmen der Gewerbe- und Bauordnung, der Anlagen- und Betriebsgenehmigungen, der Öffnungszeiten, des Arbeitsschutzes und der Arbeitszeit. Diese über ein Sparprogramm hinausgehende offensive Strukturpolitik liegt auch heute noch vor uns und erzwingt ein Abgehen vom Kleinkrieg um erworbene Rechte.

Das oben skizzierte Konzept für „Krähwinkels Weg nach Europa" fand in allen politischen Gruppen eine Minderheit von reformfreundlichen Anhängern, die Holland oder Finnland um ihre budgetpolitischen, beschäftigungspolitischen und schließlich auch um ihre wahlpolitischen Erfolge beneideten. Im Wahlkampf 1999 wurden sie jedoch im Schatten der parteipolitischen Positionskämpfe unsichtbar, weil diese den Gegensatz zwischen Reformanhängern und Systemerhaltern verdeckten. Der Wahlausgang zeigte aber immerhin den Zweifel breiter und vor allem leistungsorientierter junger Wählerschichten an der Reformwilligkeit der Regierungsparteien.

Es kann nicht Gegenstand dieser Analyse sein, die politischen und taktischen Geburtswehen zu schildern, die das österreichische politische Establishment erdulden mußte, um im Lichte des unverändert bestehenden Strukturbedarfes den Notwendigkeiten eines Normalisierungsprozesses der neuen politischen Kräfteverhältnisse Rechnung tragen zu können. Die große Unbekannte war die Position einer nunmehr erstarkten, bisher extrem populistischen Oppositionspartei, deren Sprecher national und international durch Verbalradikalismus Besorgnis erregte. In Österreich war allgemein bekannt, daß die neu erstarkte Mittelpartei einen Großteil ihres Erfolges der Wählerfrustration über die Entscheidungsschwäche der rot-schwarzen Regierungskoalition verdankte. Während Anfang 2000 die Ungeduld der Wähler wegen der verzögerten Regierungsbildung anstieg, spielte in der österreichischen Öffentlichkeit die Sorge vor eventuellem Rechtsradikalismus und faschistischen Tendenzen eine untergeordnete Rolle. Um die Jahreswende zeichnete sich eine erneute Zusammenarbeit von Rot und Schwarz ab, deren Reformprogramm schon im Geburtsstadium von den Medien als zu wenig reformfreudig apostrophiert wurde.

Das allgemein ansteigende Interesse am politischen Geschehen regte jedoch um den Jahreswechsel in den Reihen der neuen und alten Ökonomie, der aufstrebenden Informationstechnologen, der Wirtschaftsforscher und der Währungshüter zahlreiche Wortmeldungen zum Thema Reformbedarf an:

So befasste sich der Wirtschaftsforscher Prof. Helmut Kramer in seinen „Österreichischen wirtschaftspolitischen Betrachtungen zur Jahrtausendwende“ unter anderem mit strukturellen Ausgaben- und Arbeitsmarktproblemen, um Mittel für die Einhaltung unserer EWU-Verpflichtungen und Standortoptimierungen zu finden:

a) Der Personalaufwand des öffentlichen Dienstes liegt im Verhältnis zum Bruttoinlandsprodukt um 2 % über dem einiger vergleichbarer EU-Länder, die ihrerseits über dem der Spitzenreiter USA und Schweiz liegen. Da die Durchschnittskosten des öffentlichen Dienstes von 20 % mittelfristig eine Senkung um 2 % realisierbar erscheinen lassen, würde dies eine Budgetentlastung von 50 Milliarden Schilling ermöglichen.
b) Das Gründungssystem der Sozialversicherung für den Ruhestand hat sich seit seiner Schaffung vor allem hinsichtlich Lebensarbeitszeit und Lebenserwartung so grundlegend verändert, daß der Aufbau von ergänzenden Kapitaldeckungssystemen angemahnt wurde. Die Reform des Umlagesystems der Altersvorsorge 1997 hat nicht verhindert, daß die Spitzenposition Österreichs bei den Frühpensionen sich weiter verfestigt hat. Viele Experten waren der Meinung, daß auf der Basis der Pensionssicherung der Jugend die Pensionshöhe der Älteren dem Einkommen der Lebensarbeitszeit angepaßt werden müßte.
c) Überall unter den registrierten Arbeitslosen, noch mehr unter den nicht registrierten, sind Personen anzutreffen, die minderqualifiziert sind. Bedarf nach ihren Leistungen steigt in einer differenzierten Dienstleistungsgesellschaft; sie sind jedoch nicht bezahlbar. Die Diskrepanz zwischen Beschäftigungsmöglichkeit und arbeitspolitischen Rahmenbedingungen ist eine der Hauptursachen von Schwarzarbeit. Diesbezügliche Europa-Leitlinien schlagen die Bündelung von Lösungsansätzen für Unterstützung der Arbeit – und nicht der Arbeitslosigkeit – vor, die sowohl budgetäre als auch arbeitspolitische Wirkung zeigen (Überprüfung der Mindestlohntarife, Kombilöhne, Ausnahmen bei Nebenlohnkosten etc.).

Prof. Kramer beklagt den Mangel einer entsprechenden Debatte in Österreich. Andererseits verhindert jedoch die restriktive Handhabung des Einsatzes ausländischer Informationstechnologen, den diesbezüglichen Vorsprung unserer Nachbarn aufzuholen.

Als roter Faden zieht sich durch Kramers „Betrachtungen zur Jahrtausendwende“ die Sorge über das Absinken des politischen Stils und über die Weigerung, tabuisierte Positionen zu diskutieren. Kramer zeigt die Verbindung der Reformablehnung der um ihre

Klientel besorgten Gruppen mit Totschlagbegriffen, Vorverurteilung lästiger Ruhestörer, Flucht in falsche und kurzlebige Patentrezepte und Propagierung rückwärts gerichteter Heilslehren.

Neben Kramers Hinweis auf den politischen Mentalitätswandel als Voraussetzung für eine von allen Bürgern getragenen Reform sei auf eine reformfreundliche Stimme aus dem sozialdemokratischen Lager, nämlich die des langjährigen Finanzministers aus der Ära Kreisky, Dr. Hannes Androsch, hingewiesen. Seine Wortmeldung erfolgte zum Jahrtausendwechsel im Endstadium der scheinbar erfolgreichen Neubelebung einer rot-schwarzen Koalition. Er nannte bescheiden den Reformrückstau, der vom Verwaltungs- zum Leistungsstaat führen sollte, „Verbesserungsbedarf" und wandte sich energisch gegen isolierte, punktuelle Sparprogramme, die nicht in ein Gesamtkonzept eingebettet sind. Dieser Verbesserungsbedarf ist jedoch inhaltlich einschneidend, da Androsch neben anderen wirtschaftspolitischen Anliegen eine – für die relativ kurze Zeit von vier Jahren tiefgreifende – budgetäre Umschichtung von Einsparungen in der Höhe von 200 Milliarden Schilling vorschlägt. Richtigerweise folgt dieser eine standortsichernde Steuerentlastung von 120 Milliarden; 50 Milliarden setzt er zur Finanzierung von Österreichs EU-Verpflichtung des Defizitabbaues, 30 Milliarden Schilling für neue Infrastrukturausgaben der Technologierevolution ein.

Androsch äußerte sich hinsichtlich der Möglichkeit zur Einsparung von 200 Milliarden Schilling optimistisch. Dies gilt sowohl für die großen Blöcke der Personalausgaben wie auch des Sozialhaushaltes. Der große Block der Zinsen für Staatsschulden wäre wohl nur durch Verwendung einmaliger Einnahmen reduzierbar, z. B. den Abverkauf staatlicher Vermögenswerte. Die Reformerfolge in Holland haben allerdings gezeigt, daß ein Programm dieser Größenordnung eine Dauer von zwei bis drei Legislaturperioden erfordern würde.

Trotz der nach der Wahl steigenden Anzahl von Hinweisen auf strukturellen Reformbedarf hinsichtlich Aufgabenentrümpelung zeichnete sich um den Jahreswechsel 2000 eine rot-schwarze Zusammenarbeit ab, deren budgetpolitischer Gehalt sich durch eine Mindestreparatur der Ausgabenseite darstellte. Der Entwurf zum schwarz-roten Koalitionspakt sollte mit Hilfe von Reprivatisierung und konjunkturpolitischer Unterstützung den Anforderungen des Brüsseler Stabilitäts- und Wachstumspaktes genügen. Mangels eines Gewerkschaftssprechers mit der Vision des Holländers Kok scheiterte die Realisierung des rot-schwarzen Übereinkommens nicht zuletzt an der mangelnden Gewerkschaftsunterstützung.

Im Zeitraum zwischen dem Ruster Programm der Koalitionsregierung 1997 und der gescheiterten Regierungsbildung zum Jahreswechsel 2000 ist zwischen Regierung und Sozialpartnern bedauerlicherweise die Möglichkeit eines nationalen Paktes für Beschäftigung und budgetpolitische Umstrukturierung im holländischen Sinne nie erwogen worden.

Reformdynamik nach Regierungsbildung und EU-Sanktionen

Im Zuge der steigenden Sorge unserer EU-Partner über die als Alternative verbliebene schwarz-blaue Regierungsbildung und der kontraproduktiven Bemühungen, diese zu verhindern, kam der Öffentlichkeit die hinsichtlich geringer politischer Zukunftsvision weitgehende Ähnlichkeit des schwarz-blauen Regierungsprogrammes mit den gescheiterten rot-schwarzen Entwurf kaum zu Bewußtsein. Es war jedoch der neuen Regierung sehr rasch bewußt, daß beginnend mit dem Budget 2001 ein tiefgreifender budgetärer Neubeginn – insbesonders auf der Ausgabenseite – erforderlich sein würde, um Österreichs Verpflichtungen hinsichtlich des Brüsseler Stabilitätspaktes einhalten zu können. Alle Reformvertreter wußten jedoch gleichzeitig, daß eine unseren internationalen Verpflichtungen entsprechende neue Budgetpolitik eine über diese hinausgehende, beschäftigungspolitisch wirksame, erfolgreiche Perspektive beinhalten müßte.

Unabhängig vom politischen Tageslärm besteht weiterhin Bedarf an einer nationalen Anstrengung aller Bürger, die, unabhängig von parteipolitischen Positionen, der gemeinsamen Notwendigkeit einer sozial verträglichen und mittelfristig wirksamen Opferverteilung und damit dem erfolgreichen Gelingen dieser Perspektive Rechnung trägt. Diese nationale Anstrengung, über die in allen erfolgreichen europäischen Staaten – in Regierung oder Opposition – ein ungeschriebener Konsens bestand, kann einer bürgerfreundlichen und sparsamen Gestaltung der Arbeitsteilung und Finanzbelastung zwischen Nationalstaat und Regionen nicht ausweichen.

Die Erfordernis einer breiten nationalen Verständigung über die Auflösung des rückgestauten Reformbedarfes ist für den Erfolg jeder Regierungskoalition notwendig; doch eine Einleitung der Reformen darf durch die Absichten und Folgen der Sanktionen der 14 EU-Staaten gegen Österreich nicht verzögert werden.

Die Art der Entstehung der Sanktionen zeigt, daß bei den Initiatoren ein Informationsdefizit über Österreichs Realsituation im Jahre 2000 bestand. Die nach der schwarz-blauen Regierungsbildung verhängten bilateralen Sanktionen von 14 EU-Staaten gegen Österreich seien hier aus der Sicht eines Bürgers beleuchtet, der gleichermaßen Anhänger einer Vertiefungs- und Erweiterungspolitik der EU ist, als er befürchtet, daß die sanktionsbedingten öffentlichen und medialen Daueraktivitäten die hohe Priorität einer erfolgreichen Reform überlagern:

a) Die Sanktionen waren bilaterale politische Aktionen von 14 EU-verbundenen, souveränen Nationalstaaten, die sicherlich keine Deckung in den Zukunftsvisionen ihrer Gründerväter, aber auch nicht in den heute gültigen EU-Vertragsrechten und Verfahrensstrukturen finden.
b) Die Sanktionen beziehen sich auf die Gefahr der Verletzung einer Werteordnung; für die Überprüfung der Richtigkeit des Eintretens von Verletzungen einer solchen Ordnung ist innerhalb der EU ein allgemein gültiges Verfahren nicht existent (Bob Günther im „Wall Street Journal", Februar 2000: *„Europe needs a constitution, not a rights-charta."*)
c) Die vorverurteilenden Sanktionen hatten das Ziel, die Regierungsbildung eines souveränen Mitgliedsstaates rückgängig zu machen. Sie haben jedoch bewirkt, daß das öffentliche Ansehen der neu gebildeten Regierung gestärkt wurde.
d) Es ist der Regierung in den ersten 100 Tagen immerhin gelungen,
   - den 14 EU-Staaten zu zeigen, daß die Regierung auf dem Boden der angeblichen gefährdeten Werteordnung steht;

- trotz sich verbreitenden Unverständnisses für die Fortdauer der Sanktionen durch beharrliche Aufklärung über Österreichs Realsituation die EU-freundliche Grundstimmung der Österreicher aufrechtzuerhalten;
- durch zügige Beschlußfassung eines Notbudgets 2000 Zeit zu gewinnen, um, beginnend mit dem Budget 2001, die überfälligen Strukturreformen in Angriff zu nehmen.

Es ist zu hoffen, daß bei Erscheinen dieser Zeilen – im Sinne europäischer Zukunftsgestaltung und Erweiterung – eine gemeinsame Exit-Strategie gefunden wurde. Die innerhalb der EU wachsende Meinungsspaltung über Nutzen und Schaden der Sanktionen sollte von der Lösung der der EU bevorstehenden schwierigen Herausforderungen – Institutionenreform und Erweiterungen – nicht ablenken. Aus der Sicht des Juni 2000 scheint auf dem Wege zu dieser gemeinsamen Exit-Strategie der innenpolitische Kraftakt einer Volksabstimmung, die EU-politisch wirkungslos wäre, nicht hilfreich zu sein. Am Ende der für alle Europäer verzichtbaren Sanktionen sollte es in Europa keine Sieger und Besiegten geben:

a) Die aufklärende Geduld der österreichischen Regierung hätte ihre Früchte getragen.
b) Die Opposition hat schlußendlich ohne formellen Schulterschluß im österreichischen Interesse für Aufhebung der Sanktionen Position bezogen.
c) Die EU-Maßnahmen haben mitbewirkt, daß Haider den Vorsitz seiner Partei abgegeben hat.
d) Während der für Europa so wichtigen Präsidentschaft Frankreichs wird dessen erfolgreiche Arbeitsgestaltung auf dem Weg zwischen EU-Vertiefung und -erweiterung durch eine anhaltende Debatte über die Sanktionen nicht belastet.
e) Der österreichische Bürger stellt mit Genugtuung fest, daß die Inangriffnahme anstehender Strukturprobleme durch keinen Zusammenhang mit Sanktionsfolgen belastet ist.

Die Sanktionen haben unbeabsichtigt dazu beigetragen, das politische Bewußtsein Österreichs für den Handlungsbedarf zu stärken und gewisse Schwachstellen sichtbar zu machen. Es ist offenkundig, daß die selbstzufriedene Kleinstaatmentalität der neutralen „Insel der Seligen“ ein Ende finden muß.

Der Stellenwert des Standortes Österreich hängt von zukünftiger Leistung und nicht von nostalgischer Betrachtung der Vergangenheitserfolge mit unterbewußter Trittbrettfahrerneigung ab. Dieser Mentalitätswandel sollte helfen, in Regierung und Opposition, in Bund und Ländern Reformanhänger zu finden, die die Titelfrage „Strukturprobleme – eine unendliche Geschichte?“ mit nein beantworten.

Alle vorliegenden Konzepte vertreten als Ziel die Standort- und Beschäftigungsstärkung. Diese bringen mittelfristig den Zwang zu einer öffentlichen Finanzwirtschaft, die die Ausgaben anfänglich stärker und früher einschränkt, als eine darauf folgende Steuersenkung produktivitätsfördernd und konsumentlastend einsetzen kann, mit sich. Der hart erarbeitete Budgetspielraum muß einerseits die Einhaltung unserer Brüsseler Währungsverpflichtungen zum budgetären Defizitabbau ermöglichen und andererseits dem Zukunftsanliegen der Informationstechnologie-Revolution und den neuen Infrastrukturerfordernissen Rechnung tragen.

In dieser Politik ist ein zentraler Punkt die Einhaltung des von der EU überwachten Stabilitäts- und Wachstumspaktes, dessen budgetäre Defizit- und Verschuldungsbeschränkung den Euro absichern sollen. Die erste vertrauliche Bewertung von Österreichs öffentlicher Finanzgebarung (alte Regierung) im Jahre 2000 durch die EU-Kommission war ebenso vernichtend wie die der folgenden, von der neuen Regierung im Frühjahr 2000 vorgelegten Konzeption für die Jahre 2000/2003. Auch hier wurde deutlich gemacht, daß die budgetäre Schlußlichtposition Österreichs in Europa bei Fortsetzung der derzeitigen Politik nicht verbessert wird.

Das von seiten des Finanzministers vorgelegte Notprogramm, beginnend 2000 bis hin zur Budgetvorschau 2003, bedeutet, daß Österreich nicht im Einklang mit der österreichischen Verpflichtung zur Einhaltung des europäischen Stabilitäts- und Wachstumspaktes steht.

Diese dramatische, aber durchaus sachliche EU-Kritik zwingt den Finanzminister in den nächsten Monaten, mit Zielrichtung 2003 ein neues Programm vorzulegen, das das Defizit zum Verschwinden bringt, die wachsende Dauerbelastung einer Neuverschuldung beendet und den Reformbedarf der bisher tabuisierten Ausgabenblöcke in Angriff nimmt.

Die im folgenden aufgezählten Schwerpunkte einer durchdachten strukturpolitischen Ausgabensenkung und -verlagerung sind durch die in den letzten Wochen angestiegene Zahl der österreichischen Mahner in den Medien der Öffentlichkeit zunehmend bekannt geworden. Ende Mai 2000 wurde erstmalig von Bundeskanzler Schüssel der Defizitabbau der gesamtösterreichischen Finanzgebarung zum Zentralvorhaben der schwarz-blauen Regierung erklärt. Einige Gedanken der Experten zur Problemlösung seien hier nur deshalb skizzenhaft wiederholt, weil bei kritischer Betrachtung offenkundig wird, daß sie zwar sofort in Angriff genommen werden müssen, die für den Defizitabbau notwendige Budgetauswirkung (bei Sicherung hoher Reformqualität) jedoch nur allmählich wirksam würde:

1. Zur Beendigung des jährlichen Zuwachses von Budgetausgaben für das Pensionssystem können die – tagespolitisch umstrittenen – Maßnahmen 2000 nur ein erster Schritt sein. Auf Neubemessung der Pensionshöhen nach Lebensarbeitszeit, spürbare Abschläge bei Frühpensionen und weitgehende Vereinheitlichung von ASVG-und Beamtenaltersvorsorge kann auf Dauer nicht verzichtet werden.
2. Reformen der Verwaltungskosten, die auf die Ebene relevanter Vergleichsstaaten gebracht werden sollen, erfordern nicht nur die bekannten Maßnahmen in Richtung Dienstrechtsreform, Auflockerung der Versetzbarkeitsmöglichkeiten und Überstundenabbau, sondern eine Liberalisierungsoffensive mit Durchkämmung der derzeitigen Überreglementierungen bei:
   - Betriebsöffnungszeiten
   - Anlagen- und Betriebsgenehmigungen
   - Bauordnung
   - Arbeitsschutz und Arbeitszeit
   - Gewerbeordnung
   - Unternehmensorganisationsverbesserung

   Eine solche Offensive ist u. a. erforderlich, um auf die Dauer den

Spareffekt bei den Personalkosten nachhaltig zu gestalten. Auf diesem langen Reformweg darf trotz schwer vergleichbarem Aussagewert nie aus dem Auge verloren werden, daß auf 100 Personen die Zahl der öffentlich Bediensteten in Österreich 23, in Schweden 15 und in der Schweiz 11 beträgt.

3. Die Kostenexplosion des Gesundheitswesens kann mit Einnahmenerhöhungen durch Selbstbehalt allein nicht bewältigt werden. Bund, Länder, Spitäler und Ärzte müssen gemeinsam Anreize zu kostengünstigen Therapien finden. An einer Reduzierung der Akutbetten, einer Verstärkung der Gruppenpraxen und Ambulanzen sowie einer Kostensenkung bei Medikamentenverwendung führt kein Weg vorbei. Die Grundkonzeption der Maßnahmen ist notwendig und schwierig; eine sofortige budgetäre Auswirkung jedoch ebenfalls nicht zu erwarten.
4. Die Reformansätze aller Experten weisen auf Sparmöglichkeiten bei Prüfung der Zielgenauigkeit von Transferleistungen hin. Über das Ziel einer sozialen Staffelung wäre wohl Konsens zu erreichen, der Weg zu ihr ist jedoch bei Transferkosten für Familienförderung, Gratisstudium oder Wohnbauförderung durchaus verschieden. Eine Debatte über die Zielgenauigkeit der Transferleistungen darf an der in Europa weitgehend unbekannten österreichischen Sonderregelung der Familienbeihilfe für Studenten, die mit 25 Jahren – zum Unterschied von anderen Jugendlichen – noch Kinder sein wollen, nicht vorbeigehen.
5. Ein hohes Sparpotential orten alle Experten bei der Wohnbauförderung. Zitat des Wirtschaftsforschers Prof. Felderer: „Die österreichische Wohnbauförderung ist überholt, zu großzügig und ineffizient." Im Zusammenhang mit diesem Thema sieht Prof. Kramer ebenfalls die Notwendigkeit einer Reduktion der Wohnbauförderung, die allerdings mit einer grundlegenden Neuordnung des Finanzausgleichs verbunden ist. Die organisatorische Strukturschwäche, bei der der Bund zahlt und das Land verteilt, wäre zu beachten. Der neo-reformerische Finanzminister Grasser will zunächst 10 Milliarden Schilling für den Bund sparen und für die Sanierungspartner in den Bundesländern die Zweckbindung für die reduzierten Mittel aufheben. Die Wohnbauförderungsreform muß in letzter Konsequenz zu einer wesentlichen Verstärkung der Subjektförderung für wirklich

Schwache führen und eine Liberalisierung des gesamten Wohnungsmarktes bewirken – ein großer Prüfstein für echten Reformwillen! Bei allen technischen Schwierigkeiten einer Reform der Wohnbauförderung darf nicht vergessen werden, daß das heutige System etwa 80 % der Transferleistungen den oberen und mittleren Einkommensstufen nimmt und ihnen in gleicher Höhe wieder gibt.

6. Die Entschlossenheit der Regierung, bis 2003 – im Hinblick auf die erwähnten Mahnungen der EU – das Defizit der öffentlichen Finanzen zu beseitigen und eine Neuverschuldung zu beenden, bedarf der mentalen und sachlichen Mitwirkung und Hilfe des neunschwänzigen Föderalismus, der bis zur Jahrtausendwende im reformsäumigen Bund kein Vorbild darin sah, den politischen Komfort föderaler Vielfalt in Frage zu stellen.

Der Präsident der Industriellenvereinigung Mitterbauer ist kein Parteigänger eines einseitigen Zentralismus; er weiß aber, daß die jährlich notwendige Unterstützung der Bundesländer zum Abbau des Defizites nur aufbringbar ist, wenn die jährlich 167 Milliarden Schilling gemeinschaftlicher Bundesabgaben zu der von Kramer vorgeschlagenen Reform des Finanzausgleichs eingesetzt werden: Doppelgleisigkeiten sind zu beseitigen (nicht nur beim Wohnbau, sondern auch bei den Landeslehrern zahlt der Bund, und die Länder verwenden die Mittel); Finanzierungszuständigkeiten und Kompetenzverteilungen sind zu verbessern; es darf kein Konflikt zwischen Bund und Ländern entstehen, sondern der Bürgerservice muß gemeinsam verbessert werden. Privatisierung ist beim Bund aus Gründen der Führungsoptimierung und der Sparnotwendigkeit Realität, bei den Bundesländern fast ein Tabuthema.

Die österreichische Unfähigkeit einer kleinaktionärsfreundlichen und standortstärkenden Eigentumsgestaltung der Energieversorger als vorausschauende Maßnahme zur Liberalisierung des europäischen Strommarktes wird durch den Tanz der österreichischen Energiezwerge im Schatten der europäischen Stromgiganten dokumentiert.

Im Schatten der Subventionstabus, die sowohl Bund als auch Länder betreffen, wäre die Gießkannenförderung für Vereine aller Art zu erwähnen; des weiteren ist eine gemeinsame Anstrengung von Bund (ÖBB Management) und Ländern erforderlich, um die graduelle Schließung unrentabler Nebenbahnen in die Wege zu leiten.

Die angeführten Reformblöcke müssen der Öffentlichkeit verständlich gemacht werden: Sie sind nicht nur vom Lehrmeister EU angemahnte Maßnahmen zur Erfüllung des Stabilitätspaktes von Maastricht, sondern auch Beginn der Schaffung eines Budgetspielraumes, der notwendig ist, um Österreichs Beschäftigungspolitik und Infrastruktur zu stärken und uns vom zwanzigsten und letzten Platz der führenden Weltwirtschaftsstandorte weiter nach vorne zu bringen. Auch hier wäre auf das Motto „Gleichzeitig bremsen und Gas geben“ von Präsident Mitterbauer zu verweisen, der in der dramatischen Evolution der Informationstechnologie der letzten Jahre eine wirksame Therapie für Beschäftigungspolitik sieht.

Die Budgetwirksamkeit der Aufgabenneugestaltung erfordert nicht nur einen entschlossenen Beginn der Reformen, sondern auch ein geduldiges Festhalten an Prioritäten, die über eine Legislaturperiode hinauswirken müssen. Besonders ärgerlich wäre die Vernachlässigung wichtiger Prioritäten, die schon eingeleitet wurden und dann in der Reformeile vergessen werden könnten. So sehr auch die Privatisierung und Entpolitisierung der Bank Austria durch den Zusammenschluß mit der starken bayerischen Regionalbank zu begrüßen ist – es sei dennoch auf eine Gefahr bei der Durchführung verwiesen: Als Folge der CA-Übernahme wurde – hoch an der Zeit – das Übernahmegesetz zum Schutz der Kleinaktionäre beschlossen, welches dann ausgerechnet bei der Transaktion zwischen der Bank Austria und der bayerischen Großbank nicht zur Anwendung kommen soll.

Der Defizitabbau der öffentlichen Finanzen – als Kernstück der Brüsseler Verpflichtungen, angemahnt von der EU und ergänzt durch IMF und OECD – wird in den nächsten Jahren von großem medialen Interesse an Österreichs Relation zur EU begleitet werden. Es könnten jedoch gut durchdachte und vorbereitete Strukturreformen in ihrer Qualität und Budgetwirksamkeit leiden, wenn sie nur unter dem Aspekt der Brüsseler Gebots zum Defizitabbau gesehen werden. Die budgetäre Ordnung ist ein wichtiger Schritt zum Endziel: Mehr Jobs durch Unternehmensdynamik und weniger durch überreglementierenden Staat. Die unter Umständen spätere Budgetwirksamkeit kann zu einem Fristenkonflikt mit Brüssel führen. Es ist zu hoffen, daß durch eine gute Konjunkturentwicklung die Budgetentlastung verstärkt wird. Es ist aber auch zu befürchten, daß budgetäre Neuverpflichtungen auftreten. In bezug auf diese Fristenkonflikte, die durch verspätete Budgetwirksamkeit wichtiger und durchdachter Reformen verursacht werden könnten, empfehlen Wirtschaftsforscher und Experten eine kurzfristige Verschiebung von Budgetbelastungen, die, vom Wähler unbedankt, vor der Wahl beschlossen wurden.

Auch der neue Präsident der Bundeswirtschaftskammer Leitl hat zur Lösung des skizzierten Fristenkonfliktes richtiger- und mutigerweise die interimistische Aufschiebung neuer Budgetbelastungen in den Raum gestellt. Gleichzeitig hat er für eine optimistische Perspektive der Bevölkerung ein Gesamtkonzept vom Finanzminister eingefordert. Dieses müßte über das von der EU angemahnte Defizitabbauprogramm hinausgehen und – im Sinne des holländischen Erfolgsrezeptes – beschäftigungspolitische Maßnahmen für den Leistungssektor durch einen Liberalisierungsstoß der Güter-, Arbeits- und Kapitalmärkte erfordern. Der dreijährige harte Weg des Umbaus der Ausgabenstrukturierung reduziert schlußendlich die Arbeitslosigkeit und verbessert Österreichs unbefriedigende Standortposition im Sinne des lateinischen *per aspera ad astra.*

Wie in Holland und Finnland müssen von allen Bürgern die ausgabenpolitischen Einschnitte durch Sozialverträglichkeit getragen werden.

Österreichs Erfolgsgeschichte in den Nachkriegsjahren soll Anlaß sein, die endlose Geschichte seiner Reformprobleme zu beenden. Österreichs Demokratie muß die Kraft haben, das Prinzip der Aufgaben- und Ausgabenbereinigung zu bejahen. Es geht nicht um das Ob, sondern um das Wie. Werden wir die Kraft haben, bei der demokratischen Suche nach einer sozial verträglichen Aufteilung der Sparlasten die Polarisierungstendenzen zu überwinden?

Dafür braucht es den notwendigen politischen Willen; dafür braucht es aber auch einen breiten gesellschaftlichen Konsens darüber, wie wir die österreichische Erfolgsgeschichte in den nächsten Jahren entfesseln wollen. „Österreich Neu“ bedeutet in diesem Zusammenhang das möglichst breite Bekenntnis zu den Prinzipien und Entwicklungsperspektiven, die für Österreich in Zukunft erfolgsentscheidend sein werden:

1. Österreich muß den Schritt vom selbstzufriedenen Verwaltungsstaat zum bürgerorientierten Leistungsstaat schaffen. Dafür ist es notwendig, unternehmerisches und marktorientiertes Denken auch im öffentlichen Sektor zur Geltung zu bringen. Die Neugestaltung der zentralen und föderalen Strukturen im europäischen Sinne, die Kundenorientierung staatlicher Leistungen und das Eindämmen der Aufgabenflut auf notwendige Kernkompetenzen spielen dabei eine entscheidende Rolle. Der öffentliche Sektor muß sich dem Wettbewerb stellen, der Bürger Kunde statt Untertan werden.
2. Die konsensuale Problemlösungskompetenz der Sozialpartnerschaft alten Zuschnitts hat in den vergangenen Jahren deutlich abgenommen. „Österreich Neu“ erfordert daher auch eine neue Zukunftspartnerschaft, in der nicht bloß die Interessen einzelner Berufsgruppen, sondern die Herausforderungen der Zukunft wahrgenommen und entwickelt werden. Das komplette Institutionengefüge muß sich dem Standortwettbewerb Europas anpassen, insbesonders hinsichtlich rascher politischer und administrativer Entscheidungsfähigkeit. Durch ansteigende Erweiterung der Eigenvorsorge werden Mittel frei für die offensichtliche oder im Schatten stehende Not.
3. In engem Zusammenhang damit steht die Aktivierung der Eigenverantwortung der Menschen in vielen Lebensbereichen. Die Verstaatlichung von Solidarität in einem überbordenen Sozialstaat hat eine Mentalität der „Vollkaskogesellschaft“ gefördert und damit die Abhängigkeit vom Staat verstärkt. Österreich braucht nach Jahrzehnten des Korporatismus das Korrektiv eines Liberalismus, der als gesellschaftliche Grundhaltung dem einzelnen und seinen Ressourcen stärker vertraut und ihn zu Verantwortung ermutigt.
4. „Österreich Neu“ muß aber auch heißen, die Öffnung und Internationalisierung unseres Landes gezielt voranzutreiben. Im

Zeitalter der Globalisierung dürfen und können wir uns die jahrzehntelang gepflegte „Mir-san-mir"-Mentalität nicht mehr leisten. Das ist ein Auftrag an unser Bildungssystem, seine Absolventen wirklich international auszubilden. Nicht nur die internationalen Finanzströme, sondern auch die Arbeitskräfte sind in einer globalisierten Welt in Bewegung. Das darf nicht als Bedrohung, sondern muß als Chance gesehen werden. Wirtschaftliche Öffnung bei gesellschaftlicher Abschottung ist eine Rechnung, die nicht aufgehen kann.

5. Österreich muß in Europa ankommen – denn gegenwärtig sind wir noch auf dem Weg dahin. Das erfordert zeitgemäße Strukturen, eine Weiterentwicklung unserer Institutionen und ein europäisches Denken. Die Sanktionen gegen Österreich haben – im negativen wie im positiven – gezeigt, daß sich eine europäische Öffentlichkeit herausbildet. An diesem Prozeß müssen sich die Österreicher aktiv beteiligen – auch dadurch, daß sich Österreich zum Anwalt der EU-Beitrittskandidaten macht. Denn die Zukunft der österreichischen Erfolgsgeschichte liegt in Europa. Das entbindet uns allerdings nicht von der Pflicht, unsere österreichischen Hausaufgaben gründlich, sorgfältig und mit der notwendigen politischen Courage zu erledigen.

Naziland Österreich – oder etwa nicht?

FRITZ MOLDEN

Der Ton ist rauher geworden seit dem 3. Oktober 1999, vor allem in den Städten, insbesondere in Wien. Es sind die Gutmenschen, die Österreich als „Naziland" bezeichnen. Menschen aus progressiven intellektuellen Kreisen, aus den Medien, aus der Kunst- und Kulturszene. Die Zweite Republik hat wieder eine dubiose Causa prima, und viele internationale Medien und Politiker nehmen sich ihrer mit Begeisterung an.

Dank der nach Bildung der neuen schwarz-blauen Bundesregierung einsetzenden Massendemonstrationen ist der Begriff „Naziland Österreich" in Wien quasi zu einem Allerwelts-Wort geworden. Das ist nicht verwunderlich angesichts der zahlreichen Spruchbänder, die neben den freundlichen Aufforderungen, Kanzler Schüssel und Jörg Haider möglichst bald an die Wand stellen zu wollen, ständig die Worte „Naziland Österreich" in die Luft schreiben. Mögen auch die Demonstrationen vom wilden Strom der Februar-Märztage in Anbetracht der Sommerhitze zu einem Bächlein geronnen sein, so blieb der Kern der harten „Naziland"-Chaoten doch offenbar erhalten. Dies zeigt der kürzlich erfolgte Überfall auf eine wissenschaftliche Veranstaltung im Hotel Marriott, wo man Kanzler Schüssel zu erwischen hoffte.

Allerdings ist nicht zu leugnen, daß sowohl in Österreich als auch im interessierten Ausland (in den 14 EU-Staaten, der Schweiz, USA, Israel sowie in etlichen Ländern Ost-Mitteleuropas) zunehmend gegenteilige Standpunkte laut werden; Standpunkte von Leuten, die man bisher als Repräsentanten der political correctness angesehen hat, von Leuten wie etwa der ZEIT-Herausgeberin Marion Gräfin Dönhoff, dem langjährigen Präsidenten der London School of Economics und Parade-Liberalen Ralf Dahrendorf, Labour-Lord George Weidenfeld oder dem ungarischen Ministerpräsidenten Viktor Orbán. Dieser Widerspruch gegen die Sanktionen und die „Naziland Österreich"-These wurde immer deutlicher, je länger die Maßnahmen gegen Österreich andauerten.

Erkläret mir, Graf Oradour, dieses Wunder der Natur, sagt der Klassiker, und auch wir Zeitgenossen der „Naziland"-Theoretiker werden nicht umhin können, die Ursprünge dieser Theorie unter die Lupe zu nehmen. Dazu ist nun vorerst ein historischer Spaziergang in das Herz der Wiener Innenstadt, und zwar in das schon im 19. Jahrhundert renommierte Café Griensteidl, notwendig. Wir befinden uns im Jahre 1880, und zwar in der Gesellschaft von sieben hochgeachteten Herren, von denen drei jüdischer Herkunft sind. Sie beschäftigen sich in langen Gesprächen mit den brennenden Fragen des damals noch großen Habsburgerreiches, vor allem mit dessen nationalen Problemen. Manchmal sind die Herren so erschöpft, daß einer von ihnen – er heißt Gustav Mahler – sich ans Klavier setzt und zur Erbauung irgendein nationales Lied jener Tage, wie etwa „Die Wacht am Rhein", spielt. Diese sieben Herren, die man zu ihrer Zeit und wohl noch zumindest etliche weitere Jahre unisono als *politically correct* und damit als zur Gruppe der Gutmenschen gehörig ansah, waren der schon erwähnte Gustav Mahler, der große nationalliberale jüdische Historiker Univ.Prof. Dr. Heinrich Friedjung, der christlich-soziale Ideologe Karl Freiherr von Vogelsang, der gleichfalls aus dem katholischen Lager kommende geniale Demagoge und Kommunalpolitiker Dr. Karl Lueger, der damals noch nationalliberale, an sozialen Fragen bereits stark interessierte Arzt Dr. Viktor Adler, wenige Jahre später Gründer der sozialdemokratischen Partei, sein gleichdenkender Genosse Engelbert Pernersdorfer sowie der deutschnationale Haudegen Georg Ritter von Schönerer, der bald den Antisemitismus zum Hauptthema seines Lebens machen sollte.

In ihren Diskussionen um die Erhaltung des deutschen Volkstums, das ihnen besonders in den Gebieten der Sprachgrenzen – also in Böhmen, Mähren, in der Südsteiermark, in der Krain (dem heutigen Slowenien) sowie im friaulisch-welschtiroler Bereich – Sorge bereitete, beschlossen sie schließlich die Gründung des Deutschen Schulvereins, der die deutsche Sprache und das deutsche Kulturgut in diesen gefährdeten Gebieten erhalten sollte. Kaum fünf Jahrzehnte später galt der Deutsche Schulverein als Sammelbecken des Nationalsozialismus im Österreich der Ersten Republik. 1882 haben die erwähnten sieben Herren, immer noch im Café Griensteidl zusammentreffend, den Entwurf für das berühmte „Alldeutsche Manifest" geschaffen, das die Basis bildete für das sogenannte

Linzer Programm, aus dem die neu gegründete Deutschnationale Partei hervorging.

Wir müssen uns also im klaren sein, daß die Überlegungen und programmatischen Aktionen der sieben Weisen aus dem Café Griensteidl die ideologischen Grundlagen (die später hinzugefügten Arier-Paragraphen ausgenommen) für die heutigen „Naziland"-Behauptungen gelegt haben. Dies alles geschah fast eine Dekade vor Hitlers Geburt, mehr als 40 Jahre vor seiner Machtergreifung in Deutschland und fast ein halbes Jahrhundert vor der Besetzung Österreichs durch das „Dritte Reich".

Zurück zu den oben genannten Herren: Sie gründeten innerhalb weniger Jahre die drei großen ideologischen Parteiblöcke, die – mit Unterbrechungen und natürlich Veränderungen – bis heute überdauert haben. Lueger und Vogelsang waren die Gründer der christlich-sozialen Partei, Viktor Adler und Pernersdorfer die Gründer der sozialdemokratischen Partei und Schönerer der Gründer der Großdeutschen Partei. Bis zum Ende des Kaiserreiches 1918 und sodann in der Ersten Republik bis zur Selbstauflösung des Parlaments unter Ausrufung des autoritären Ständestaates im Jahr 1933 blieben diese Parteien nicht nur bei ihren Namen, sondern auch in großen Zügen bei ihrer Linie.

1933 begann Hitlers Kalter-Terror-Krieg gegen Österreich. Im Februar 1934 kam es zum tragischen Bürgerkrieg zwischen dem sozialdemokratischen Schutzbund und der damaligen Regierung Dollfuß samt ihrer Hilfstruppen. Im Juli 1934 putschten die Nazis erneut, das Bundeskanzleramt wurde gestürmt, Dollfuß ermordet, und in fünf Bundesländern fanden zum Teil schwere Kämpfe zwischen den aufständischen Nationalsozialisten und der Exekutive statt. Allein in diesem Jahr 1934 waren bei den Februar-Kämpfen 264 Tote und während des Juli-Putsches 270 Todesopfer auf beiden Seiten zu beklagen. Es gab insgesamt über eintausend Verwundete. 1934 bis 1945 war die Demokratie in Österreich tot. Aber seit der Befreiung des Landes im Jahre 1945 haben wir sie wieder, und auch die drei alten Lager gibt es erneut.

Der Mord am Kanzler Dollfuß anno 1934 hatte Hitler allerdings seinem Ziel, Österreich mit Gewalt unter Kontrolle zu bringen, nicht näher gebracht. Nicht nur die Gegenwehr der Exekutive, sondern auch die ablehnende Haltung einer breiten Bevölkerungsmehrheit gegen eine Machtübernahme durch die Nazis haben dazu beigetragen; außerdem die damals noch sehr wirkungsvolle Intervention des italienischen Staatschefs und Faschistenführers Benito Mussolini, der Hitler mit dem Einmarsch in Österreich drohte.

Hitler wußte genau, daß er mit anderen als mit Terror-Methoden in Österreich keine Chance haben würde. Bei den letzten freien Wahlen Ende 1930 erhielt die NSDAP 111.000 Stimmen, das waren 3,2 %, und erreichte kein Mandat. Die Sozialdemokraten führten mit 1,5 Millionen Stimmen, das sind 41,1 %, und erhielten 72 Mandate. Die Christlichsozialen blieben hinter den Sozialdemokraten zurück und erreichten 35,6 % und 66 Mandate, konnten aber mit dem mit ihr verbündeten Schober-Block, der 19 Mandate erreichte, eine knappe Mehrheit erzielen. Andere Parteien erzielten 8 Mandate.

Nach der Machtergreifung Hitlers in Deutschland 1933 und dem in den ersten Jahren im „Dritten Reich“ spürbaren wirtschaftlichen Fortschritt vergrößerte sich die Zahl der Nazisympathisanten in Österreich erheblich, aber keineswegs entscheidend. Am 11. 3. 1938, also am Tag der Besetzung Österreichs durch Hitler, gab es 70.000 aktive (illegale) Parteimitglieder der NSDAP in Österreich. Mit allen Familienmitgliedern und sonstigen Sympathisanten dürfte die Zahl der Nationalsozialisten in Österreich knapp vor Hitlers Einmarsch etwa 300.000 bis 400.000 betragen haben. Die Berichte aller internationalen Geheimdienste stimmten darin überein, daß bei der von Kanzler Schuschnigg – der von Hitler seit Beginn 1938 unter schwersten Druck gesetzt worden war – für den 13. März angesetzten Volksabstimmung etwa 65 bis 70 % der Österreicher für die Unabhängigkeit des Landes und etwa 25 % für den „Anschluß“ an das Deutsche Reich stimmen würden. Das war auch – wir wissen es heute aufgrund aller Dokumente, die aus den geöffneten Archiven strömen – der Grund, warum Hitler den Einmarsch in Österreich für den 12. März 1938 befahl und auch durchführte. Soweit die „Naziland“-Saga bis zum „Anschluß“.

Nach 1938 vermehrte sich die Zahl der Nazis in Österreich extrem schnell. Die neuen Parteigänger Hitlers wurden deshalb auch im

Volksmund als „Märzveigerln“ bezeichnet. Die Zahl der Mitglieder der NSDAP, SS und SA stieg schnell und erreichte bis 1942 (also vor den ersten schweren Verlusten der Deutschen Wehrmacht im Rußlandfeldzug) fast 600.000. Dazu ist nebenbei zu sagen, daß ca. 1,3 Millionen Österreicher, die ab März 1938 als „Ostmärker“ zu signieren hatten, um schließlich schäbige „Donau-Alpen Reichsgauler“ zu werden, in der Deutschen Wehrmacht dienen mußten. Davon waren ca. 70.000 „Waffen-SS“-Leute aus Österreich. Die Gesamtzahl der „Waffen-SS“-Leute in der Deutschen Wehrmacht betrug 1944 ca. 920.000 Mann.

Alles in allem haben knapp über 400.000 Österreicher ihr Leben im Zweiten Weltkrieg verloren (auf natürliche Weise Verstorbene sind hier nicht miteinbezogen). Es handelt sich dabei um 247.000 Wehrmachtsangehörige, 66.500 ermordete Juden, ca. 35.000 Zivilisten (durch Bomben oder während der Kämpfe), ca. 16.500 in Konzentrationslagern Umgebrachte, ca. 16.100 in Gestapo-Haft Gestorbene, ca. 12.000 Widerständler, Partisanen und Österreicher, die in alliierten Armeen dienten, ca. 4.500 als Deserteure von fliegenden Standgerichten Ermordete, ca. 3.500 von Feldgerichtsurteilen Hingerichtete, ca. 3.500 ermordete Zigeuner und Zeugen Jehovas und 2.700 hingerichtete Zivilisten. Im gleichen Zeitraum, nämlich 1938 bis 1945, dürften ca. 250.000 bis 300.000 Österreicher aus politischen Gründen für längere oder kürzere Zeit von der Gestapo in Haft genommen beziehungsweise von den Gerichten zu Gefängnisstrafen verurteilt worden sein.

Bei Kriegsende gab es in Österreich ca. 530.000 belastete oder minderbelastete Nationalsozialisten. In Zusammenhang mit der „Naziland“-Diskussion wird immer wieder betont, daß erstens in Österreich kein oder kaum Widerstand gegen die Nazis geleistet wurde, und zweitens, daß nach dem Krieg die Nazis kaum oder gar nicht zur Rechenschaft gezogen wurden. Zum Thema Widerstand ist zu sagen, daß laut dem Standardwerk des amerikanischen Historikers Prof. Radomir Luza (dessen Werk „Der Widerstand in Österreich 1938-1945“, Wien 1985, im übrigen auch der Großteil der hier verwendeten Ziffern entnommen ist) über 100.000 Österreicher während der Nazizeit aktiv im Widerstand tätig waren. Zählt man zu diesen die schon in den ersten Besatzungswochen nach dem

„Anschluß" verhafteten ca. 70.000 Systemträger des Ständestaates sowie auch nur die Hälfte der in den Folgejahren aus politischen Gründen über 200.000 Verhafteten dazu, so kommt man auf eine Zahl von mindestens 350.000 bis 400.000 Personen, die sich während der Nazizeit in dieser oder jener Form gegenüber dem „Dritten Reich" und dem Hitler-Regime zur Wehr gesetzt haben. Nicht mitgezählt sind natürlich die tragischen Opfer, die aus rassischen, religiösen oder politischen Gründen hingerichtet wurden.

Per Saldo ergibt sich somit das interessante Bild, daß der geschätzen Zahl von aktiven Nazis (500.000 bis 600.000) eine ähnliche Zahl von aktiven Anti-Nazis oder Naziopfern gegenüberstand. Wo bleiben aber dann die übrigen 80 % der Bewohner des bösen „Nazilandes Österreich"? Sie bleiben genau dort, wo in Zeiten schwerster politischer Belastung auch die große Masse der Menschen in fast allen Ländern dieser Welt zu bleiben pflegen: möglichst unauffällig im Hintergrund. Hier ist auch noch festzuhalten: Im März 1938, als das „Dritte Reich" Österreich okkupierte und die legitime Regierung ins KZ brachte, schwieg die ganze Welt, inklusive jener EU-Staaten, die heute besonders laut „Naziland" rufen. Nur das ferne Mexiko protestierte.

Was die Verfolgung bzw. Zur-Rechenschaft-Ziehung ehemaliger Nationalsozialisten im befreiten Österreich betrifft, ist festzustellen, daß bis 1947, also in den ersten zwei Jahren nach der Befreiung, 530.000 ehemalige Nazis (Mitglieder der NSDAP, SS und SA) erfaßt und registriert wurden. In dieser Zeitspanne wurden 101.714 registrierte Nationalsozialisten aus dem öffentlichen Dienst ausgeschieden, weitere 56.834 Beamte, die erst 1938 eingetreten waren und entweder deutsche Staatsbürger oder ebenfalls registrierte Nationalsozialisten gewesen sind, wurden nicht übernommen. Es wurden ferner über 40.000 belastete Nationalsozialisten zur Anzeige gebracht. Die österreichischen Volksgerichte führten bis 1950 über 32.000 Verfahren durch, wobei 13.607 Schuldsprüche gefällt wurden. Es wurden 43 Todesurteile ausgesprochen, wobei zwei Verurteilte durch Selbstmord endeten, 30 wurden hingerichtet und elf Verurteilte begnadigt. Es gab ferner 34 Urteile zu lebenslänglicher Haft und 264 Schuldsprüche zwischen zehn und 20 Jahren.

Es gab in Österreich nach dem Krieg zwei Nazi-Anhaltelager,

und zwar Glasenbach bei Salzburg und Wolfsberg in Kärnten, ferner ein kleines Lager bei Innsbruck. Insgesamt dürften in diesen Lagern zwischen 1945 und 1948 etwa 80.000 Personen eingeliefert und mehr oder weniger lang festgehalten worden sein. Zur gleichen Zeit wurden ehemalige nicht-staatsbedienstete Nationalsozialisten vor allem in der sowjetischen Besatzungszone und in Wien, wo es keine Lager gab, zu Aufräumungsarbeiten von bis zu drei Jahren herangezogen. Die angenommene Zahl dieser Strafarbeiter schwankt beträchtlich, da es keine exakten Unterlagen gibt. Experten waren im Jahr 1946 der Meinung, daß alleine in der Stadt Wien ca. 40.000 solcher Strafarbeiter im Einsatz waren, in Niederösterreich und Burgenland etwa 60.000.

Noch ein Wort zur Wiedergutmachung im „Naziland“: Diese erfolgte zweifellos mit unzulänglichen Mitteln und ohne klare Einsatzpläne. Rein theoretisch hatten alle rassischen oder politischen Opfer Anspruch auf Wiedergutmachung. Ebenso wurden auch sogenannte Opferausweise an mehrere hunderttausend Personen ausgegeben, die als ehemalige Häftlinge oder sonstige Opfer berechtigt waren, Geld oder Lebensmittelspenden, aber auch Ermäßigungen der öffentlichen Verkehrsmittel, Spitalsbehandlungen usw. in Anspruch zu nehmen.

Was die Wiedergutmachung an jüdischen Opfer betrifft, so steht fest, daß der damalige Vorsitzende des Committee for Jewish Claims on Austria Dr. Nahum Goldmann in einem Schreiben vom 19. 12. 1961 an den damaligen Finanzminister Dr. Josef Klaus versicherte, er werde nunmehr nach Inkrafttreten aller Maßnahmen zur Aufstockung des Hilfsfonds auf 600 Millionen Schilling (heutiger Wert etwa 6 Milliarden Schilling) und deren Verteilung unter den im Ausland lebenden Opfern des Nationalsozialismus keine weiteren Schritte gegenüber der österreichischen Regierung unternehmen.

Ein weiteres Kapitel in der „Naziland“-Historie: Im Jahre 1970, als Bruno Kreisky die absolute Mehrheit für die SPÖ im Parlament erkämpfte, erhielt bei derselben Wahl die damals wirklich recht nationale Freiheitliche Partei, die unter Führung eines ehemaligen SS-Offiziers, nämlich ihres Bundesobmanns Friedrich Peter stand, knapp 5 % der Stimmen. Kreisky, dem eine sichere Nase für politische Realitäten nicht abzusprechen war, setzte sich noch in der Wahlnacht mit SS-Sturmbandführer a. D. Friedrich Peter zusammen und versicherte sich dessen Unterstützung für die sozialdemokratische Minderheitsregierung. Dafür versprach er ihnen ein neues Wahlrecht, das die Freiheitliche Partei auch bei weiterem Absinken ihres Wähleranteils noch im Parlament halten würde, und den Posten des Rechnungshofpräsidenten. Beide machten ein gutes Geschäft; die Freiheitlichen verloren zwar durch den natürlichen Abgang ihrer ehemaligen nationalen Wählerschaft weiterhin an Stimmen, konnten aber ihre Mandatszahl im Parlament sogar erhöhen. Kreisky aber konnte regieren. So ging alles bestens weiter, und für 30 Jahre mit roten Kanzlern und zum Teil blauer Regierungsbeteiligung hörte man weit und breit nichts von einem „Naziland".

Dann allerdings, ab 1986, zogen dunkle Wolken auf. Die weiterhin bei 5 % der Wählerstimmen liegenden Freiheitlichen hatten, offenbar aus Angst, demnächst schließlich doch aus dem Parlament zu fliegen, einen neuen Obmann gewählt. Jörg Haider brachte im wahrsten Sinn des Wortes Leben in die Bude. Hervorragender Redner, ebensolcher Populist und ausgezeichneter Demagoge, gelang es ihm – zum Schrecken der Sozialisten und der ÖVP, denen er die meisten Stimmen wegnahm –, den Anteil der FPÖ innerhalb von 14 Jahren von 5 auf fast 27 % der Wählerstimmen zu steigern. Die beiden ehemaligen Großparteien SPÖ und ÖVP verloren besorgniserregend viele Wähler. Die Sozialdemokraten fielen 1999 auf knapp 33 %, die ÖVP auf 26,9 % der Stimmen. Zuerst bemühte man sich, die alte rot-schwarze Koalition, die zusammen immer noch eine – wenn auch schon eine knapp werdende – absolute Mehrheit hatte, fortzusetzen. Angesichts der Tatsache, daß die Volkspartei seit 1966 von knapp 50 % und der absoluten Mehrheit im Parlament auf nur wenig mehr als die Hälfte zurückgefallen war, beschloß sie zu pokern und den Sozialisten schwer zu erfüllende Bedingungen für eine neue Koalition vorzugeben. Die SPÖ wiederum wollte sich darauf nicht einlassen, und es kam zum Bruch, den auch der Bundespräsident nicht verhindern konnte.

Alle Bemühungen, eine SPÖ-Minderheitsregierung mit stiller Unterstützung Haiders zu etablieren, scheiterten. Und da hatte dann irgendjemand die Idee, daß, wenn man Österreich schnell zum „Naziland" stempelte, sich die Schwarzen und die Blauen nicht trauen würden, gegen die allgemeine Empörung in den mehrheitlich roten Staatskanzleien der EU-Partnerstaaten und den Protest in den österreichischen Medien eine nicht-sozialistische Regierung unter blauer Beteiligung zu bilden.

Erstens kommt es anders, zweitens als man denkt. Schüssel hat sich doch getraut, und Haider zog sich, wenn auch kaum sehr begeistert, nach Kärnten zurück. Die neue Regierung hat bisher nicht das Geringste getan, dem man undemokratische, faschistoide oder gar nazistische Züge nachsagen könnte.

Wie kommt es also, daß Österreich, ob es will oder nicht, noch immer der Stempel „Naziland" aufgedrückt wird, obwohl breite Mehrheiten, nicht nur im Land selbst, sondern auch in fast allen EU- Partnerstaaten und in den USA, die Nazi-Theorie zunehmend als absurd empfinden?

Es kommt zum Teil daher, daß nicht nur das Ausland, sondern leider auch ein Großteil der Österreicher selbst über unsere Geschichte der letzten 150 Jahre wenig oder gar nichts wissen. Dem Ausland können wir das kaum übel nehmen, denn was wissen wir schon über die Geschichte Portugals, der Türkei oder Oregons.

Daß seit den Waldheim-Jahren die Welt über Österreich falsch oder oberflächlich informiert wurde, verdanken wir nicht zuletzt unserer Leidenschaft, die eigene Schmutzwäsche – um kurzfristiger innenpolitischer Erfolge willen – im Ausland zu waschen.

Aber woher rührt die nahezu angsterregende Leidenschaft der gegenseitigen Beschimpfung im eigenen Land? Wir hatten ähnliche Zwist-, ja Haßsituationen in den Jahrzehnten der Ersten Republik. Es war schrecklich genug. Am Ende hat Hitler die österreichischen Streitparteien zunächst ins „Tausendjährige Reich" und dann in den Untergang geführt.

1945 hatten wir das Glück, noch einmal anfangen zu dürfen. Die Mentalität der Lagerstraße, eine neuen Loyalität und – man verzeihe das altmodische Wort – der rot-weiß-rote Patriotismus haben uns zum gemeinsamen Wiederaufbau zusammengeführt. Wir haben uns angestrengt, wir haben auch vom Ausland viel Hilfe bekommen. In den Jahren nach dem Staatsvertrag konnten wir uns dafür ein wenig revanchieren. Von „Naziland" war keine Rede.

Wir sollten daher jetzt unseren Landsleuten, besonders unserer Jugend, klarmachen, daß wir nicht besser oder schlechter sind als unsere 14 EU-Partner. Wir haben haufenweise Fehler, wie die anderen auch. Ein „Naziland" sind wir nicht. Wir sind ein kleiner, aber durchaus demokratischer Staat im Herzen Europas.

Anmerkungen

Intergeneratives Ungleichgewicht und Staatsverschuldung in Österreich

1 Siehe Auerbach et al. 1991 und 1994

2 In diesem Zusammenhang wird im übrigen, wie in den meisten Simulationen dieser Art, von Rückwirkungen einer derartigen Steuererhöhung auf das Wirtschaftswachstum und damit von Steuerbemessungsgrundlagen abgesehen. Realistischerweise ist eine dämpfende Wirkung anzunehmen (siehe dazu Keuschnigg 1994); die Steuersätze müßten demnach noch stärker angehoben werden.

3 Siehe Gokhale und Raffelhüschen 2000

4 Siehe dazu im Detail BMAGS 1997 und Stefanits 1998

Pensionsreformen 2000f. – alt oder neu regiert?

1 Prinz, Marin: Pensionsreformen; Frankfurt-New York 1999

2 Erster Bericht der Expertenkommission zur Rahmenplanung des österreichischen Pensionssystems unter der Gesamtleitung von Prof. Theodor Tomandl

3 Marin: Genossen, hört ihr die Signale?, in: Der Standard, 29. 11. 1999

4 Marin: Was wäre eine faire Pensionsreform?, in: Der Standard, 28. 2. 2000 (hier leicht gekürzt)

5 Esping-Andersen: Bureaucrats or Architects? Recasting the European Welfare State, Tab. 3, in: Marin et al.: Sustainable Welfare. Stakes and Options, forthcoming late 2000; Aldershot-Brookfield-Singapore-Sydney 2000
Das Pensionssystem enhält besonders viele perverse Anreize zu rationalem Opportunismus oder strukturellem Mißbrauch, d. h. zu legalem, aber unerwünschtem Verhalten; siehe den Beitrag des Europäischen Zentrums zu der von Kollegen Mazal geleiteten Kommission über soziale Treffsicherheit (Marin et al.: Einige Stichworte und Beispiele zur Erhöhung der Treffsicherheit des Sozialsystems; Juni 2000, insbes. S. 10f.), sowie Mazal: Erhöhung der Treffsicherheit des Sozialsystems; Juli 2000, S. 28f.

6 Erster Bericht der Expertenkommission ..., S. 42

7 Prinz, Marin: Pensionsreformen; Frankfurt-New York 1999, S. 103f.

8 Ebd., S. 94f.

[9] Ebd., insbes. S. 100-107

[10] Der Grundsatz der Kostenwahrheit müßte auch einen angemessenen Kontenausgleich zwischen Selbstverwaltungseinrichtungen sicherstellen, also etwa alle familienpolitischen Kranken- und Pensionsversicherungsleistungen aus FLAF-Mitteln bedecken oder der GSVG die sogenannten „Wanderungsverluste“ (durch den häufigen Wechsel des Erwerbsstatus von unselbständig zu selbständig Beschäftigten) in Höhe von heuer voraussichtlich 6,236 Milliarden seitens der ASVG abgelten, was den Eigenfinanzierungsanteil bei den Gewerbepensionen gleich einmal von 42,9 % auf 67,2 % der Aufwendungen erhöhen würde.

[11] Intransparenz und Konfusion über international gängige Standards und Typologien sowie *„a burning need for transparency and simplicity“* ortete auch eine von George Kopits geleitete Mission des Internationalen Währungsfonds (IWF) aus Washington, die, verstärkt durch Robert Holzmann von der Weltbank, auf Einladung des Finanzministeriums vor allem auch die Pensionsreform analysieren sollte und mit der der Hauptautor dieses Kapitels, Bernd Marin, gemeinsam mit der Expertenkommission sowie auch allein als Leiter des Europäischen Zentrums im Juli und August dieses Jahres mehrfach zusammentraf. Im übrigen deckt sich sowohl die Public Information Note wie auch der Staff Report des IMF weitestgehend mit unseren Überlegungen.

[12] Erster Bericht der Expertenkommission ..., S. 13f. Die Vorsitzenden aller bisherigen Reformkommissionen (Pensionen, Beamte, soziale Treffsicherheit) sowie – mit der einzigen Ausnahme eines WIFO-Wirtschaftswissenschaftlers – die Leiter der vier Pensions-Arbeitsgruppen sind ausnahmslos Juristen, Beamte und weltanschaulich fast alle einem *Christian Socialism* verpflichtet. Das bedeutet unvermeidlich eine gewisse wissenschaftlich-methodologische, ideologische und interessenpolitische Einseitigkeit, wie auch externe Beobachter feststellten.

[13] Die OECD spricht etwa von *defined-contribution vs. defined-benefit*, siehe: OECD (Hg.): Maintaining Prosperity in an Ageing Society; Paris 1998

[14] Vgl. Marin: Die Paritätische Komission. Aufgeklärter Technokorporatismus in Österreich; Wien 1982, insbes. S. 265-410

[15] Erster Bericht der Expertenkommission ..., S.9

[16] Der neue Bundeswirtschaftskammerpräsident Leitl am 20. 7. 2000 im Management Club.

[17] Erster Bericht der Expertenkommission ..., 9. Verfassungsrechtliche Überlegungen, S. 53

Gesundheitspolitik – ihre Zwänge und Chancen. Plädoyer für eine neue Sachlichkeit

1 Chancen im Sinne von Geboten.

Abschied vom Verbändestaat

1 Vgl. Steindl: Austria 2.0 – auf der Suche nach einem neuen Betriebssystem, in: Payrleitner (Hg.): Aufbruch aus der Erstarrung; Wien 1999
2 Sixtus Lanner: Der Stolz der Bauern; Wien 1996, S. 186
3 Steindl: Glanz und Elend der Freien Berufe, Wirtschaftspolitische Blätter 4 (1999)

Europa zwischen Zentralismus und Subsidiarität

1 Vgl. Der Standard am 10. Juni 2000.
2 Instanz, die aufgrund rechtlicher Streitigkeiten entscheiden kann.
3 Vgl. http://www.ces.eu.int/pres_ces_d.htm

Österreichs Strukturprobleme – eine unendliche Geschichte?

1 Economist intelligence unit (Wirtschaftsblatt 12.6.2000)

Autorinnen und Autoren

Dr. Erhard Busek,
geboren 1941 in Wien; Studium der Rechte an der Universität Wien; 1975 bis 1978 Abgeordneter zum Nationalrat; 1978 bis 1987 Vizebürgermeister von Wien; 1989 bis 1994 Bundesminister für Wissenschaft und Forschung; 1991 bis 1995 Vizekanzler der Republik Österreich und Bundesparteiobmann der ÖVP; 1994 bis 1995 Bundesminister für Unterricht und kulturelle Angelegenheiten. Seit Juli 1995 Vorsitzender des Instituts für den Donauraum und Mitteleuropa; Dez. 1996 Coordinator von SECI (Southeast European Cooperative Initiative) in Zusammenarbeit von OSCE und ECE; seit März 2000 Regierungsbeauftragter der österreichischen Bundesregierung für EU-Erweiterungsfragen.
Zahlreiche Gastprofessuren und Ehrendoktorate in In- und Ausland; Präsident des Europäischen Forums Alpbach.

Maria Duftner,
geboren 1977 in Innsbruck; seit 1997 Studentin der Politikwissenschaft in Kombination mit Philosophie, Geschichte und europäischer Ethnologie in Wien; seit 1996 ehrenamtliche Mitarbeit bei der Liberalen Jugend und den Studenten; von 1997 bis 1999 ehrenamtliche Bundessprecherin der Liberalen Jugend.

Herwig Hösele,
geboren 1953; 1973 bis 1975 politischer Redakteur bei der „Süd-Ost-Tagespost"; 1976 bis 1980 Pressereferent der Steirischen Volkspartei; 1981 bis 1996 Pressereferent des Landeshauptmannes der Steiermark; seit 1988 Chefredakteur und Geschäftführer der „Steirischen Wochenpost"; seit 1996 Leiter des Referates „Politik und Öffentlichkeitsarbeit" bei Landeshauptmann Waltraud Klasnic. Leopold Kunschak-Pressepreis 1996

Dr. Hans Igler,
geboren 1920 in Wien; Studium an der Hochschule für Welthandel, Diplom 1946, Doktorat 1947; 1946-1947 Berater der Amerikanischen Militärregierung in Wien; Abteilungsleiter und später Leiter der Marshallplan-Sektion im BKA bei Figl und Raab; 1955 bei Staatsvertragsverhandlungen Mitarbeiter Raabs; 1956 bis 1959 Leiter der Industrie- und Bergbauverwaltung (IBV); 1960-1993 Gesellschafter und später Mitglied des Aufsichtsrates der Schoellerbank, gleich-

zeitig Vertreter der ÖVP in verschiedenen Aufsichtsräten der Verstaatlichten Industrie; 1972 bis 1980 Präsident der Industriellenvereinigung; seit 1986 Präsident von CARE Österreich.
Als Ehrenpräsident der Industriellenvereinigung und Vize- und Ehrenpräsident des Aktienforum für die Entwicklung des österreichischen Aktienmarktes tätig. Zahlreiche Orden und Auszeichungen.

Dr. Reinhard Koman,
geboren 1964 in Toronto (Kanada); Studium an der Wirtschaftsuniversität Wien, Diplom 1988, Doktorat 1993; 1990 bis 1992 Postgraduiertenlehrgang am Institut für Höhere Studien Wien (IHS), Abteilung Ökonomie; seit 1993 Assistent am IHS.

Dr. Karlheinz Kux,
geboren 1944 in Wien; 1962 bis 1967 Jusstudium in Wien; Mitarbeiter von Präsident Sallinger und Generalsekretär Dr. Busek; seit 1974 Mitarbeiter in der Österreichischen Ärztekammer; seit 1978 eingetragener Rechtsanwalt; seit September 1986 Kammeramtsdirektor der Österreichischen Ärztekammer.

Prof. Dr. Bernd Marin,
geboren 1948 in Wien; seit 1972 Lehraufträge an den Universitäten Wien, Linz und Innsbruck; Vortragsreisen in Europa, den USA und Japan; seit 1979 Herausgeber des von ihm gegründeten „Journals für Sozialforschung"; 1984 bis 1988 Professor of Comparative Political and Social Research am European University Institute in Florenz; seit 1988 Executive Director des mit den Vereinten Nationen verbundenen European Centre for Social Welfare Policy and Research in Wien.
Beratertätigkeit u. a. für die österreichische Regierung, aber auch für Firmen und Non Governmental Organisations. Derzeitiger Forschungsschwerpunkt: Die Veränderung des modernen Sozialstaates und die Zukunft der Arbeit.
Der Co-Autor *Dr. Christopher Prinz* leitet das Programm „Social Policy Modelling" am European Centre.

Prof. Dr. Wolfgang Mazal,
geboren 1959 in Wien; Studium der Rechtswissenschaften an der Universität Wien; 1981 bis 1993 Gerichtspraxis; seit 1983 Assistent am Institut für Arbeits- und Sozialrecht der Universität Wien, gleichzeitig Lehrbeauftragter an der Rechtswissenschaftlichen und an der Sozial- und wirtschaftswissenschaftli-

chen Fakultät der Universität Wien, an der Wirtschaftsuniversität Wien und an der Technischen Universität Wien. Forschungstätigkeit auf vielen Gebieten des Arbeitsrechts, des Sozialrechts und des Medizinrechts.

Fritz Molden,
geboren 1924 in Wien als Sohn des „Presse"-Herausgebers Ernst Molden und der Dichterin Paula von Preradović; ab 1940 bis Kriegsende aktiv im österreichischen Widerstand gegen den Nationalsozialismus tätig; ab 1944 Verbindungsoffizier zwischen der österreichischen Widerstandbewegung und den Aliierten; nach 1945 Sekretär des Außenministers Karl Gruber und österreichischer Diplomat in den USA. Ab 1953 Herausgeber und schließlich Chefredakteur der „Presse"; 1954 Gründer des ersten österreichischen Nachrichtenmagazins „Wochenpresse"; Gründer (1958) und Herausgeber des „Express"; 1964 bis 1982 Leiter des von ihm gegründeten Buchverlages „Fritz Molden"; seit 1976 Präsident des Auslandsösterreicherwerkes; 1982 bis 1994 freier Schriftsteller und Filmemacher; seit 1996 wieder Verleger („Molden Verlag").
US-Medal of Freedom (1947), Goldenes Ehrenzeichens für Verdienste um die Stadt Wien (1999) u. a.

Dr. Heinrich Neisser,
geboren 1936 in Wien; Studium der Rechts- und Staatswissenschaften an der Universität Wien; 1969 bis 1970 Staatssekretär im Bundeskanzleramt; ab 1975 Abgeordneter der ÖVP im Nationalrat; von 1987 bis 1989 Bundesminister für Föderalismus und Verwaltungsreform; von 1994 bis 1999 Zweiter Präsident des Nationalrates und seit 1995 Präsident der Politischen Akademie der ÖVP. Vorsitzender des Kuratoriums des Instituts für Höhere Studien (IHS) und Präsident der Österreichischen Forschungsgemeinschaft.

Alfred Payrleitner,
geboren 1935 in Wien; Studium an der Hochschule für Welthandel; journalistischer Werdegang beim „Express" und der „Österreichischen Politischen Korrespondenz", dann freier Publizist und Begründer der ORF-Reihe „Horizonte"; ab 1969 ORF-Hauptabteilungsleiter für Politik und Zeitgeschehen; 1974 bis 1979 beim „Kurier", 1979 Rückkehr zum ORF. Ab 1989 Hauptabteilungsleiter für Wissenschaft und Bildung.
Alfred Payrleitner ist seit 1997 in Pension, aber weiterhin publizistisch tätig. Herausgeber des Vorgängerbandes „Aufbruch aus der Erstarrung. Neue Wege in die österreichische Politik" (Molden 1999).

Mag. Gottfried Schellmann,
geboren 1953 in Wien; Mitarbeit in Anwaltskanzleien in Deutschland und den USA; Jusstudium im Zweiten Bildungsweg; von 1992 bis 1994 Assistent am Institut für Finanzrecht der Universität Wien; 1993 Gründung einer eigenen Kanzlei; zahlreiche Vortragsreisen in In- und Ausland.
Zahlreiche Veröffentlichungen, insbesondere zu Körperschaftsteuer und Organisationsrecht der Körperschaften öffentlichen Rechts.

Mag. Lucas Schneider-Manns-Au,
geboren 1969 in Wien; Studium der Kommunikationswissenschaft (Schwerpunkt Telekommunikation und Geschichte) an der Universität Salzburg sowie an der Carleton University, Ottawa (Kanada); Vortragender an der Fachhochschule für Medienberufe in Eisenstadt und an der Universität Wien.
Seit 1999 Mitglied der Geschäftsführung der Rechtsdatenbank GmbH (seit 1. 1. 2000 Alleingeschäftsführer) und seit April 2000 Vorstand des von ihm mitbegründeten Onlaw Internet Verlags AG mit Sitz in Wien.

Dr. Harald Steindl,
geboren 1952 in Hainburg; Studium der Rechtwissenschaften, der Volkswirtschaft und der Philosophie an den Universitäten Wien und Frankfurt/M.; 1976 bis 1987 wissenschaftlicher Mitarbeiter am Max-Planck-Institut für europäische Rechtsgeschichte in Frankfurt/M.
1991 bis 1995 Aufbau des ersten österreichischen Executive Master of Business-Programms an der Wissenschaftlichen Landesakademie Niederösterreich; Universitätslektor am Institut für Wirtschafts- und Sozialgeschichte der Universität Wien; seit 1996 Referent in der rechtspolitischen Abteilung der Wirtschaftskammer Österreich; Coach von Spitzensportlern und Führungskräften; Experte im *New Public Management.*